浙江省哲学社会科学规划项目(310CGYD98YBN)研究成果

保税物流区域发展
对腹地经济增长影响的研究

——以浙江省为例

戴小红　著

ZHEJIANG UNIVERSITY PRESS
浙江大学出版社

图书在版编目（CIP）数据

保税物流区域发展对腹地经济增长影响的研究：以浙江省为例／戴小红著. —杭州：浙江大学出版社，2018.5
ISBN 978-7-308-17945-4

Ⅰ. ①保… Ⅱ. ①戴… Ⅲ. ①自由贸易区-经济发展-研究—中国 Ⅳ. ①F752

中国版本图书馆 CIP 数据核字（2018）第 019409 号

保税物流区域发展对腹地经济增长影响的研究
——以浙江省为例

戴小红　著

责任编辑	李玲如
责任校对	杨利军　夏湘娣
封面设计	雷建军
出版发行	浙江大学出版社
	（杭州市天目山路 148 号　邮政编码 310007）
	（网址：http://www.zjupress.com）
排　　版	杭州中大图文设计有限公司
印　　刷	浙江省良渚印刷厂
开　　本	710mm×1000mm　1/16
印　　张	14.5
字　　数	230 千
版 印 次	2018 年 5 月第 1 版　2018 年 5 月第 1 次印刷
书　　号	ISBN 978-7-308-17945-4
定　　价	48.00 元

前言

　　我国保税物流区域自1990年开始设立,截至2016年3月底,全国29个省市自治区经批准其设立了127个,包含6种类型的保税物流区域。保税物流区域成为我国开放型经济发展的先行区,国际物流和国内物流发展的特定区域和节点,加工贸易转型升级集聚区和先进制造业的重要基地,有效承接东西部加工制造业梯度转移的重要节点。在新的历史时期,保税物流区域肩负提高我国开放型经济发展质量的历史使命,成为各省市、自治区发展更高层次的综合保税区或自由贸易区(港)等开放型经济平台的战略选择。

　　本研究内容包括以下九个部分。

　　第一部分,阐明本研究选题的背景和意义,在文献综述的基础上提出了本研究的思路、内容、方法。第二部分,梳理了本研究涉及的基本理论。第三部分,研究了我国保税物流区域的发展历程、保税物流监管体系的形式和特征、运作模式和功能、发展现状及其区域经济地位。研究表明,我国保税物流区域已形成了保税物流、保税加工、国际贸易三大功能格局,综合保税区成为保税物流区域升级发展的方向。第四部分,分析了全国和浙江省保税物流区域发展所需要的条件和影响因素。第五部分,研究了保税物流区域发展促进区域经济增长的机理;分析了保税物流区域经济增长极的极化形成途径、形成过程、形成机理;分析了保税物流区域对腹地经济增长的扩散作用、传导机制、扩散方式;提出了我国保税物流区域的主导产业、依存产业和关联产业集群。保税物流区域通过产业集聚与极化效应、产业关联与乘数效应而形成经济增长极,是功能创新、体制机制创新、技术创新、企业家管理创新、业务运作模式创新的结果,其扩散通过地域空间扩散和产业扩散两种途径,以资本扩散、技术外溢、劳动力流动、管理外溢四个基本投入要素的流动为纽带来完成;研究了我国保税物流区域对腹地的经济效应,包括投资与产业集聚效应、腹地扩散效应、产业结构优化效应和制度创新效应。第六部分,建立了保税物流区域发展的经济绩效评价指标体系。按照科学性、全面性、代表性、可操作性原则,主要从保税物流区域的三大主体功能发挥作用的角度,构建了主要包括综合经济指标、基础设施指标、开放经济活力指标、外贸发展指标、保税物流指标、保税加工指标、创新能力指标、区域贡献力指标等 8 个一级指标、19 个二级指标、39 个三级指标的分层次经济绩效评价指标体系,构建了测度保税物流区域对腹地经济增长贡献的 VAR 模型。第七部分,实证分析。本研究分别以海关特殊监管区域物流货物、进出口总额、保税加工货值指标来探讨保税物流区域与母城及直接腹地经济增长的关系。以宁波市保税物流区域群的发展为例,选取 1995—2015 年数据,借助 VAR 模型,通过协整检验、脉冲响应函数、方差分解,实证分析了宁波保税物流区域群的保税物流、保税加工、国际贸易三大主体功能对母城宁波市、直接腹地浙江省的经济增长拉动作用,得到如下结论:(1)保税物流区域的保税加工货值、进出口总额、海关特殊监管区域物流货物对母城宁波市GDP 经济增长具有较显著的长期的正向积极作用,其中,保税加工货值对母城 GDP 贡献率最大,之后依次为进出口总额、海关特殊监管区域物流货物。(2)宁波市保税物流区域的保税加工货值、进出口总额长期来看对浙江省GDP 增长具有正向推动作用;保税加工货值、进出口总额有利于促进浙江省第二产业比重的提升,海关特殊监管区域物流货值有利于第三产业比重的提升;保税物流区域的海关特殊监管区域物流货值对浙江省港口货物吞吐量有正向促进作用,但区港联动作用不明显;进出口总额对浙江省经济开放度的正向影响作用显著。第八部分,提出了保税物流区域经济增长极发展的对策建议。以浙江省为例,分析了保税物流区域发展存在的主要问题,从八个方面提出保税物流区域群整合优化发展的基本思路和对策建议。第九部分为结论与展望。

　　本研究的主要创新点在于：在理论创新方面，从省、市中观层面，深入分析保税物流区域作为外向型经济增长极的作用机理；从保税物流区域主体功能发挥的角度，构建了保税物流区域发展经济效应的评价指标体系；以一个城市的保税物流区域群发展为案例，构建 VAR 模型，实证分析了保税物流区域群发展对母城和省域腹地经济增长的影响作用。在实践创新方面，本研究对省市的保税物流区域群如何整合优化发展进行分析，并提出对策建议，希望在实践方面为一个省、市的保税物流区域群如何整合优化发展提供具有可操作性的参考。

目　录

1 绪　　论

1.1　研究背景和意义

1.1.1　研究背景

保税物流区域是我国开放型经济发展的先行区,肩负着科学发展、增强内生动力,更好地服务于外向型经济发展和改革开放,促进加工贸易转型升级和承接国际产业梯度转移,发挥要素集聚和辐射带动作用,服务于"一带一路"、京津冀协同发展、长江经济带等重大国家战略实施,促进区域经济协调发展等新的历史使命。我国自 1990 年国务院批准设立外高桥保税区以来,截至 2016 年 3 月底,全国 29 个省市自治区设立了 6 种类型、127 个海关特殊监管区域,形成了我国各省(市)域的保税物流区域群。保税物流区域在改革开放中发挥了特殊作用,成为国际物流[①]与国内物流的特殊节点,加工贸易转型升级的集聚区,为承接国际产业转移、促进对外贸易、带动区域经济增长和扩大就业等做出了积极贡献。在全球经济一体化、我国深化改革扩大开放的新形势下,2015 年 8 月 28 日,国务院办公厅发布了《关于加快

---

① 海关将国际物流的管理区分为口岸物流和保税物流两类.

海关特殊监管区域整合优化方案》，国家对保税物流区域高水平发展提出了新的更高要求。

（1）保税物流区域高水平发展成为我国培育开放型经济的国际竞争新优势的重要前提。应冷静地看到，一方面，随着信息技术和互联网的快速发展，全球经济一体化进程进一步加速，许多跨国公司将加工制造业转移到低成本的发展中国家，国际产业分工转移格局改变，国际贸易、航运物流竞合发展日趋激烈，势必使许多国家更加重视国内自由贸易区的发展，借助保税物流特定功能，优化本国贸易和投资发展环境；另一方面，全球经济和国内实体经济复苏缓慢，我国深化改革扩大开放，对保税物流区域发展提出了转变职能、依法行政、优化服务、促进发展等新的更高要求，服务于我国企业以更强的竞争优势融入全球经济一体化进程。我国保税物流区域能否借鉴自由贸易试验区改革经验，创新制度、拓展功能，增强内生动力，改进监管服务，充分发挥保税物流区域统筹国际国内两个市场、两种资源的作用，营造国际化、市场化、法治化环境，促进企业公平、开放、便利地参与国际市场竞争，承接好国际产业转移、形成中国制造品牌和跨国企业的核心竞争力，更好地服务"一带一路"国家战略的实施？能否将保税物流区域发展成为符合国际惯例、具有内生动力、能基本实现投资贸易便利、高端产业集聚、法治环境规范、金融服务完善、监管高效便捷、集聚和辐射带动作用突出、全球配置能力显著提升的综合保税区？这是形成我国开放型经济的国际竞争优势的重要前提。

（2）建设高层次综合保税区对外开放平台成为各省（市）开放型经济转型升级的战略选择。由于历史原因，我国保税物流区域发展存在布局过于集中、功能重叠、名实不符、多头管理、内部监管模式滞后、各区产业同质、绩效不良等问题。为此，国务院发文要求保税物流特殊监管区域在类型、空间、功能、体制等方面整合，向综合保税区升级发展。各省（市）保税物流区域迎来了前所未有的发展良机。因此，各类保税物流区域如何优化产业结构、推动企业转型升级、优化业务模式、实现产业多元发展，优化贸易方式、形成新增长点，健全法制建设，创造公平的政策环境、创新监管模式、提高通关监管效能，建设符合国际惯例、能以低成本低风险提供贸易便利、具备区内保税与非保税业务集成服务功能的综合保税区,对促进保税物流区域功能提升、产业转型升级和多元化发展,促进开放型经济生态环境系统建设,意义重大。

（3）发挥保税物流区域经济增长极的要素集聚和辐射带动作用,促进区域经济协调发展。在地区层面,我国保税物流区域分布在沿海和内地具有资源和政策优势的地区,需要拓展国际国内市场,吸引国内外资本、技术和产业在园区集聚,通过要素流动带动所在母城、腹地关联产业的发展,成为东部制造业梯度转移、中西部地区连接国际产业的节点。在产业层面,我国保税物流区域已形成了保税物流、保税加工、国际贸易三大产业的业务功能格局,这三大产业是最富有创新活力、能起强有力产业集聚和辐射作用的主导产业。譬如,保税物流业务已成为其第一大主业,保税物流区域成为保税仓储、物流分拨和配送的集散中心,跨国公司在亚太地区的国际采购和配送中心、国际物流的集聚地;加工贸易已成为其第二大业务,并以进料加工贸易为主,保税物流区域成为我国出口加工和高新技术制造业的重要基地,引进和集聚了一批国际化、高水平的核心技术中心和研发机构;区内吸引了大批国际贸易企业、跨国企业、国际采购企业落户,吸引了跨境电商平台企业和龙头企业进驻,一般贸易成为保税区域发展规模第三大业务。由此,研究保税物流区域主导产业发展对腹地经济增长的影响作用,以及保税物流区域的功能创新、体制机制创新、技术创新、企业家管理创新、业务运作模式创新等对腹地经济的示范带动作用,促进新技术、新产品、新业态、新商业模式在区内外发展;研究保税物流区域的地域空间扩散和产业扩散方式,及其资本扩散、技术外溢、劳动力流动、管理外溢等基本投入要素的流动对区域经济的扩散效应,推动东部保税物流区域的加工制造业、服务业积极向长江经济带、中西部转移,向海关特殊监管区域集中,从而促进区域经济协调发展。

（4）信息互联技术快速发展,推动保税物流区域业务运作与管理模式转型发展。现代信息技术、物联网、"互联网＋"等技术快速发展,国际贸易方式由线下贸易发展到线上贸易,B2B、B2C、M2C、O2O 等跨境贸易电子商务新模式不断向前发展,国际仓储物流的跨境渠道日益成为贸易便利化的瓶颈,对保税物流区域产业的商业模式、通关管理模式、保税政策、保税物流信息化环境建设、跨境电商物流服务平台、专业人才等提出了更高要求。保税物流区域高水平规划和信息化发展成国家、各省(市)所关注的重点区域。信息化发展要求监管部门改变监管思路与监管方式,研究如何以保税物流监控智能化、数据采集自动化、数据传输电子化、业务审批网络化等信息化技术为手段,建设共享型智慧物流公共信息平台,提高物流通关速度,从对货物的监管转为对企业的监管。这是保税物流区域高效生态发展、企业在国际竞争中抢占先机的重要环节。

1.1.2 研究意义

为适应开放型经济发展和深化改革扩大开放的要求,2015 年 8 月,国务院、海关总署开始全面系统地部署加快海关特殊监管区域整合优化工作,要求海关特殊监管区域向综合保税区和自由贸易区高层次的开放型经济发展平台转型,创新管理制度,提高监管效能、改革海关监管模式,以促进加工贸易转型升级,发挥要素集聚和辐射带动作用。研究我国省(市)层面的保税物流区域整合优化发展是一项重要的基础性理论探索,对推进我国开放型经济发展具有重要的理论支撑意义和现实指导意义。

(1)理论意义

随着我国保税物流区域向综合保税区、自由贸易区(港)转型升级发展,各省(市)保税物流区域科学规划亟须理论指导。我国保税物流区域经过 26 年的发展,已经站到了一个新的历史起点。在经济全球化、国内产业转型升级背景下,根据国家提出构建区域性的综合保税区或自由贸易区(港)高层次发展平台,以带动区域经济协调发展的战略要求,需要研究我国保税物流区域经济增长极的作用机理是什么,研究如何构建省(市)保税物流区域的发展绩效评价指标体系,如何评估其主体产业发展绩效对母城和腹地经济增长的影响作用,以及省(市)保税物流区域群发展对腹地产业结构优化和经济空间会发生怎样的影响,等等。以上问题,国内理论界尚鲜有研究。笔者认为,这些问题是各省(市)保税物流区域发展中需要研究的重大理论。本研究力图通过一域之探析研究,透视保税物流区域全局之运行机理,弥补相关研究的不足。

基于现实数据可得性,本研究立足保税物流区域群的母城和直接腹地省的视角,通过理论研究,分析保税物流区域群的极化效应和扩散效应作用机理;通过分析保税物流区域发展的影响因素和主体功能产业,确立保税物流区域的绩效评价指标体系;以宁波海关保税物流特殊监管区域群的发展历程、发展条件和产业功能为案例,实证分析测度保税物流区域对母城、省域直接腹地经济增长的贡献度,以及对腹地三次产业结构的影响。需要说明的是,省市中观层面的保税物流区域的理论研究一直是一个难点。一是由于各省海关特殊监管区域数据尚未对外开放,数据难以得到;二是由于我国对于海关特殊监管区域的发展评价指标体系尚未建立,各地的海关、外管局、统计局、商务局的统计口径标准不一,统计数据不一。笔者通过多渠道调研、搜寻、分析梳理海关统计数据与信息,进行省、市范围的中观实证分析,弥补了以往本领域研究数据陈旧、短缺的不足。希望通过实证研究反映特定保税区域的发展规律,从理论上为各省市特定区域的科学规划发展做决策参考。

(2)现实意义

我国保税物流区域作为国际物流与国内物流的连接点,经过 26 年的发展,其主体功能得到发挥,对区域高新技术加工制造业、对外贸易、国际物流的发展起到了辐射、带动作用,对区域外向型经济的发展、产业及结构优化升级,起到了区域经济增长极作用。但也要看到,由于种种原因,保税物流区域的作用还未充分发挥,在开发建设过程中,还存在许多矛盾和问题,典型表现在布局不均衡,定位不明确,功能重叠不完善,各区产业同质、绩效不良,管理体制不顺,政策法规不统一等。随着经济全球一体化进程加速、我国外向型经济深层次发展对保税物流的需求,国务院、海关总署要求各省(市)系统规划、整合优化海关特殊监管区域,推进产业梯度转移、加工贸易向保税物流区域集中,服务于"一带一路"、长江经济带等国家战略。各省(市)也在积极规划如何实现各省(市)保税物流区域群在类型、空间、功能、政策、管理等方面整合优化,构建区域性的综合保区或自由贸易区(港)高层次发展平台;研究保税物流区域如何发挥经济增长极的要素集聚和辐射作用,促进区域经济协调发展。因此,研究省(市)保税物流区域群发展,具有重大的现实意义。

　　浙江省及宁波市的保税物流区域整合优化发展具有典型意义,本研究以宁波市保税物流区域群发展为研究案例。浙江省位于长三角南翼,经济总量全国排名第四、人均 GDP 排第三,外向型经济发展特色鲜明,对外贸物流具有极大的支撑作用。宁波舟山港濒临国际主航道,是亚太地区重要的国际门户,货物吞吐量连续 6 年蝉联世界第一,成为国际大港,其港口间接腹地从浙江省延伸至安徽、赣北、长江经济带。按照国家和全省发展战略,宁波舟山港要挑起长江经济带"江海联运中心"、长三角南翼的外贸发展重任,吸引亚太地区更多的货物在港口集聚、分拨,成为国际航运枢纽。2010年,浙江首次在《浙江省物流业发展三年行动计划(2010—2012)》中提出突出保税物流建设、构建保税物流发展主骨架的发展思路。浙江省自 1992 年以来以一类口岸为中心经批准相继设立了 5 种类型 8 个海关特定监管保税区域,分别是:宁波保税区,杭州、宁波、慈溪、嘉兴出口加工区,宁波保税物流园区,宁波梅山保税港区,舟山港、嘉兴综合保税区;设立了宁波、杭州、义乌、温州等 4 个保税区物流中心(B 型)。应冷静地看到,浙江省保税物流区域布局存在数量过少、分布不均、功能重叠、层次不高、业务同质化发展、整体综合绩效没有充分发挥等突出问题,影响了宁波舟山港作为长三角重要的出海口岸的大港功能发挥和国际航运枢纽中心建设;层次高的综合保税区只有舟山和嘉兴 2 个;杭州、金华(义乌)、温州等外向型经济基础与活力较好的城市,保税物流区域层次平台滞后于经济发展。

　　本研究契合国务院、海关总署关于加快海关特殊监管区域整合优化方案的精神,从一个省(市)域范围保税物流区域群的研究视角出发,研究与区域外向型经济发展需求匹配的保税物流区域发展格局,为省级保税物流特殊监管区域的整合优化,促进高层次保税物流区域经济增长极的形成,提供决策参考作用。

1.2 国内外研究综述

1.2.1 保税物流研究文献概况

(1)国外研究文献概况

海关特殊监管区域相当于具有中国特色的自由贸易区或自由港,我国保税物流运行以海关特殊监管区域为载体。在英文中,保税物流译为 bonded logistics、duty-free logistics(保税物流)。本研究将主题关键词 bonded logistics、duty-free logistics、free trade zone logistics(自由贸易区物流)、international logistics、global logistics(国际物流)、port logistics(港口物流)等在外文数据库 ProQuest 进行检索,时间截至论文开始写作时 2014年 10 月 17 日。检索的文献资料情况如表 1-1 所示。

表 1-1　国外文献检索篇数

主题关键词	篇数
bonded logistics, duty-free logistics	253
international logistics, global logistics	11 209
port logistics	811
free trade zone logistics	10

从国外检索到的文献看,国外学者对保税物流及保税区域鲜有系统研究,一般集中在与保税物流密切相关的自由贸易区(港)、国际物流和港口物流的研究。这与自由贸易区、保税口岸在交通便利、历史基础较好的沿海港口优先发展的战略和实践是一致的。

(2)国内研究文献概况

我国的保税监管区域自 1990 年开始设立,较早发展在沿海港口。在清华同方知网检索进行检索,分别输入主题关键词保税物流、港口物流、国际物流、自由贸易区物流,时间从 1984 年起截止到 2014 年 10 月 17 日。检索的文献资料情况如表 1-2 所示。

表 1-2   国内文献检索篇数

主题关键词	篇数
保税物流	2 418
国际物流	27 532
港口物流	10 507
自由贸易区物流	830

从国内检索到的文献来看,关于保税物流的研究多集中在国际物流、港口物流方面,由于我国保税物流区域的发展,尤其是近几年中国自由贸易试验区的建设,保税物流研究成为热点。

从涉及保税物流研究的 2418 篇核心文献来分析,其研究的主要地区如表 1-3 所示,主要集中在近年来上海自贸区、广西东盟自由贸易区、重庆内陆地区自由贸易区的保税物流热点研究,以及我国保税物流区域发展较早的东部沿海省市,如广东、天津、浙江、山东、北京、福建等,其余省份研究相对较少。这也与我国保税物流区域优先发展战略和实践是一致的。

表 1-3   国内保税物流研究地区统计

研究涉及的省(市)、自治区	涉及篇数
上海	130
广西	80
重庆	59
广东	48
天津	47
浙江	44
山东	39
北京	39
江苏	35
福建	20
⋯⋯	
合　计	541

1.2.2 国外保税物流研究综述

国外对保税物流区域的研究成果相对集中于自由贸易区不同形式的对比分析、功能模式的发展变化以及对经济发展的影响问题。

(1)关于自由贸易区或自由港的研究

自由贸易区(港)最早产生于欧洲,发展已经历 460 多年。13 世纪,法国马赛港就开辟了自由贸易区。1547 年,意大利热那亚湾的雷格亨港(Leghoyn)被认定为全球首个自由贸易区(港)。理查德·S. 托曼《自由港和自由贸易区》、麦克尔威和雷耶斯《港口开发》、国际海关组织合作理事会《京都公约》《关贸总协定》(GATT)、1984 年联合国贸发会议报告、美国(1991)《对外贸易区法案》等,定义了自由贸易区的概念、类型和功能。

(2)关于自由贸易区对设区国(地区)的经济贡献研究

学者们多从直接和间接效应的角度进行综合考察,其中,Carikci 和 Emin (1989)在《关于出口加工区的经济影响》一文中分析了积极的直接效应(设区国货物与服务净出口到自由贸易区内,或吸引外国资本到区内)和间接效应(考察由产业关联和技术外溢的经济效应)[①]。Johansson (1994)研究了通过进口进区的高技术产品或仪器,能产生外部正效应,可以提高该国或该地区的技术水平,从而提升该国或该地区的国际竞争力[②]。Kankesu Jayantha-kmaran (2002)研究了新加坡、韩国、马来西亚、泰国、菲律宾、印度和印度尼西亚,以及中国台湾地区等建立出口加工区的目标,认为自由贸易区的目标是吸引 FDI,解决就业问题,出口更多的工业制成品,取得外汇收入[③]。

(3)关于自由贸易区经济效应的实证研究

Hamada (1974)用两种要素、两种产品的模型,建立了第一个分析自由

---

① Carikci,Emin. A Critical Survey of the Economic Impact of Export Processing Zones [A]. UNCTAD's Analysis Framework,1989:46-47.

② Johansson,Helena. The Economics of the Export Processing Zones Revisited[J]. Development Policy Review,1994,12(4):388-402.

③ Kankesu Jayanthakumaran. An Overview of Export Processing Zones: Selected Asian Countries [J]. University of Wollongong Department of Economics Working Paper Series,2002:6-11.

贸易区经济效应的框架①。Miyagiwa（1986）认为自由贸易区的相对要素密集度在决定经济增长和外国投资之后的福利变化方面扮演着重要角色②。Warr（1989，1990）将成本—收益分析应用于亚洲四个国家，他认为出口加工区的三个主要目标是赚取外汇、创造就业和技术转移③。

1.2.3　国内保税物流研究综述

国内学者关于保税区域的研究始于20世纪80年代后期，随着对我国保税物流区域发展的实践、理论与政策的不断深入与完善，相关研究成果层出不穷，代表性的研究成果集中如下：

（1）关于保税物流体系与功能的研究

于晓军、赵绍全（2008）将保税物流概念基本定义为保税状态下的进出口货物在海关特殊监管区域的区内与区外、各区域之间的流通，不含加工贸易生产链上物流和口岸通关物流④。赵光华（2007）指出，保税物流作为现代物流的一种新形态，是国际物流发展的一种新型物流管理方式⑤。郭成（2006）提出，我国形成以保税港区为龙头，以保税区、出口加工区、保税物流中心（A、B型）为枢纽，以公共型、自用型保税仓库和出口监管仓库为网点的三个层次、多种类型的保税物流网络体系⑥。

（2）关于保税物流区域发展经济效应的研究

Carikci，Emin（1989）提出自由贸易港区的经济贡献包括出口和吸引外资的直接效应和由产业关联和技术外溢产生的间接效应⑦。刘秉镰、章彰

---

①　Hamada，Koichi. An Economic Analysis of the Duty Free Zone[J]. Journal of International Economics，1974(4)：225-240.

②　Kaz F. Miyagiwa，A Reconsideration of the Welfare Economics of a Free-Trade Zone[J]. Journal of International Economics，November 1986(4)：338-349.

③　P. G. Warr. Export Processing Zones[A]：The Economics of Enclave Manufacturing[J]. World Bank Research Observer，1989，4(1)：65-88.

④　于晓军，赵绍全.保税物流发展与加工贸易转型升级的关系研究[J].现代商业，2008(33)：108.

⑤　赵光华.海关保税物流监管体系综述[J].物流技术与应用，2007(3)：58—61.

⑥　郭成.试析我国保税物流的发展及趋势[J].港口经济，2006(4)：54—56.

⑦　Carikci，Emin. A Critical Survey of the Economic Impact of Export Processing Zones. UNCTAD's Analysis Framework，1989：46-47.

(1997)分析了区港合一对腹地省份及城市经济发展的五大效应[①]。汤竹庭、王政武、巫文强(2001)指出保税物流具有助推外向型经济发展、带动区域经济发展、形成中心城市辐射功能等三大经济作用[②]。于晓军、赵绍全(2008)指出保税物流有降低其物流成本、提高加工贸易的增值能力、促进企业集聚、促进加工贸易梯度转移等作用[③]。王任祥、邵万清(2010)认为保税物流能提升港口的国际竞争力、推动产业升级和区域经济发展[④]。

(3)关于影响保税物流区域发展主要因素的研究

陈双喜(2005)、张建兵(2006)、王元忠(2007)和熊芬(2008)等分别用层次分析法对港口、保税港区物流业发展影响因素、保税物流园区物流能力、影响中国保税区经济可持续发展的评价模型等进行研究。许继琴、翟因芳(2012)基于层次分析法对保税物流发展的影响因素进行评价,选取了优惠政策、通关效率、物流发展水平、物流需求等 4 个一级因素和 13 个二级因素[⑤],得出各因素对保税物流发展影响的大小。在研究方法上,学者们主要利用层次分析法(APH)把所研究问题进行层次和要素的分解,并在各要素间进行计算和比较,得到不同要素与备选方案的权重。该方法在多指标的权重确定时具有较高可靠性和代表性,但当评价因素较多时,难以通过归一性检查。

(4)关于保税物流区域发展绩效指标体系的研究

刘群辉、刘恩专(2008)选取深圳特区、上海浦东新区和天津滨海新区为样本,运用主成分分析方法建立保税港区发展绩效评价指标体系,从综合经济因素、对外开放因素、企业发展因素、科技创新因素及政府管理水平等 5 个一级因素,共选取了 28 个相关指标,定量评价 3 个保税港区绩效,并得出

---

① 刘秉镰,章彭.港口与保税区一体化的经济效益分析[J].南开经济研究,1997(3):32—37.

② 汤竹庭,王政武,巫文强.广西保税物流体系建设存在问题及对策研究[J].改革与战略,2011(4):1—6.

③ 于晓军,赵绍全.保税物流发展与加工贸易转型升级的关系研究[J].现代商业,2008(33):108.

④ 王任祥,邵万清.保税港区建设与发展探索——宁波梅山保税港区建设与发展专题研究[M].北京:经济管理出版社,2010:158—170.

⑤ 许继琴,翟因芳.基于层次分析法的保税物流发展影响因素评价[J].宁波大学学报(人文科学版),2012(06):90—95.

保税港区对区域经济产生重要"增长极"作用①。奚翠平(2010)建立了保税物流园区发展水平指标体系,并进行评价研究②。以上研究为我们考察保税物流区域和区域经济的互动关系提供了统计指标和实证研究方法的借鉴。

由于我国保税物流区域发展才二十多年,全国保税物流区域的发展并不平衡,在地方经济中的定位也有区别。我国海关、统计部门及各省市还没有建立起口径统一的保税物流的统计指标体系,需要研究构建我国保税物流区域自身发展及对区域经济增长的绩效评级指标体系,引导各保税物流区域提质增效。

(5)关于保税物流区域对腹地经济增长贡献的实证研究方法

学者们采用回归分析法、层次分析法、灰色关联度分析法、主成分分析法、因子分析法、面板数据等,对某类保税物流区域发展的影响因素、经济绩效进行实证研究。

近年来,运用回归模型分析某类或某个保税物流区域对腹地经济影响的实证研究较多。李莉(2003)、王俊(2004)以货物周转量和 GDP 为指标,用最小二乘法、回归分析法分析了物流产业发展对经济增长的促进关系。杨志梁等(2009)、赵立波(2012)、刘鹏(2012)、俞雅乖(2012)、陈昱晨等(2013)、胡燕京、郭瑞佳等(2014)运用回归模型、协整检验和格兰杰因果检验,实证分析了保税港区的进出口总额、货物吞吐量对区域 GDP 增长具有长期影响效应③。

刘恩专(2008)运用主成分分析法等实证分析天津保税港区在带动区域的产业、贸易和物流、资本形成、就业和收入等方面的绩效,实证了保税区的最大贡献在于带动了区域经济发展④。窦萍(2006)、陈蓉(2008)采用主成分分析法和因子分析法分别评价外高桥保税区的运行绩效,分析物流产业竞争力的影响因素。因子分析法将一些关系比较复杂的变量分类,将相关性

---

① 刘群辉,刘恩专.中国保税港区发展及其绩效评价[J].商业研究,2008(11):203-206.

② 奚翠平.保税物流园区发展水平评价研究[D].大连:大连海事大学,2010:17-34.

③ 胡燕京,郭瑞佳.保税港区对区域经济影响效应的实证研究——以青岛前湾保税港区为例[J].东方论坛:青岛大学学报,2014(1):50-53.

④ 刘恩专.天津港保税区区域经济发展效应的分析评价[J].现代财经—天津财经大学学报,1999(2):16-23.

高的变量分为同一类,这样,就将变量综合为少数几个综合因子来解释研究对象。顾六宝等(2010)运用主成分分析,构建了我国保税区运行效率统计评价模型并对不同保税区进行了综合评价。该种方法将一组相关变量线性转换成不相关的新变量,在保证变量的总方差不变的条件下,按照方差依次递减的顺序,得出主要和次要变量,从而得出每个变量的影响程度[①]。这种方法的计算过程繁杂,计算结果依赖于较大的样本量规模,局限性大。

巫汝春(2008)、吴小勇(2008)等运用灰色关联度法分析影响港口物流能力的因素、确定因素量化指标;赵永勃(2012)运用灰色关联度分析方法,选取保税区的进出口总额、货运总量2个指标,确定一个最优参考序列与各样本序列进行关联度比较,测度大连保税区的外贸、物流功能对腹地经济总量拉动作用大于对腹地经济结构优化的拉动作用[②]。该种分析方法简便,但结果并不具备广泛的代表性。Wilson(1967)应用引力模型实证了贸易便利化与区域贸易流量的关系[③]。周君(2006)通过建立物流模型,结合边际、弹性分析法实证区域物流单位增长对地区经济增长的变化规律[④]。况伟大(2009)运用面板数据分析了开发区对中国区域经济增长的贡献[⑤]。田雅娟、甄力(2013)基于面板数据,采用混合估计模型对物流视角下保税区拉动腹地经济发展进行了回归分析,发现保税区的物流发展对腹地经济增长有显著的正向作用[⑥]。戴志敏、郭露和何宜庆(2013)应用计量经济改进模型实证物流对经济增长具有显著的扩散和辐射效应[⑦]。

(6)关于保税物流区域发展趋势及其对策的研究

这方面的研究主要集中在几个方面:

一是加入世界贸易组织后,学者们对保税物流区域的研究逐步集中到向自由贸易区转型及其功能上。成思危(2003)认为,具备条件的保税区实

---

① 顾六宝,刘渊渊.我国保税区运行效率实证分析[J].中国软科学,2010(S2):363-369.

② 赵永勃.自由贸易区的布局及空间效应研究[D].辽宁:辽宁师范大学,2012:23-45.

③ A. G. Wilson. A Statistical Theory of Spatial Distribution Models [J]. Trans Portation Research,1967(1):253-269.

④ 周君.区域物流业对地区经济增长的影响分析[J].统计与决策,2006(4):109-112.

⑤ 况伟大.开发区与中国区域经济增长[J].财贸经济,2009(10):71-76.

⑥ 田雅娟,甄力.物流视角下保税区拉动腹地经济增长的实证分析[J].统计与管理,2013(2):29-30.

⑦ 戴志敏,郭露,何宜庆.中部地区物流产业集聚及演进分析[J].经济经纬,2013(6):83-88.

行区港一体,逐步向自由贸易区转型,主张突出国际物流服务功能以增强国际竞争力,目标模式为:境内关外,物流主导,区港协调,统一领导①。邢康弟(2004)、奚翠平(2010)等对入世后保税物流区域经济转型、港区规划与运行机制等方面进行研究。王盛、徐优丽(2009)对航空保税物流产业发展和发展模式进行分析和研究②。

二是关于保税物流区域发展中存在的问题。罗丙志(2001)提出管理部门不明确,无统一、权威的管理机构,无全国统一的管理条例③。张凤清(2003)分析了管理机构设置、海关管理、税收管理等问题,提出尽快完善宏观管理体制④。李友华(2006)认为保税区在发展过程中存在目标模式选择和管理体制设计两大难题,在执行保税仓储和出口加工的功能时,应适当调整管理体制⑤。江育春(2008)指出我国保税物流发展主要存在法律法规不规范、政策不配套、功能单一、分布不均衡、资源优势不明显等问题⑥。吴金椿(2008)指出珠三角保税物流发展存在的问题:高端物流企业少、替代货物复进口效果不明显、园区分布不均、物流业务需求量未达规模、区内外物流网络缺乏衔接、物流信息化发展滞后、监管制度滞后⑦。庄谨(2015)提出浙江保税物流区域主要问题:原有的税收优惠政策和便捷通关优势趋弱,产业发展后劲不足;区域管理分散缺乏协调;区域间产业结构雷同,同质化竞争加剧,不利于产业延伸和集聚⑧。综上所述,保税物流发展存在的主要问题有:空间分布不均;法律法规不规范,政策不配套;海关监管模式落后,集成服务分散,通关效率低,物流成本偏高;以传统业务为主,第三方物流发育不成熟;物流信息化平台发展滞后;不同区域联动发展优势未发挥,等等。

① 成思危.从保税区到自由贸易区:中国保税区的改革和发展[M].北京:经济科学出版社,2003:6—7,75—121,151—267.
② 王盛,徐优丽.我国航空保税物流发展模式研究[J].经济论坛,2009(23):120—122.
③ 罗丙志.对我国保税区政府管理的一些思考[J].国际经贸探索,2001(2):2—6.
④ 张凤清.完善我国保税区政策管理模式的若干思考[J].特区经济,2003(5):27—30.
⑤ 李友华.我国保税区管理体制改革目标模式分析——兼及我国保税区与国外自由贸易区比较[J].烟台大学学报(哲学社会科学版),2006(1):56—66.
⑥ 江育春.基于加工贸易产业集群的保税物流体系的整合与创新[J].物流科技,2008(4):63—65.
⑦ 吴金椿.珠三角保税物流发展策略探讨[J].暨南学报(哲学社会科学版),2008(3):59—63.
⑧ 庄谨.浙江海关特殊监管区域整合优化发展研究[J].浙江经济,2015(6):36—39.

 三是学者们对我国保税物流区域规划发展提出的建议。江育春(2008)提出加强法规与长效机制建设;整合资源集约发展;合理规划产业布局①。何志峰(2006)提出了保税物流管理信息平台的应用体系构架。吴金椿(2008)则重点建议物流企业合理定位周边区域,建立多式联运为核心的保税物流体系和共享型国际物流信息系统等②。赵子渌、韦卫华(2009)对我国保税制度、保税监管中存在的问题、保税物流监管体系发展趋势及其对策进行了研究。马一可(2010)研究了我国保税体系的发展过程,提出了创新发展保税体系以发挥保税区域对区域经济的带动作用的政策建议。傅佳(2011)提出完善多层次的保税仓储物流监管体系和保税物流网络③。应妙红(2014)、庄谨(2015)从浙江省域层面对海关特殊监管区域整合优化发展提出统筹规划,系统整合管理体制、区域空间、优化政策功能和优化产业布局,提出构筑高层次对外开放平台,推进保税物流区域的整体效能与城市经济增长和产业结构转型升级发展④。可见,学者们对保税物流发展的对策建议探讨,主要集中在改革监管体制、提高海关监管效率、整合保税区域功能、优化产业布局、提升区内企业竞争力、加强公共信息平台建设等方面。

 综上所述,国内外学者们对保税物流区域的功能、影响保税物流发展的因素、单个类别保税物流区域的经济效应评价、保税物流体系框架、保税物流区域发展的问题与整合优化发展的对策建议等方面,都进行了一些有益的探讨。这些研究成果对于如何更好地发挥我国保税物流区域的功能、建设保税物流网络体系具有重要的借鉴作用。但是,从出口加工、保税物流、国际贸易三大主体功能运作的角度构建发展水平的关键测度指标很少;定量分析省、市级区域的保税物流区域群对地区经济增长贡献的文献几乎没有。加上我国海关、商务部、保税物流区域及各省市对有关保税物流的评价指标口径不一、统计不健全,已有研究采用数据多停留在"十一五"时期或之前,不能反映出我国加入世界贸易组织(WTO)之后保税物流区域关税优势

---

① 江育春.基于加工贸易产业集群的保税物流体系的整合与创新[J],物流科技,2008(4):63—65.
② 吴金椿.珠三角保税物流发展策略探讨[J].暨南学报(哲学社会科学版),2008(5):59—63.
③ 傅佳.我国海关保税物流现状研究[J].现代商业,2011(12):8—10.
④ 庄谨.浙江海关特殊监管区域整合优化发展研究[J].浙江经济,2015(6):36—39。

弱化和海关特殊监管区域发展面临的新问题。因此,系统研究一个省(市)域范围保税物流区域群发展对母城及腹地经济增长的作用,探讨如何构筑保税物流高层次开放平台作为区域经济增长极的研究,还十分罕见。因此,以区域增长极理论为指导,遵循国际物流发展规律的本研究,对省(市)域范围的保税物流区域经济增长极研究是十分重要的。

1.3　研究内容和思路

1.3.1　研究思路

本研究从研究中国保税物流区域的发展历程着手,深入分析其发展现状、功能模式、发展条件;运用增长极理论,研究保税物流对区域经济增长的增长极形成机理;根据《加快海关特殊监管区域整合优化方案》改革精神,以发展的眼光建立保税物流区域对地区经济增长的评价指标体系,运用 VAR回归分析法建立保税物流对腹地经济增长贡献的模型;以浙江省宁波市保税物流区域群的发展为例,就保税物流区域对母城、直接腹地的经济增长贡献进行实证研究;最后探讨优化构建浙江保税物流区域经济增长极的对策。本研究的研究逻辑框架如图 1-1 所示。

1.3.2　研究内容

本研究内容分为九章:

第一章,绪论。提出研究背景和意义,对保税物流相关概念进行界定,阐述国内外学者对保税物流的研究综述,提出本研究的研究思路、内容、方法与框架。

第二章,保税物流增长极的相关理论基础。梳理了保税物流发展的理论基础,主要包括非均衡发展理论、增长极理论、对外贸易乘数与经济增长理论。

第三章,保税物流区域发展历程和特征分析。主要梳理我国保税物流

研究步骤	研究内容	基础理论和方法
文献资料 收集与整理 研究综述	国内外研究综述 保税物流区域增长极理论基础 我国保税物流区域的发展及特征	国内、外研究综述 非均衡发展理论 增长极理论 对外贸易与经济增长理论
理论分析	保税物流区域发展条件与影响因素分析 保税物流区域经济增长及作用机理分析	增长极的极化机理 增长极的扩散机理 保税物流区域的经济效应
实地调研访谈	保税物流区域发展评价指标体系构建 保税物流区域对腹地经济贡献测度模型构建	评价指标体系构建 VAR模型构建
实证分析: 数据搜集 数据整理 建 模 计量分析	实证分析: 保税物流区域对母城经济增长实证分析 保税物流区域对母城产业结构优化实证分析 保税物流区域对腹地经济增长实证分析 结论	向量自回归实证分析: VAR模型 ADF平稳性检验 协整估计 脉冲响应函数 方差分析
结 论	问题与对策	

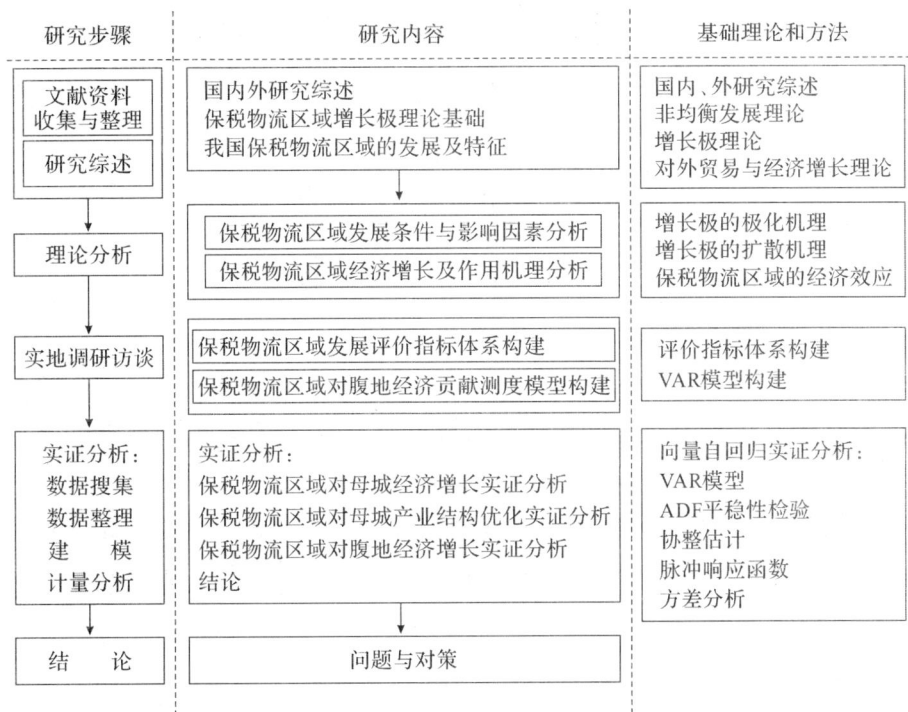

图 1-1 本研究的逻辑框架结构

区域的发展历程,分析了我国保税物流监管体系的形式和特征,保税物流区域的运作模式和功能及其区域经济地位。

第四章,保税物流区域发展的条件和影响因素。重点以浙江省为案例,具体地分析了保税物流区域发展的自然区位、开放政策环境、腹地经济基础、集疏运网络体系和物流节点网络体系;简要分析了影响保税物流区域发展的 4 大因素,即腹地物流需求、物流发展水平、区内优惠政策和区内通关效率。

第五章,保税物流区域促进腹地经济增长的机理分析。根据增长极理论的极化效应和扩散效应,研究了保税物流区域经济增长极的形成途径、形成过程、形成机理,分析了保税物流区域对腹地经济增长的扩散作用、传导机制、扩散方式,并提出保税物流区域对腹地的经济效应包括投资与产业集聚效应、腹地扩散效应、产业结构优化效应和制度创新效应。

第六章,保税物流区域对腹地经济增长的测度模型构建。本研究按照科学性、全面性、代表性、可操作性原则,设计基于保税物流区域主体功能的发展绩效评价指标体系,包括综合经济指标、基础设施指标、开放经济活力指标、外贸发展指标、保税物流指标、出口加工指标、创新能力指标、经济贡献指标等 8 个一级指标、19 个二级指标、39 个三级指标,并构建了保税物流区域对腹地经济增长的 VAR 模型。

第七章,保税物流区域发展对腹地经济增长影响的实证分析。以宁波市保税物流区域群的发展为例,选取 1995—2015 年数据,借助 VAR 模型,通过协整检验、脉冲响应函数、方差分解,就宁波保税物流区域群的保税物流、保税加工、国际贸易三大主体功能发挥对载体城市、直接腹地浙江省的经济增长的影响作用进行实证分析。

第八章,浙江保税物流区域经济增长极发展的对策和建议。以浙江为例,分析保税物流区域发展中存在的主要问题,提出了一省的保税物流区域群整合优化发展的基本思路、主要原则、基本策略,并就保税物流区域优化发展,从整合功能类型、优化产业结构、优化业务模式、优化贸易方式、健全法制建设、改革监管模式、强化共享型信息平台建设、构建发展水平评估体系等 8 个方面提出了对策建议。

第九章,结论与展望。

1.4　研究方法与创新点

1.4.1　研究方法

本研究主要运用了以下方法展开研究:

(1)文献研究法。通过搜寻、整理相关的理论著作、期刊、各省市统计年鉴、海关和相关保税区域管委会及协会的统计数据等资料,在对前人研究成果进行综合分析、比较、鉴定的基础上,确定文章的选题、内容、思路和框架。

(2)实地调研法。通过走访宁波、舟山、杭州、嘉兴、义乌等保税物流区域和场所,海关、省商务厅、浙江国际货代物流协会和企业,进行实地调研与问卷调查,获得第一手资料,并不断修订文章框架结构,为课题的研究奠定了坚实的基础。

(3)理论研究与实证分析相结合。在保税物流区域类型、功能特征、发展条件、作用机理等方面的理论研究中,主要运用区域不平衡发展理论的增长极理论等;在实证分析保税物流区域发展与母城和腹地经济增长之间的关系时,运用了 VAR 模型、协整分析,辅以脉冲分析、方差分解分析等方法进行实证分析,在动态过程中考察保税物流区域的发展对区域经济增长的效应,以科学把握省市的保税物流增长极发展格局。

1.4.2 主要创新点

本研究的创新点主要如下。

(1)研究并建立了保税物流区域经济增长极的主体产业和关联产业群,总结出保税物流区域主体产业的地区经济效应,以及保税物流区域对城市空间结构的影响。

(2)丰富了保税物流区域经济增长极的作用机理理论,提出保税物流区域经济增长极的极化机理,包括其形成途径、形成过程、形成机理;对腹地的扩散机理,包括扩散作用、传导机制、扩散方式。提出其腹地经济效应,包括产业集聚效应、腹地扩散效应、产业结构优化效应和制度创新效应。

(3)构建了基于保税物流区域保税物流、保税加工、国际贸易三大主体功能的绩效评价指标体系,包括 8 个一级指标、19 个二级指标、39 个三级指标,为规范绩效评价指标体系及其统计工作、引导保税物流绩效发展具有理论与现实指导意义。

(4)建构了保税物流区域对腹地经济增长影响的 VAR 模型,就保税物流区域发展对腹地经济增长的动态影响进行实证研究。本研究以浙江省为例,利用 1995—2015 年统计数据,在向量自回归模型的基础上,运用 Johansen 协整检验、脉冲响应函数、方差分解进行实证分析。研究发现:保税物流区域的海关特殊监管区域物流货物、保税加工货值、进出口总额对母城经济增长和产业结构优化具有积极的推动作用;对腹地产业结构优化短期内带动作用不大,但长期来看,进出口总额对产业结构优化作用明显;保税物流区域发展对腹地港口货物吞吐量带动作用不明显,对腹地经济开放度的动态影响不稳定。本研究力图通过一域之探析研究,透视全局的运行绩效,为其他省市的保税物流区域(群)发展对腹地经济增长的影响提供实证研究的典型案例,也为各省、市在新时期规划、整合优化保税物流区域发展提供实证分析的决策参考。

(5)通过时空比较分析,研究了我国保税物流区域发展中存在的问题,并针对性提出了省域范围的保税物流区域整合优化发展的基本思路、主要原则、基本策略,并就保税物流区域优化发展,从整合功能类型、优化产业结构、优化业务模式、优化贸易方式、健全法制建设、改革监管模式、强化共享型信息平台建设、构建发展水平评估体系等 8 个方面提出了对策建议。对省市保税物流区域整合优化发展具有积极的决策参考作用。

1.5 相关概念界定

1.5.1 保税制度

保税制度,指进出口货物经海关批准并在海关监管下,可在境内指定场所进行储存、加工、装配,并暂缓缴纳各种税费的一种海关监管业务制度[①]。有关保税货物种类和对保税货物的监管规定构成了保税制度的主要内容,它是国际通行的海关制度。

国际海关组织合作理事会主持制定的《京都条约》涉及保税业务有两个基本制度:一是"海关保税存储制度",二是"暂准进口在国内加工的制度"。1981 年以来我国海关总署制定发布了我国海关对保税货物监管的暂行办法

---

① 中华人民共和国海关总署.中华人民共和国海关对保税仓库及所存货物的管理规定(中华人民共和国海关总署令第 105 号),2003-12-5.

等一系列法令规章,确定海关保税制度涉及的范围包括国际商品贸易、货物储存和加工制造,建立和完善了具有中国特点又比较接近国际通行作业规范的保税制度。

1.5.2 保税货物

保税货物指经海关批准未办理纳税手续进境,在境内储存、加工、装配后复运出境的货物[①]。主要有两类:

一类为贸易活动(储存)的仓储保税货物。一种情况是储存后复运出境,包括转口贸易货物和供应国际运输工具的货物;另一种是储存后进入国内市场。

另一类为加工贸易制造活动(加工、装配)而保税进境的料件、半成品、成品。也就是说,保税货物具有为进行贸易活动(储存)和加工制造活动(加工、装配)两种特定目的,属海关监管货物、暂免纳税、复运出境等特征,其通关程序与一般进出口货物有明显区别。

1.5.3 保税物流

保税物流,指在海关特殊监管区域或场所内,对保税货物进行仓储、分拨、配送、装卸搬运、简单加工、检测维修、物流信息等的物流活动[②],企业享受海关实行的"境内关外"的通关、税收等方面的特殊政策[③]。国际物流由保税物流与口岸物流构成,保税物流不包括加工贸易企业生产环节的物流和口岸物流。

1.5.4 保税物流区域

我国保税物流作业,是在海关特殊监管的具有保税物流功能的场所和区域进行,分为保税物流监管场所和监管区域。前者包括保税物流中心(A型、B型),保税仓库、出口监管仓库(简称"两仓")及其他保税监管场所。而

---

① 全国人大常委会.中华人民共和国海关法(主席令第35号),2000-7-8.
② 郭成.试析我国保税物流的发展及趋势[J].港口经济,2006(4):1—4.
③ 叶世杰,安小凤.保税物流[M].重庆:重庆大学出版社,2014:148—165.

保税物流监管区域，是经国务院批准，设立在中华人民共和国关境内，以保税为基本功能，由海关按照国家有关规定、为了推进加工贸易转型升级和提高贸易便利化水平而设立实施监管的特殊经济功能区，其主要服务于对外贸易和出口加工，包括保税区、出口加工区、保税物流园区、保税港区、综合保税区、跨境工业区6种类型[①]。

本项目研究的"保税物流区域"，界定为海关统计所定义的狭义的海关特殊监管区域，即指经设立在中华人民共和国关境内，以保税为基本功能，由海关按照国家有关规定实施闭关监管的特殊功能区域，不含保税监管场所。在实证分析中，以宁波市已有统计数据的保税物流区域群为案例进行分析。

1.5.5 保税物流区域的腹地

腹地是经济增长中心极化和扩散能力能够达到并能促进其经济发展的地域范围。根据分析对象分为行政区划法和经济区划法，以保税物流区域所在行政区划市、省，或以形成的经济协作区等作为其直接腹地，将能通过运输方式经由保税物流区域开展业务的地区作为间接腹地[②]。腹地的划分有助于了解腹地内的资源状况、经济潜力和对保税物流的需求，是确定保税物流区域功能、布局和规划的基本依据。腹地经济发展与保税物流区域之间存在相互依存、相互作用的关系。腹地有直接腹地和间接腹地之分。

本研究以宁波市的保税物流区域群发展为案例，其直接腹地包括母城和本省腹地浙江省，间接腹地可以扩大到"长三角"、周围邻近省份和长江沿线经济带。但因本研究重点在于研究一个省、市范围内保税物流区域经济增长极的发展、对地区经济增长的影响效应及其整合优化发展对策，因此，在实证研究中将宁波市保税物流区域的腹地界定为直接腹地，即包括母城宁波市及其所在省浙江省。

---

① 国务院.国务院关于促进海关特殊监管区域科学发展观的指导意见(国发〔2012〕58号),2012.

② 王晓雨.中国区域增长极的极化与扩散效应研究[D].吉林:吉林大学,2011:30－31.

2 理论基础

2.1 非均衡发展理论

非均衡发展理论主要代表有佩鲁的增长极模型（Perroux,1955），岗纳·缪尔达尔的循环累积因果论（Myrdal,1957）、赫希曼的区域非均衡理论（Hirschman,1958）和弗里德曼的中心外围理论（Friedman,1966）等。该理论认为,在区域经济发展过程中,不同地区由于其空间区位、经济基础等因素差异而非均衡发展。地区经济发展不平衡是绝对的,一个区域比另一个区域发展更快,总是存在一个区域相对发达、一个区域相对落后的状态。在资源一定的条件下,"发展基金不应该平均地分散在整个国家的各个部分,有最大增长潜力的地区理应享有优先权"[①]。由于受资源稀缺的约束,国家或地区制定区域发展规划和政策时,不能推行均衡发展模式,应优先发展重点地区和部门,以带动其他地区的发展。

2.1.1 经济不平衡发展论

从稀缺资源应得到充分利用出发,德国经济学家阿尔伯特·赫希曼

---

① 弗朗索瓦·佩鲁.增长极概念[M].北京:中国人民大学出版社,1988:20—25.

(1958)提出经济不平衡发展理论。其著作《经济发展战略》提出的理论依据为，一是缺乏资源（包括资本和技术）的发展中国家和地区经济发展存在不平衡性；二是各项产业分布本身就处于不均衡状态，产业部门间的关联效应各不相同；三是平衡增长战略过于依赖政府调节与干预，如果政府干预失灵，将致使国民经济损失巨大，不利于市场的培育。赫希曼（1999）指出，经济增长不会同时出现在所有地方……只可能集中于起始点附近区域。一国要提高其国民收入水平，需要在区域内首先发展一个或几个地区中心成为"增长点"或"发展极"①。赫希曼提出了增长极产生极化效应和涓滴效应。两种效应会同时起作用，由于市场机制的自发作用，极化效应会占支配地位。他用产业之间的前向联系和后向联系效应解释不平衡增长，认为作为投资诱因的企业间联系能产生乘数效应。他认为，发展中国家和地区应集中有限资源，优先发展国民经济产业结构中关联效应较大的主导产业，培育成增长极，带动其他产业发展和周边地区经济增长。赫希曼理论奠定了中心经济城市增长和核心带动作用的理论基础。

2.1.2　循环累积因果论

瑞典经济学家岗纳·缪尔达尔（G. Myrdal）（1944）提出了"循环累积的地区增长或下降理论"。他在 1957 年《经济理论和不发达地区》和 1968 年《亚洲戏剧：各国贫困问题考虑》的著述中指出，经济发展极地区对落后的周围地区具有不利的"回波效应"和积极的"扩散效应"的双重影响作用，而形成"地理上的二元经济结构"，加大了发达地区和落后地区的经济差距②。他提出了政府积极干预区域发展的政策主张。缪尔达尔弥补了佩鲁理论中忽视"发展极"对落后地区经济发展所带来的负面效应的缺陷，使"增长极"学说在理论上趋于完善。

---

① 艾伯特·赫希曼.经济发展战略[M].北京:经济科学出版社,1991:166－168.
② G. Myrdal. Economic Theory and Underdeveloped Regions[M]. London：Duckworth,1957:6-10.

2.1.3 核心—边缘论

美国地理学家约翰·弗里德曼在《区域发展政策》著述中提出了经济空间的地域结构模式为"核心—边缘"模式[①]。弗里德曼认为,一个或若干个核心区与边缘区组成了一个区域。核心区指城市集聚区,条件优越、经济增长速度快,处于支配地位;边缘区经济较为落后,处于对核心区域的依赖地位。在发展初级阶段,生产要素从外围区向核心区净转移(极化效应,即向心倒流效应);在经济起飞阶段,核心扩散作用加强将带动、影响和促进外围区域的发展(离心扩散效应);当经济进入持续增长阶段,两个区之间界限会逐渐消失,各区域优势获得充分发挥。核心—边缘理论基本上是以"极化效应"和"扩散效应"来解释区域空间结构和形态变化,该模式扩大化构成宏观的国际关系如"核心—边缘结构"、"心脏—腹地结构","中心—依附"模式,是增长极与腹地关系的扩大化。其随经济进入持续增长阶段核心区和外围区的界限会逐渐消失的观点值得论证。

2.1.4 倒 U 型理论

美国经济学家威廉姆逊(J. Williamson)1965 在其代表作《地区非均衡和国家发展进程》中,提出区域成长差异的倒 U 型理论,以 20 多个国家的有关统计资料为样本实证分析,认为随着经济增长和收入水平的提高,区域经济发展阶段与区域差异之间呈现为先扩大后缩小的"倒 U 型"变化趋势。这是一种有时间变量的区域不平衡发展理论,一国或一地区的区域间不平衡成长差异,在经济发展初期阶段会不断扩大,随着经济的发展不平衡将趋于稳定,发展到成熟阶段区域发展差异逐渐缩小[②]。倒 U 型理论认为区域均衡与增长之间的关系,随着时间变化推移呈非线性变化[③]。

---

① 约翰·弗里德曼. 规划全球城市:内生式发展模式[J]. 城市规划汇刊,2004(4):3—7.

② J. G. Williamson Regional Inequality and the Process of National Development A Description of the Pattems[J]. Economic Development and Cultural Change,1965,13(1):3-45.

③ 颜鹏飞,马瑞. 经济增长极理论的演变和最新进展[J]. 福建论坛(人文社会科学版),2003(1):71—75.

综上所述,从资源稀缺的角度,非均衡理论指出了区域经济成长非均衡发展的一般规律。主张优先发展重点地区和部门,最终带动整个区域协调发展。

2.2　增长极理论

增长极(growth poles)理论的原始思想来源于古典区位理论。古典区位理论的创始人马歇尔(A. Marshal)提出"外部经济"的概念,解释生产厂商认为进行相同产品生产的企业位置上集中在一起比较有利的原因,一是位置接近有利于信息交流与传播;二是位置集中的产业能培育出专业化的供应商;三是同行业厂商在一起有利于共享相同的劳动力供应,经营得好更容易雇佣到劳动者。他提出"代表性企业"的概念,这类企业能获得外部经济和内部经济,以较少的劳动和代价来制造货物[①]。由于一国经济发展中存在地区发展不平衡现象,许多发展经济学家研究了区域平衡与不平衡增长情况,提出地区不平衡发展战略,强调工业布局、外部经济效应、资本与技术聚集、城市化等问题,形成增长极理论。法国区域经济学家弗朗索瓦·佩鲁(Francois Perroux)首先将增长极定义为抽象经济空间的产业部门和推进型企业。后来许多区域经济学家对增长极理论进行补充、发展,并提出政策主张。

2.2.1　增长极的概念

佩鲁的经济增长极概念。弗朗索瓦·佩鲁在其《经济空间:理论的应用》(1950)和《略论增长极的概念》(1955)等著述中,从支配、创新、产业关联的角度系统提出其"增长极"概念。佩鲁借喻物理学的磁场内部运动在磁极最强这一规律,指出极化空间作为受力场是由产生各种离心力和向心力的若干中心或极群构成的相互作用体系。由此,佩鲁提出增长极概念,即指经

---

① 马歇尔.经济学原理[M].北京:华夏出版社,2005:225—226.

济变量之间的经济关系。他认为一国经济是由各种存在若干中心或极群的"经济空间"构成的,作为受力场的经济空间会产生磁极般的吸引力和向心力,产生一定范围力交汇所作用的"场"。其中,经济元素之间的相互影响是不均等的,存在着"一个经济单元对另一个经济单元所施加的不可逆的或部分不可逆的影响"支配效应。佩鲁认为增长极是抽象经济空间的"推进性单元"(推进型产业部门和企业),其经济增长或创新能推动其他经济单元增长[①]。

布代维尔的增长极概念。法国经济学家布代维尔认为增长极在经济空间上指推进型产业部门,在地理空间上指区位条件优越的城镇,即增长中心[②]。增长极在拥有推进型产业的复合体城镇中出现,是在城市配置中不断扩大的工业综合体。布代维尔在理论上将增长极概念推广到了地理空间。

此外,西班牙区域经济学家拉苏恩(J. R. Lasuen)1971 年提出,增长极是围绕着主导产业部门,通过投入、产出关系而发展起来的主导产业及其关联产业群,其产业创新和增长速度快于其他区域的产业[③]。这一概念强调地理上的集中。美国学者尼科尔斯(V. Nichols,1969)认为,增长极作为经济活动中心,其增长达到一种程度,能扩散到增长极所在区域,并将增长扩散到本国的欠发达区域。这种思想在英美学者中较为普遍,他们更多地从地理的角度来定义增长极。

2.2.2 增长极的基本形态

经济增长极有三种基本形态。

(1)推进型产业部门作为增长极的结构形态。推进型产业部门作为增长极,是区域经济发展中最富有创新活力、能起强有力的促进作用的主导产业或支柱产业(即佩鲁的"增长诱导单元"),它具有以下特点:第一,创新能力强;第二,增长速度快,"这些产业产值本身的增长速度高于工业产值和国

---

① 弗朗索瓦·佩鲁.略论增长极概念[M].北京:中国人民大学出版社,1988:20—45.

② J. Boudeville. Problems of Regional Economic Planning[M]. Edinburgh:Edinburgh University Press,1966:11-12.

③ 拉苏恩(J. R. Lasuen).增长极概念概括[C].国际地理学会论文,1971:2—9.

民经济产值的平均速度"[①];第三,规模经济效益明显;第四,与其他产业形成较强的产业关联性,通过前向和后向的供给推动和需求拉动效应促进其他部门的发展。其中,在主导产业中起领头作用的经济实体是龙头企业,它可以是一个独立企业,也可以是由若干核心企业组成的联合体。这种纯经济意义的增长极对区域主导产业选择和产业结构的调整具有重要的指导作用。

(2)空间单元(区域或城市)作为增长极的结构形态。一般是指具有产业、资源和环境基础优势的地区作为增长中心,既能迅速成长,又能有效带动周边地区共同发展。这类区域一般具备以下条件[②]:第一,区域主导产业(推进型产业)的集聚与壮大是区域增长极发展的决定因素;第二,主导产业前向和后向的关联性强,配套产业完善,要素供应充分,对区域内的主要产业部门具有带动作用;第三,具有良好的投资、生产环境。这种空间意义上的增长极主要强调核心区作为增长极对区域经济的带动作用。这对特殊功能开发地区的选择、战略布局及空间结构的调整具有十分重要的指导意义。

(3)时间意义上的潜在的经济增长极,条件和时间成熟时能转化为现实的增长极。

2.2.3　增长极的作用机理

关于增长极的作用机理,许多学者研究集中在正效应和负效应两个方面。

佩鲁认为增长极具有"吸引效应"和"扩散效应"。认为经济要素是在非均衡的条件下产生作用的,推进型产业及企业具有支配能力及创新能力,在一些地区集聚和优先发展,会吸引生产要素高度集聚,从而形成经济活动中心的增长极,其自身能迅速增长,产生"城市化趋向"而形成经济增长中心[③]。主导产业部门和企业能通过产业间的关联效应,把经济增长扩散到关联企业和周围地区。增长极的吸引和扩散作用表现为技术的创新和扩散、资本

---

① 弗朗索瓦·佩鲁.略论增长极概念[J].经济学译丛,1988(9):20-25.
② 熊义杰.区域经济学[M].北京:对外经济贸易大学出版社,2011:57-59.
③ 陈自芳.区域经济学新论[M].北京:中国财政经济出版社,2011:338-341.

的集中和输出、规模经济效益、城市化趋势的集聚经济效果。因此,在政策上,区域经济增长应由主导产业部门率先发展,发现与培育区位和条件好的地区和产业成为新的经济增长极,最终带动区域经济发展。其增长极理论有两大缺陷:其一,在抽象的理论空间基础上定位增长极,缺乏可操作性、模型量化;其二,过分强调增长极的正面效用,忽略了其对不发达地区的负面效应。

布代维尔认为推进型产业具有"极化效应"和"乘数效应",促进地区产业扩张和积累增长。在优势地区配置推进型产业后,随着产业集聚,这一地区将发展成为"区域增长极",吸引周围经济要素和活动集中而产生集聚经济,形成"极化效应";推进型产业之间存在相互关联的投入产出关系,规模扩大到一定程度时,会带动其他产业的发展,产生"里昂惕夫乘数效应"[①],分为区内乘数效应和区外乘数效应两种[②]。推进型产业通过区内、区外乘数效应推动其上、下游产业的建立和发展,各类要素聚集,从而吸引更多的投资在极化区域集聚,形成累计增长效应。发达地区和不发达地区因发展条件和经济结构不同,所以扩散效应和示范效应的实际发挥程度不同。在经济发达地区引入增长极,则区域乘数效应和示范效应较大;经济不发达地区增长极开发效应较小,需要构建产业联系与空间联系体系。布代维尔主张在区域内有效地配置增长极和推进型产业,以带动区域经济发展。

岗纳·缪尔达尔和赫希曼弥补了第二个缺陷。缪尔达尔(1957、1968)认为增长极具有"扩散效应"和"回流效应"。经济增长极的发达地区对落后地区会产生正负双重影响:一种是发达地区(增长极)因高收益率吸引不发达地区的生产要素回流和聚集,产生"回波效应",引致两个区域经济发展差距扩大,产生"地理上的二元经济结构"现象;另一种是经济增长极发展到一定阶段后,会推动各种生产要素从发达地区扩散到落后区域,产生有利于缩小两大地区经济差距的"扩散效应"[③]。回流效应会大于扩散效应。他主张

---

① 谭崇台.发展经济学[M].山西:山西经济出版社,2001:350.

② 陈自芳.区域经济学新论[M].北京:中国财政经济出版社,2011:337—340.

③ G. Myrdal. Economic Theory and Underdeveloped Regions[M]. London: Duckworth, 1957: 25-40.

政府积极干预,促进优势地区成为增长极,制定扶持政策刺激周围不发达地区的发展,缩小贫富差距。

赫希曼(1991)认为增长极会通过产业之间的关联效应影响周围区域。在投入—产出中产业之间具有关联连锁效应,分为前向关联、后向关联和侧向关联[①]。他将增长极地区会吸引周边要素集聚,导致与周边地区差距扩大的不利影响称为"极化效应";把增长极通过增加对周边地区关联产业投资、要素供给和扩散的有利效应称为"涓滴效应"[②]。

缪尔达尔和赫希曼的增长极理论弥补了佩鲁增长极理论中忽视"发展极"对落后地区经济发展所带来的负面效应的缺陷,使"增长极"学说在理论上趋于完善。

2.2.4   增长极形成的条件

增长极理论认为,其形成至少需要三个条件:一是区域推进型产业中具备创新能力的企业和企业家;二是能形成规模经济效益;三是有适宜的投资生产环境[③]。如地理位置和交通便捷等区位条件好,腹地经济基础好、市场广阔,产业基础设施较为健全,区域产业之间能形成投入产出链,具备保障公平竞争的法律制度、配套的经济政策、适宜经济与人才创新发展的环境等。

2.2.5   增长极理论推动的区域经济开发模式

区域经济开发是促进资源有效利用、发挥区域优势的必然途径。增长极经由推进型产业增长、优势区域增长传导至国民经济增长,在各国及区域实践中,逐渐产生了多种类型的区域经济增长极开发模式,反映了区域经济增长由点、线到面,由局部到整体逐步扩展的过程。表现形式包括各类部门、产业、特色城镇、经济开发区、保税区域、自由贸易区等。

(1)增长极开发模式,指集中有限资源重点发展有良好基础和发展前景

---

①   陈自芳.区域经济学新论[M].北京:中国财政经济出版社,2011:310—350.
②   艾伯特·赫希曼.经济发展战略[M].北京:经济科学出版社1991:166—172.
③   施祖麟.区域经济发展:理论与实证[M].北京:社会科学文献出版社,2007:121—122.

的区域,将主导经济部门作为区域的经济增长极,通过扩散和示范效应,带动其他区域和部门的增长。增长极开发模式需要避免形成地理上的城乡经济"二元结构"局面。

(2)点轴开发模式,由沃纳·松巴特(Werner Sombart)等20世纪20年代提出。强调增长轴(growth axis)由点到线演变对经济发展的影响[①]。其中,"点"指各类区域增长极,具有高创新能力和增长能力;"轴"指连接各增长极的基础设施线或交通线,如选择区域范围内经济、区位、自然或社会资源等条件和开发潜力较好的重要水陆空交通干线沿线地带、都市带、经济带等作为重点轴,利于人财物的流动,降低成本和运输费用,吸引生产要素和产业聚集轴线两侧,从而形成由增长极与生长轴结合而成的、点线一体的一种新的区域不平衡发展布局模式。点轴开发模式成为发挥各级中心城市作用和指导区域产业布局的重要理论之一。

(3)网络开发模式。增长极由点、线到面演变为增长网。增长网由各种增长极点、轴线、域面、网络等组成[②]。基本内容包括两个方面:一是将已有的一定区域可见的点、轴系统内的交通运输线和通信网络线等连接起来,形成一个遍布全区网络的区域整体;二是将已有的产业、区域间增长点轴系统内的产业体系、城镇体系连成一个完整的区域产业系统。以上两方面的统一构成了增长极完整的网络系统,极大地提高各区域节点间和腹地交流的广度与密度。该模式为区域经济向高阶段发展提供了理论指导。

2.2.6　增长极理论在各国的应用实践

增长极理论在发达国家和发展中国家的区域发展和规划中得到广泛的实践。增长极理论的政策含义是:在优势区域建立区域增长极,通过配置推进型产业促进区内发展和对其他地区或部门的影响,从而带动整个经济发展。增长极形成有两种途径:一是通过市场机制引导自动产生增长极;二是由政府规划鼓励主动建立增长极[③]。

---

① 陈自芳.区域经济学新论[M].北京:中国财政经济出版社,2011:345-347.
② 熊义杰.区域经济学[M].北京:对外经贸大学出版社,2011:62.
③ 姚士谋.区域与城市发展论[M].北京:中国科学技术大学出版社,2004:51-52.

发达国家 20 世纪 60 年代进入持续的衰退,产生地区间经济发展两极分化、大城市出现过度增长、老工业区经济萧条停滞不前、产业结构恶化的现象。发达国家增长极战略主要应用于解决三个问题[①]:①对欠发达地区和萧条的老工业区的开发,在落后地区采取建立大型主导产业的工业综合体的增长极战略以促进落后地区的发展。由于落后地区与推进型产业关联性不强,难以实现创新型主导产业的扩张性成长,该举措不是很成功。②在落后地区建立充满活力的增长中心或城市的增长极战略。③培育增长极来控制大城市的过于集中,是一种可行的方式。例如,法国西南部拉克区、意大利南部巴里区域建立工业综合体或联合企业;加拿大魁北克省在加斯佩半岛的沿海选择较大城镇作为增长中心;美国阿巴拉契亚区域增长中心规划;法国的 8 大平衡城市和 14 个振兴极规划;等等。

在发展中国家,增长极战略主要应用于落后地区的经济开发和现代化、城市化发展问题、首位城市过度膨胀问题。拉美、东南亚国家,如巴西、巴基斯坦、墨西哥、泰国、马来西亚等通过实施增长极战略,把开发落后地区作为战略重点,实施减免税收、低息贷款,开辟新工业区和自由贸易区,较好地解决了以上问题。1960 年巴西首都从里约热内卢迁到中部的巴西利亚,以此带动中西部经济落后地区的发展;在北部设立玛瑙斯自由贸易区,促进了亚马孙河流域的经济状况。

增长极战略在我国应用于 20 世纪 80 年代初,理论界出于区域经济发展存在技术、区位、经济发展差异的共识,提出了东、中、西部三大经济地带规划、沿海地区经济发展的战略。90 年代初,国家实行区域经济非均衡协调发展战略,1992 年设立经济特区实施开放政策、推进城市圈经济发展战略等。90 年代以来建立的一系列海关特殊监管区域,"十二五"时期以来建立高度开放的上海自由贸易试验区发展战略等,是非均衡发展战略、增长极发展战略在改革开放实践中的进一步发展和深化。

---

① 黄继忠.区域内经济不平衡增长论[M].北京:经济管理出版社,2001:45—50.

2.2.7 增长极理论对保税物流区域发展的指导意义

增长极理论为保税物流区域战略发展提供了重要的理论指导,进行区域规划时应遵循以下条件:一是具有地理区位优势,应选择具有区域岸线资源、交通集疏运枢纽保税港口或较强聚集能力的保税口岸城市作为增长极;二是具有腹地经济优势,腹地经济持续发展、外贸需求量大,为保税物流区域提供充足的进、出口货源和保税物流网络信息平台等服务需求,保税区域仓储物流和重点产业的发展为腹地经济的增长提供强劲动力;三是具有适宜的政策优势,保税区域在关税、检验、财政、金融、贸易等方面的特殊政策保障,将物流功能、信息服务和保税政策完美结合,成为国际物流与国内物流的衔接点、沟通国际市场和国内市场的桥梁。

增长极发展在实践中需要防止可能产生的负效应,如:增长中心的极化以牺牲区外周边地区发展为代价,导致区外周边地区贸易条件恶化,筹资困难,劳动力、专业技术人才和管理人才缺乏,经济发展受制约等。因此,保税物流区域增长极战略需要处理好区内和腹地经济发展关系的两个问题:一是规划好区内推进型主导产业及相关产业关联度,保证推进型产业的地方化;二是避免增长极形成外围与中心的二元结构,充分发挥保税物流区域对周边区域的带动作用[①]。

保税物流区域增长极战略在实施过程中应遵循增长极发展规律,同时遵循以下原则:一是增长极建立与发展应注意循序渐进,合理规划区位、规模、等级和产业部门相关性构成等;二是增长极需要有适宜的周边环境与之配套,政府应加强政策引导,引导增长极与周边地区的协调发展。按照这些原则,在新的发展阶段,我国应加强保税物流区域发展的规划和整合优化,将其逐步升级发展为综合保税区、自由贸易区,发挥增长极的极化效应和扩散效应,带动国际物流、对外贸易转型升级的发展。

增长极理论的实质是将稀缺资源投入到增长快速、投资效益明显、产业关联性及创新能力强的产业和地区,通过产业关联度的传导机制和市场经

---

① 陈自芳.区域经济学新论[M].北京:中国财政经济出版社,2011:352−353.

济机制来带动周边地区乃至国家的经济发展。该理论揭示了区域经济发展不均衡的必然性,发达地区和落后地区间的极化效应和扩散效应的作用关系,指出区域"二元经济结构"的危害性,充分肯定政府积极干预在区域协调发展中的促进作用。我国地区经济发展之间不平衡现象非常突出,在区域规划中,一方面应承认区域间发展不平衡,在保税物流区域规划发展中,充分发挥保税物流区域高层次开放平台的增长中心作用;另一方面应注意区域之间发展的协调性,发挥增长中心的扩散作用,同时采取特殊政策在内陆地区培育增长中心,带动当地开放型经济发展,缩小发达地区和落后地区的差距。

2.3　对外贸易与经济增长理论

2.3.1　对外贸易经济增长的发动机说

罗伯特逊(D. H. Robertson)、诺克斯(R. Nurkse)等经济学家提出,国际贸易的发展是许多国家经济增长的主要原因[①]。通过比较成本国际贸易使各国资源得到更有效的配置,得到了多于自己生产的消费量的外贸直接利益;外贸高速增长尤其是出口高速增长,会动态传递到国内各经济部门,带动国民经济增长。对外贸易会产生一系列间接的动态利益:①提高技术水平。出口扩大有利于资本货物和先进技术设备的进口,提高了国内的技术水平。②提高劳动生产率。资本集中于优势出口领域,专业化分工提高了劳动生产率。③形成规模经济。扩大出口降低了单位产品成本、提高利润率、增强国际竞争能力,有利于规模经济利益。④带动产业部门发展。深加工制成品出口,会增加对其他供给部门的需求,从而带动所有部门发展。⑤鼓励外资流入。对外贸易能吸引外资流入,促进技术和管理创新与传递。⑥改进产品质量。扩大进出口贸易将促使外贸企业降低成本、提高质量、促

---

① 保罗·萨缪尔森,威廉·诺德豪斯.宏观经济学[M].北京:华夏出版社,1999:240-242.

进产业发展。许多国家的经济发展史证明,只有在一国经济和社会条件具备时,对外贸易才能充分发挥对一国经济发展的促进与带动作用[①]。

2.3.2 对外贸易乘数理论

对外贸易乘数理论是 20 世纪 30 年代马克卢普和哈罗德等人提出的凯恩斯主义的国际贸易理论。该理论将投资乘数原理引入开放经济中,分析了对外贸易与就业、国民收入的关系,认为对外贸易具有与投资和政府支出相类似的对 GDP 的作用。在对外贸易中,一国出口增加的国民收入倍数的大小,取决于边际进口倾向和边际储蓄倾向的大小,扩大出口所增加的对外贸易收入中,只要有一部分用于购买本国产品,就会对国民收入增加、就业增加起到连锁推动作用,最终国民收入增加将为贸易顺差的倍数[②]。这两个倾向越小,国民收入增加的幅度越大;反之,国民收入增加的幅度越小。其政策结论是:当国内需求不足时,应扩大出口,并使所增加的收入中有较多部分用来购买本国商品。该理论在一定程度上揭示了对外贸易与国民收入、就业增长之间的内在规律性,对一国制定有效的开放经济政策有一定的理论指导意义。

2.4 本章小结

本章主要梳理了与保税物流区域经济增长极发展相关的区域非均衡发展理论和增长极理论,强调了增长极理论对保税物流区域发展的指导意义,为后续保税物流区域发展及对腹地经济增长效应的研究提供理论上的支持。

[①] D. H. Robertson. The Future of International Trade[J]. The Economic Journal,1938(48):1-4
[②] 厉以宁,秦宛顺. 现代西方经济学概论[M]. 北京:北京大学出版社,1983:258-260

3 我国保税物流区域的发展及其特征

3.1 我国保税物流区域的发展历程

我国海关特殊监管保税物流区域自 1990 年初创发展至今已经二十多年,截至 2016 年 3 月底,全国 29 个省市自治区,布局发展了颇具规模的 127 个海关特殊监管独立园区,形成了我国保税物流区域的 6 种模式。保税物流区域是我国开放型经济发展的先行区、加工贸易转型升级的集聚区、进出口货物保税物流分拨和配送的仓储集散中心,在我国发展对外贸易、有效吸引外资、连接国际国内两个市场、推进区域产业集聚的过程中发挥了重要作用。

我国保税物流区域是随着国际贸易的发展而产生和发展起来的。1887年,中国晚清政府核准官商合办的招商局在上海北栈开始试办中国近代第一家保税仓栈,并从 1888 年 3 月 1 日起关栈正式对外商开放,之后相继共设立上海北栈、中栈的 12 间关栈(海关保税仓库)[①]。1932 年国民党中央政府颁布招商局收归国营令,隶属交通部管辖。1949 年后,直到 1981 年海关才制定发布对保税货物和保税仓监管暂行办法。之后,加工贸易进出口业务

---

① 上海报业集团.上海历史——虹口区志大事记[N].文汇报,2002-11-7.

率先发展,保税业务迅速复苏,1988 年国家开始设立保税仓库。从 1990 年我国设立第一个保税区,保税物流区域的发展至今有 26 年的历史。其发展可以分为三个阶段[①]。

3.1.1　起步发展阶段(1990—1996 年)

我国保税物流区域的起步发展阶段,以 1990 年国务院批准上海外高桥保税区为标志,到 1996 年批准最后两个保税区,之后我国再没有批准设立新的保税区。改革开放后 20 世纪 80 年代中后期,随着我国"三来一补"加工贸易和"以进养出"业务率先发展,为有效承接全球产业转移,国务院最先设立海关特殊监管场所"两仓",一是保税仓,主要存放加工贸易进口料件;二是出口监管仓,主要存放出口产品。我国原先已批准和先后增设的保税仓库、出口监管仓库等保税物流场所达到 700 多个。1981 年海关发布《中华人民共和国海关对保税货物和保税仓库监管暂行办法》,是较接近国际通行作业规范的保税制度。1990 年 6 月,国务院在上海外高桥批准设立第一个保税区,之后批准设立了 14 个保税区,开始了我国保税物流区域发展的历史。1990 年 9 月 8 日海关总署颁布我国第一部关于保税区的海关管理办法《中华人民共和国海关对进出上海市外高桥保税区货物、运输工具和个人携带物品的管理方法》。1991 年 6 月 15 日,国家外汇管理局颁布《保税区外汇管理暂行办法》及相关实施细则。保税区在这一阶段主要解决规划、土地开发、基础设施建设、招商引资、功能培育等发展问题。

3.1.2　探索发展阶段(1997—2001 年)

1997 年,海关总署颁布了《保税区海关监管办法》,确立了保税区在海关特殊监管区域的地位,管理有了法律保障,保税区域开始进入大规模招商引资阶段。这一时期,我国正处于工业化初中期,各保税区所在政府希望利用保税区的特殊地位与政策加速本地工业化,为此,2000 年 4 月,国务院批准设立首批 15 个出口加工区,加工贸易快速发展,成为我国对外贸易的重要

---

①　吕伟红.构建海关保税物流监管体系[J].大陆桥视野,2008(7):13-19.

支柱,带来贸易便利化对物流服务业的需求增长。这一阶段,各保税区成为所在城市对外开放的重要窗口,不仅经受住亚洲金融危机的冲击,而且区内经济增长很快,具有良好的抗风险性,功能特色与当地经济发展相适应,成为当地经济发展的重要增长点。

3.1.3　转型升级阶段(2002 年至今)

我国 2001 年 12 月加入世贸组织,2002 年开始分阶段全面下调关税,保税区域的发展面临新形势、新情况、新规则和新挑战,尤其是如何转型升级发展的问题。其转型过程大致可分为四个层面:

其一,理论探索。成思危(2003)等提出我国保税区发展逐步向自由贸易区转型,其理念为境内关外,物流主导,区港结合,统一领导,属地管理①。

其二,先行先试。2003 年 12 月,海关总署提出区港联动试点和"引导保税区向扩大仓储、物流方向发展"的要求,设立上海外高桥保税物流园区,旨在区港优势整合,在功能上更具有"境内关外",即"一线放开、二线管住、区内自由、入区退税"的自由贸易区特征,为外贸物资和国际物流提供开放型政策平台,走出了探索保税区转型升级的第一步。

其三,功能提升。在"区港联动"的基础上,保税物流园区与港区码头实现"区港一体化"运作,国务院于 2005 年 6 月 22 日批准设立洋山保税港区。保税港区叠加了其他保税区的通关、税收、外汇等优惠政策,和港口航运物流服务相结合,政策优势更明显。我国先后设立了一批保税物流中心,以满足内陆地区发展对外贸易及国际物流的需要。

其四,整合转型。为缓解国内经济受到国际经济危机带来的冲击,2006 年 12 月 17 日,国务院批准设立苏州工业园综合保税区。综合保税区整合了海关特殊监管区域的所有功能政策,是当时我国开放层次最高的保税物流区域模式,最接近国外的自由贸易区,是国家开放贸易、金融、运输、服务等领域的试验区,为保税区转型升级明示了发展趋势。在原综合保税区基

---

① 成思危.从保税区到自由贸易区:中国保税区的改革和发展[M].北京:经济科学出版社,2003:77-140.

础上,2013 年 8 月,国务院批准设立中国(上海)自由贸易试验区,这是保税区域实现战略转型目标的历史性举措。之后于 2014 年新设了一批综合保税区,和广东、天津、福建第二批自由贸易试验区。2015 年 8 月,国务院在《加快海关特殊监管区域整合优化方案》中提出:推进海关特殊监管区域整合类型,将海关特殊监管区域整合为综合保税区,新设的特殊区域均为综合保税区。这一阶段,我国建立起了三个层次、多种类型的保税物流监管体系。国务院先后批准设立了 6 类 160 个海关特殊监管区域,经过整合后,至 2016 年 3 月,全国共有海关特殊监管区域 127 个,其中包括 10 个保税区,34 个出口加工区,4 个保税物流园区,14 个保税港区,63 个综合保税区,2 个跨境工业区。基本覆盖了全国 29 个省、自治区及直辖市的沿海、沿江、沿边、内陆地区的重要港口和中心城市。各类保税物流区域的发展明细,如表 3-1 所示。

表 3-1 我国保税物流区域的发展进程及整合后明细

序号	首设时间	名称	具体名称
1	1887 年	关栈 12 间	上海北栈、中栈
2	1990 年	保税区 10 个	上海外高桥、大连、张家港、青岛、宁波、福田、厦门屿、汕头、深圳沙头角、盐田港等
3	2000 年	出口加工区 34 个	河北:秦皇岛、廊坊 山东:威海、青岛、青岛西海岸 上海:松江、闵行、金桥、青浦、漕河泾、嘉定 江苏:连云港、镇江、常州、吴中、吴江、常熟、武进、泰州 安徽:芜湖、合肥 浙江:杭州、宁波、慈溪 江西:九江、南昌、赣州、井冈山 其他:乌鲁木齐、呼和浩特、珲春、大连、沈阳、郴州、昆明、四川绵阳、泉州、深圳等
4	2005 年	保税物流园区 4 个	大连、青岛、张家港、深圳盐田港等
5	2005 年	保税港区 14 个	上海洋山、大连大窑湾、天津东疆、海南洋浦、广西钦州、宁波梅山、厦门海沧、深圳前海湾、青岛前湾、广州南沙、福州、重庆两路寸滩、烟台、张家港等

续表

序号	首设时间	名称	具体名称
6	2006 年	综合保税区 63 个	南宁、苏州太仓港、盐城、芜湖、无锡高新区、合肥、唐山曹妃甸、长春兴隆、沈阳、天津滨海新区、南京、赣州、淮安、衡阳、湘潭、南通、济南、潍坊、成都、苏州工业园、苏州高新技术产业开发区、扬州、江苏昆山、上海浦东机场、北京天竺、广州白云机场、广西凭祥、黑龙江绥芬河、海南海口、重庆西永、西安、西安高新、银川、新疆阿拉山口、新疆喀什、武汉东湖、太原武宿、舟山港、贵阳、贵州贵安新区、兰州新区、临沂、南阳卧龙、郑州新郑、石家庄、乌鲁木齐、蚌埠、嘉兴、金义、江阴等
7	2006 年	跨境工业区 2 个	珠澳跨境工业区、霍尔果斯国际边境合作中心

资料来源:根据我国海关特定区域相关资料梳理。

3.2 保税物流监管体系的形式与特征

3.2.1 我国保税物流监管体系的形式

我国现有的保税物流监管体系可以概括为:以综合保税区和保税港区为龙头,以保税区、出口加工、保税物流园区和保税物流中心为枢纽,以出口监管仓和保税仓为网点,三个层次、多种类型的保税物流监管体系[1]。如图 3-1 所示。

我国保税物流监管体系具体形式分为保税物流监管场所和保税物流监管区域。其发展历程体现了我国各阶段开放型经济发展的特定要求。

(1)保税物流场所——网点层次("两仓""两保")

我国保税物流场所主要包括两大类型,"两仓"即保税仓库、出口监管仓库,"两保"即保税物流中心 A 型、B 型。

①保税仓、监管仓(以下简称"两仓")。保税仓库包括公共型和自用型

---

① 孙前进.海关监管与保税物流体系建设[M].北京:中国物资出版社,2012:4.

```
┌─────────────────────────────┐
│       我国保税物流监管系统        │
└─────────────────────────────┘
        ┌────────┴────────┐
┌──────────────┐   ┌──────────────┐
│   保税监管场所   │   │   保税监管区域   │
└──────────────┘   └──────────────┘
┌──────────────┐   ┌──────────┐ ┌──────────┐
│   出口监管仓库   │   │   保税区   │ │  综合保税区 │
├──────────────┤   ├──────────┤ ├──────────┤
│  公用型保税仓库  │   │ 保税物流园区 │ │  保税港区  │
├──────────────┤   ├──────────┤ └──────────┘
│  自用型保税仓库  │   │  出口加工区 │
├──────────────┤   └──────────┘
│  保税物流中心   │
│   (A、B型)    │
└──────────────┘
┌──────────────┐   ┌──────────┐ ┌──────────┐
│   基础和网点   │   │  骨干和枢纽 │ │   龙头   │
└──────────────┘   └──────────┘ └──────────┘
```

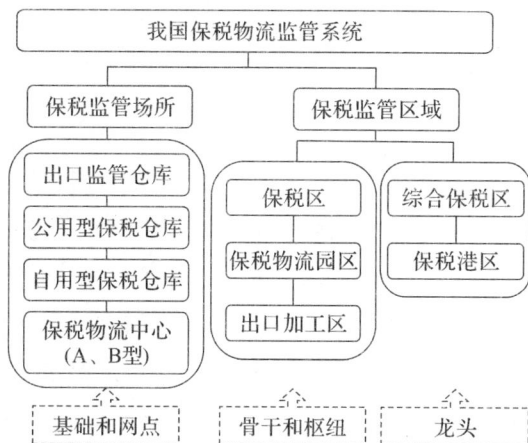

图 3-1　我国现有保税物流体系结构

保税仓库。出口监管仓库,是专门存放已办结海关手续的出口货物的仓库①。"两仓合一"后,具备保税储存、缓存、配送、简单加工、国内结转等最基本的物流功能,是传统的海关保税仓储场所。

②保税物流中心(A、B型)。按照保税物流中心内由经海关批准的企业营运种类不同,分为 A 型和 B 型海关监管场所。A 型由一家中国企业法人经营,既可以是集团自用,也可以为公共服务;B 型由一家中国企业法人经营、多家物流企业进驻。保税物流中心专门从事保税仓储物流业务,实行海关集中封闭管理②。在政策优惠方面,境外货物入中心保税,国内货物入中心退税,在区企业之间交易免增值税和消费税。

(2)保税物流区域

我国保税物流区域以海关特殊监管区域为载体,借鉴了国际上的自由贸易园区(free trade zone)的某些特征,但在管理和贸易管制上存在一定差别。保税物流和一般物流的相同点,都是为了降低物流运营成本、提高效率。不同点是,保税物流通关全过程受海关监管,其本质是利用"境内关外"

---

① 中华人民共和国海关总署.中华人民共和国海关对保税货物及所存货物的管理规定(海关总署令第 105 号),2003-12-5.

② 中华人民共和国海关总署.中华人民共和国海关对保税物流中心(B 型)的暂行管理办法(海关总署令第 130 号),2005-6-23.

的保税优惠制度进行通关和物流运作,可以享受关、检、税、汇等特殊政策[①],便利出口加工和国际贸易业务,成为国际物流与国内物流的接力区。

①枢纽层次

ⅰ)保税区。其基本特征包括:一是经国务院审批,设在我国境内的海关特殊监管区域。二是实行封闭围网管理。三是实施"境内关外"的海关特殊监管制度,即"一线放开、二线管住、区内自由"[②]。"一线"指国境线,即特殊区域与国境线外之间的通道口;"二线"指与国内非特殊区域的连接线,即特殊监管区域与海关境内区外之间的通道口。"一线放开"指境外货物可以不受海关监管自由地进入监管区域,区内货物不受海关监管可以自由地运出境外。"二线管住"是指货物从监管区内进入国内非监管区域,或从国内非监管区域进入监管区域时,海关须征收相应的税收,区内货物可以自由流动[③]。四是具备保税功能,境外货物入区,免征进口关税和进口环节增值税。

保税区的基本功能包括:一是保税物流功能。区内为保税货物提供仓库、堆场,设立船队、车队,开展保税仓储、运输等快速流转货物的物流服务。二是保税加工功能。区内可为保税货物提供包装、标签、简单流通性加工等增值服务,通过加工贸易培育发展整个出口加工产业链。三是国际贸易功能,即为区内设立经营国际贸易业务的企业,利用保税区的优惠政策和毗邻港口、陆路口岸的区位优势,提供出口、转口、进口的关、检、汇、商、金等国际贸易业务服务。四是展示功能,开辟商品展示中心,区内货物可进行展示和销售。目前,我国共有 10 个保税区,总面积约 40.26 平方千米。

ⅱ)出口加工区。是指经国务院批准,在国务院批准的经济技术开发区内,设置的海关监管特定区域,在加工区内可依法对货物开展加工制造、保税仓储物流等业务[④],通过区内企业、区间企业的转厂可实现"零库存"、供应商管理库存(VMI)、准时生产(JIT)等现代化生产模式[⑤]。目前,我国有 34

---

① 李铭典,张仁颐.海关保税中物流各特殊监管区域之间的关系[J].物流科技,2007(1):95－98.

② 海关总署.保税区监管办法(中华人民共和国海关总署令第 65 号),1997-8-1.

③ 蒲少伟.发挥保税区比较优势 打造对外开放新高地[J].宁波通讯,2012(21):28.

④ 海关总署.中华人民共和国海关对出口加工区监管的暂行办法(中华人民共和国海关总署令第191 号),2003-9-3.

⑤ 陈广仁.敏捷保税物流系统研究[D].天津大学,2010.

个出口加工区。出口加工区在发展中面临转型升级、向综合型方向发展的要求。

ⅲ)保税物流园区。经国务院批准,一般设在毗邻保税区的特定港区内,旨在整合保税区的保税仓储功能和港口的国际运输、装卸功能,拓展保税物流和国际采购、中转、转口及配送等业务功能[①]。目前,我国保税物流园区设有 4 个。

②龙头层次

保税港区和综合保税区是目前我国保税物流区域中开放层次最高的海关特殊区域,其对外自由程度接近国外的自由贸易区。

ⅰ)保税港区。经国务院批准设立的海关特殊区域。一般设在对外开放的口岸港区,由港口码头扩展而成,实行封闭式管理,集保税区域的优惠政策功能和口岸港区的航运服务功能于一体,可以开展 9 个方面的业务:存储进出口货物和其他未办结海关手续的货物;国际转口贸易;国际采购、分销和配送;国际中转;检测和售后服务维修;商品展示;研发、加工、制造;港口作业;经海关批准的其他业务[②]。目前,我国有 14 个保税港区。

ⅱ)综合保税区。是经国务院批准设立、具有保税港区功能的海关特殊监管区域,是保税港区在空港、边境等内陆地区的拓展,执行参照保税港区的优惠政策。目前,我国有 63 个综合保税区,是我国目前功能最为齐全的保税物流区域,是我国在新的发展时期力推保税物流区域转型升级的发展方向。

3.2.2　我国保税物流营运体系的特征

我国现有的保税物流运营体系为:以海关特殊监管区域和场所为依托,以中央政府直接领导的海关为保税物流区域监督管理机构,以保税物流区域的管委会为核心的行政管理机构,以保税物流企业为运营主体,以保税物

---

① 海关总署.中华人民共和国海关对保税物流园区的管理办法(中华人民共和国海关总署令第134 号),2005-11-28.

② 海关总署.中华人民共和国海关保税港区管理暂行办法(中华人民共和国海关总署令第 191号),2010-3-15.

流和保税加工为主要业务形态，受海关监管及税、检、汇、贸、商、金等法律法规、政策及外贸惯例等制约为特征的保税物流运营体系[①]。如图 3-2 所示。

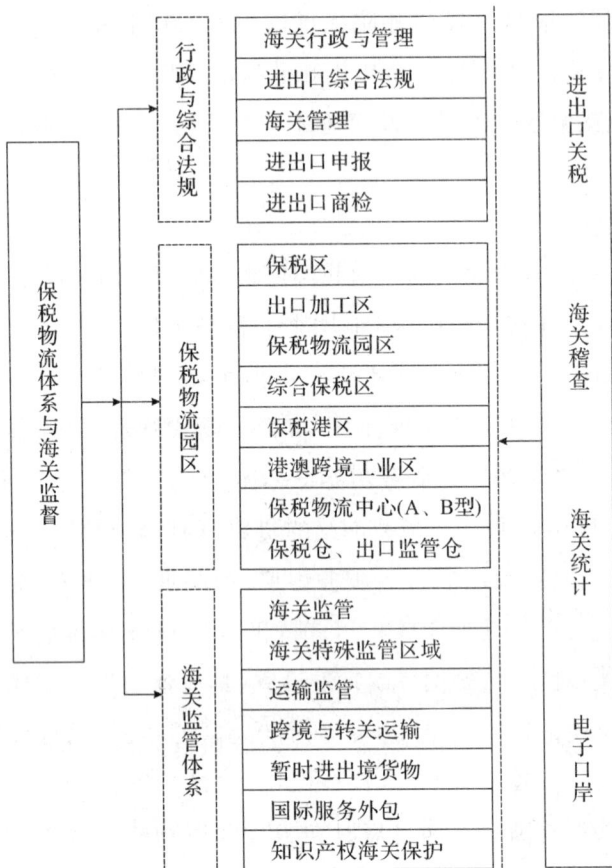

保税物流体系与海关监督	行政与综合法规	海关行政与管理 进出口综合法规 海关管理 进出口申报 进出口商检	进出口关税 海关稽查 海关统计 电子口岸
	保税物流园区	保税区 出口加工区 保税物流园区 综合保税区 保税港区 港澳跨境工业区 保税物流中心(A、B型) 保税仓、出口监管仓	
	海关监管体系	海关监管 海关特殊监管区域 运输监管 跨境与转关运输 暂时进出境货物 国际服务外包 知识产权海关保护	

图 3-2   我国海关监管与保税物流体系内容结构

具体特征如下：

(1)以三级管理层次模式为特征的管理体制。我国保税物流区域的管理体制表现为三级层次[②]，即，①保税物流区域的设立需经国务院批准，政策制定由中央政府负责，国务院九部委依据法律规章制度制定具体细则，并各自负责相关业务。②省市地方政府负责保税物流区域的协调管理。地方政

---

①   孙前进.海关监管与保税物流体系建设[M].北京：中国物资出版社,2012:4.

②   黄志勇.我国保税港区管理体制机制创新研究[J].宏观经济研究,2012(4):72—76.

府根据法定权限,主要负责保税物流区域内土地规划、产业规划、招商引资、工商登记、基础设施建设、环境保护、人才政策、社会服务等业务的管理。③政府设立派出机构——保税区域管理委员会(简称管委会),授权进行直接行政管理。目前,中央政府主要行使政策制定和审批权,相关业务管理涉及海关、国检、边检、税务、外汇、工商、海事等多个国务院部门。由于没有明确我国保税物流区域统一的宏观管理机构和管理模式,造成管理矛盾,削弱了其高效便利的自由贸易特殊功能优势。

(2)保税物流业务以保税加工、国际贸易为服务目标。保税物流区域主要为出口加工和外贸企业及跨国公司的保税物流业务服务,通过提供保税和通关功能的便利服务降低企业交易成本,提高国际物流运作效率,促进企业发展。保税物流已逐步成为保税物流区域最重要的主体功能和主体业务之一。

(3)运作企业以保税物流企业、保税加工企业、外贸企业等为主体。海关对企业营运资质要求高,需通过海关、检验检疫等相关部门审核或备案。参与保税物流营运的企业还包括港口、码头、国际航空货站、国际货代企业、交通运输企业及相关部门等。

(4)运行场所以海关特殊监管区域和场所为依托。我国保税物流主要在海关监管区域进行,辅以出口监管仓库和保税仓库“两仓”的保税物流场所。特定区域监管要求:一是封闭化区域管理。设有合格的卡口、围网、视频监控系统,进出货物与车辆一律接受海关审批、监管。二是信息化。海关通过“电子口岸”公共信息平台进行联网管理制度,掌握企业电子账册及业务环节的全过程。三是统一机构即区内海关。统一报关即海关一站式业务监管,统一卡口即设一个主卡口,统一查验即区内海关负责查验业务①。

(5)受海关和对外经贸的法律、法规、规章及政策等的制约。保税物流区域在运作过程中主要受海关行政与监督管理法规、检验检疫、国税、外汇

---

① 傅佳.我国海关保税物流监管现状研究[J].现代商业,2011(12):8—10.

管理和商务部的对外经贸政策,以及特殊监管区域的管理规定与办法的指导,并受以上法律法规以及国际贸易惯例的制约[①]。

3.2.3　保税物流业务运作模式和功能特征

保税物流业务特指在海关特殊监管区域内,对未办理进口纳税手续或已办结出口报关手续的保税货物,在保税区域内进行的物流活动[②]。保税物流业务统计时不含加工贸易企业生产链上的物流和传统的口岸通关物流,主要由保税加工和保税物流组成,两者相辅相成、共同促进。随着全球经济一体化和信息化,国际产业链和供应链不断延伸,全球的加工贸易产业转移出现新变化,我国在国际分工中地位提升和承接国际产业转移过程对国际物流业务和保税业务要求不断提升。

(1)保税物流业务运作模式

我国海关对保税物流的统计不含加工贸易企业生产链上的物流和传统的口岸通关物流。保税物流业务运作模式,主要分为进口、转口、出口三种模式,以及保税加工和商品展示展销的保税物流运作模式[③]。业务运作模式[④]如图 3-3 所示。

①境外进口货物经保税区域向国内市场分销的保税物流运作模式。境外保税货物经过区内保税储存及增值服务,办理清关手续后,向国内市场开展分销活动。这是目前一些跨国公司、国际企业、跨境电商企业在我国市场的一种主要运作方式。这类保税物流业务主要以仓储、加工、清关、分拨配送及信息服务为主。

②境内出口货物经保税区域集货向境外配送的保税物流运作模式[⑤]。随着我国商品国际竞争能力的提高和跨境贸易电子商务的发展,许多跨国公司、国际采购公司、国际零售企业和国外跨境电商企业的采购网络向我国

①　赵韬.我国保税区功能整合及创新机制[J].合作经济与科技,2011(20):70—71.
②　郭成.试析我国保税物流的发展及趋势[J].港口经济,2006(4):1—4.
③　王雅璨,汝宜红,蒋培,姚常成.我国保税区基于区域优势的功能定位和国际物流运作模式研究——以天津港保税区为例[J].价值工程,2007(2):61—66.
④　李巍巍.保税物流战略联盟博弈与实现途径研究[D].广州:华南理工大学,2013(6):115—136.
⑤　陈章喜.中国入世后保税区的功能调整与体制转换[J].国际贸易问题,2002(4):13—15.

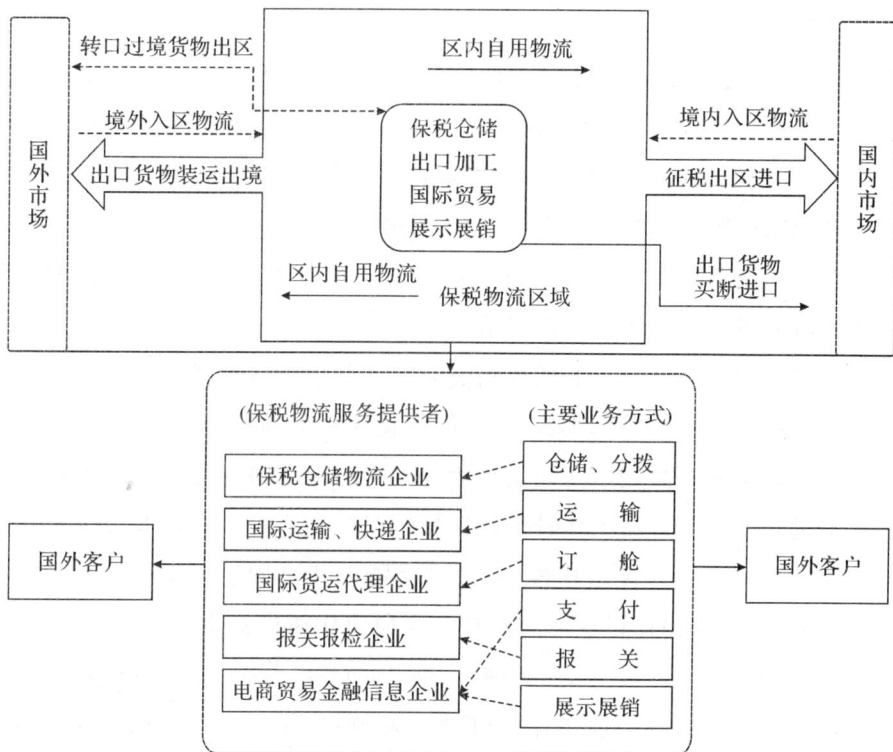

图 3-3 保税物流业务运作模式

沿海地区的大型港口城市延伸,在这些地区的保税物流区域建立采购中心和租用保税仓库集货;国内的外贸企业和跨境电商出口企业也不断开拓市场,利用保税物流区域的保税仓集货,推动我国保税物流区域发展成为出口商品的集货中心和国际采购中心。这类保税物流业务还需提供商品检验服务,以发现出口商品的问题,在离境出区之前处理好可能出现的补货、调换、理赔、退货等问题。

③转口贸易货物经由保税区储存再分拨的保税物流运作模式。转口贸易的保税物流业务运作模式,一类为国际转口贸易的保税物流业务运作;另一类是国内转口贸易的保税物流业务运作,主要是许多外国公司利用保税物流区域贸易保税制度成本优势、良好的国际港口交通枢纽设施,将保税区域作为中转区域,再分拨到不同网点。转口贸易的保税物流业务运作主要由区内第三方物流企业为转口过境商品提供仓储、多式联运、物流分拨及信

息服务等。

④境外料件供应和制成品出口区的加工贸易保税物流运作模式。加工贸易是保税物流区域最重要的贸易方式之一。加工贸易的保税物流活动分为两类:一是保税区内加工企业利用进口料件和国内市场料件的物流活动,及其制成品向国际市场出口和国内市场销售进境的物流活动;二是非保税区加工贸易企业从事国际市场进口料件有关的物流活动,与制成品向境外市场和国内市场销售相关的物流活动。

⑤基于国际商品展示的保税物流业务运作模式。保税区域通过为企业提供商品展示功能和交易服务功能,能促进保税区域贸易活动的开展,增加物流流量。国际商品展示功能是扩大保税区域贸易进口和加工贸易增长的一个辅助功能。其运作主体是保税区域内的物流企业。保税物流业务运作模式与一般的国际物流运作模式相比,功能有所不同。一是延伸拓展了传统的仓储功能,区内保税仓库对储存的保税货物不仅提供储存业务,还有可以展示展销、分拣、分级分类、整理、改装、加标签、分拆、拼装、分拨等业务;二是增加了保税货物的简单流通性加工功能;三是形成了保税物流区域的国际货物集配功能,区内可以进行国际货物的集货、采购、分拨、配送、检验检测等功能,有利于港口的集运和外贸货物的适销①。此外,随着信息技术手段和现代服务方式在国际物流各个环节的运用,保税物流业务由传统的只提供服务工序向为贸易企业提供功能集成变化,如供应链管理公司、国际快递公司、电子商务公司、第三方物流公司等,不仅为客户提供物流环节的服务,还包括处理供应链管理、报关、商检、税收、融资等的一揽子服务功能。

(2)保税物流区域的主要功能

保税物流旨在降低外向型企业交易成本,提高运作效率,提供功能服务。保税物流区域主要的服务功能②主要包括以下几种。

①保税仓储功能。这是指暂时进境后复运出境的货物或海关批准暂缓纳税的进口货物,运至保税仓库储存期间,可以不办理进口手续、免交关税、

---

①　段伟常.保税物流的特点及发展策略[J].中国储运,2008(3):1—3.

②　王雅璨,汝宜红,蒋培,姚常成.我国保税区基于区域优势的功能定位和国际物流运作模式研究[J].价值工程,2007(2):63.

免批文、不受配额限制,复运出境不必纳税。进区货物可以进行储存、分拣、改装、整理、加标签、展览、运输、分拨、报关、检验及获得信息服务等增值业务活动[1]。这是保税物流区域最基本的功能。通过保税仓储功能优势吸引货物进区储存、中转,可以避免多次入区多次报关的不便,减少了报关风险、节约交易成本、便于货主把握交易时机出售货物,强化了供应链运作效率的库存管理。其保税仓储物流运作模式如图 3-4 所示。

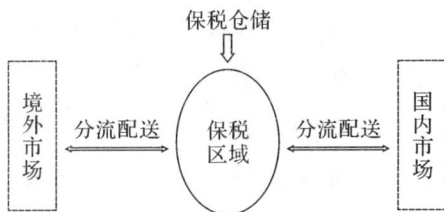

图 3-4　保税仓储物流运作模式

②出口加工功能。与加工贸易相关的保税物流是指保税物流区内或区外的生产企业,从境外保税进口全部或部分原辅材料、零部件、元器件等(简称料件),经境内企业加工或装配后,将制成品复出口(或销往国内),包括来料加工贸易和进料加工贸易相关的物流;或从国内采购原材料入区退税后加工出口,使加工料件在区内得以增值的物流活动。保税加工使得区内生产企业可以允许进行贴唛、贴标签、更换包装、分拣、分拆、拼装等流通性简单的加工和增值,充分利用国际、国内资源,引进技术和提高产品质量、降低成本,培育和发展整个加工产业链,带动国内相关加工贸易的发展。出口加工的保税物流业务模式如图 3-5 和图 3-6 所示。

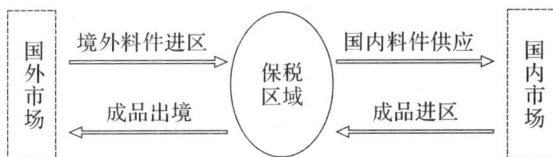

图 3-5　保税物流区域加工贸易物流功能模式

---

[1]　高海乡.中国保税区转型的模式[M].上海:上海财经大学出版社,2006:47.

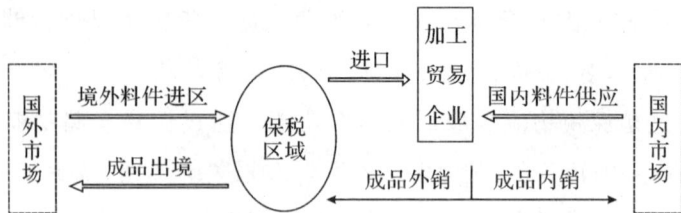

图 3-6　非保税物流区域加工贸易物流功能模式

③国际贸易功能。主要包括一般进出口贸易和转口贸易服务。经由保税物流区域的进出口贸易,是指"一线"进出境贸易,包括两类:一是国外进口商品利用保税区域作为物流分拨基地,向国内市场分销的物流活动,见图3-7;二是国内出口商品在保税区域集货和配送出口,这是目前跨境电商出口常用的集货模式,见图 3-8。大批量进区,"多批次、小批量"进入国内或国际市场,这是目前许多跨国公司、国际企业、外贸企业和跨境电商企业在保税物流区域的一种主要运作方式,保税状态的成本优势为集货与分销提供了便利,减少了资金占用,降低了交易成本,保证了交货和售后服务。

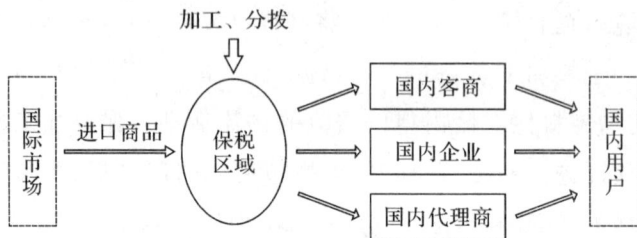

图 3-7　进口商品国内分销保税物流功能模式

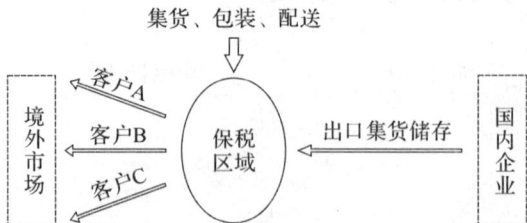

图 3-8　出口商品在保税区域集货的物流功能模式

④国际转口功能。又称国际中转功能,包括两类:一类是经由保税物流区域的国际转口贸易,即"境外—保税区—境外"型转口贸易;另一类是经由

保税物流区域的国内转口贸易,即"境外—保税区—境内"或"境内—保税区—境外"型转口贸易[①]。许多外国公司利用保税物流区域的保税制度成本优势、良好的国际港口交通枢纽区位,将保税区域作为中转区,再将货物分拨到国内外不同网点。利用区内免领许可证、免税等优惠政策,开展交易、展示、出样、订货、流通性加工等经营活动,充分利用国内外市场间的地区差、时间差、价格差、汇率差等,转手货物出口到其他目的国和地区。其保税物流业务运作模式如图 3-9 所示。

储存、多式联运、分拨、物流信息服务

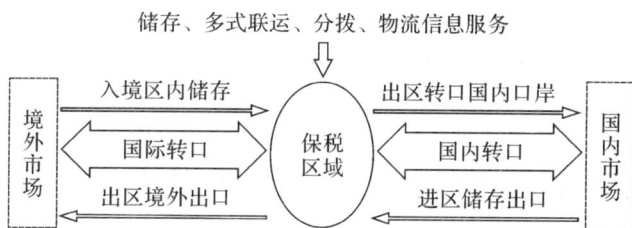

图 3-9 保税物流区域转口贸易物流功能模式

境内外不同起运港的国际中转货物,进入保税物流区域后,可进行堆存、拆箱、拼箱、临港增值加工,之后转运至境内外其他目的地。国际中转功能可以更好地通过区港联动,面向多国、多地区快速开展货物的集拼进口、出口、中转以及国际联运业务。在国际港口竞争中,我国国际枢纽港口需要具有成熟的国际中转能力,才有可能建设成为世界级的航运中心。

⑤国际配送功能。暂存在保税仓的进口货物,进行拆拼箱、分拣、包装、简单增值加工后,可根据国内采购商的需求进行批量送货,以"分批出区、集中报关"的快速通关方式,减轻进口税负和库存压力,有利于国际配送业务的开展。

⑥国际采购功能。对于采购进区的进口保税货物,可通过简单加工后向国外分销;对采购进区的国内货物,可通过集运或临港增值加工后,向国外分销;对返销国内市场的货物,按规定办理进口手续。保税物流区域设置国际采购区,引入跨国采购中心,建立国内加工制造业与全球物流供应链连

① 王雅璨,汝宜红,蒋培,姚常成. 我国保税区基于区域优势的功能定位和国际物流运作模式研究——以天津港保税区为例[J]. 价值工程,2007(2):63.

接网点,促进国内外企业之间的贸易、区内企业之间的贸易。

⑦展示服务功能。国外商品进区存放在保税仓,避免繁杂的报关手续和关税,可根据需要进行展示展销,许多区域经批准还开展线上线下的跨境电商体验,展示结束后可以直接运回原地。

3.3　保税物流区域发展现状及对地区的贡献

3.3.1　我国保税物流区域的发展现状

保税物流区域作为我国对外开放的先行区,经过二十多年的开发建设,区内经济快速发展,综合实力不断提升,在我国发展对外贸易、有效吸引外资、推进产业集聚过程中发挥了重要作用。2014 年,实现进出口总值 4.2 万亿元人民币,占外贸总值的 16%;实际利用外资 675 亿元,占我国实际使用外资总额的 9.1%。

(1)成为我国重要的外资集聚区。我国保税物流区域招商引资成效显著,吸引了大批外资企业入驻。2014 年,实际利用外资 675 亿元,占我国实际使用外资总额的 9.1%,已成为外商投资特别是跨国公司投资高密集区之一。在所有企业性质中,外商独资企业和中外合资企业的进出口值达 4 499.4 亿美元,已经占到我国保税物流区域进出口值的 64.6%,成为我国外商投资与营运的高密集地区。

(2)成为我国外贸进出口发展的重要枢纽。2015 年,保税物流区域实现外贸进出口额为 6 398.6 亿美元,同比下降 8.1%,其中,进口 3 174.3 亿美元,出口 3 224.2 亿美元,分别同比下降 8.4%、7.7%,这与国内外经济环境、外经贸下行的经济形势有关。同时也应看到,保税物流区域外贸进出口额占我国外贸进出口总值的 16.17%,有 53 个区域进出口实现了较大幅度的增长,成为我国外贸进出口的重要生长点。

(3)形成了以保税物流和加工贸易为主的业务功能格局。各保税物流区域根据自己所处的区位环境、经济环境,在产业结构和功能定位等方面逐渐发展了各自的业务功能特色。2015 年,全国有进出口统计的保税物流区域的三大业务进出口总额合计 6 202.8 亿美元,在贸易方式进出口总额中占比 98.19%,其中,保税物流、加工贸易、一般贸易在贸易方式进出口总额中所占比重分别为 46.01%、44.21%、7.96%。可见,保税物流区域功能逐步转型为以保税物流和加工贸易业务为主,一般贸易等外贸业务多元化发展的三大主体功能的业务格局。保税物流区域贸易方式和主要业务如表 3-2 所示。

表 3-2　2015 年全国保税物流区域主要贸易方式的进出口业务情况统计

业务内容	贸易方式	进出口总额合计				进口额		出口额	
		合计(亿美元)	同比(%)	占比(%)	增减(亿美元)	合计(亿美元)	同比(%)	合计(亿美元)	同比(%)
	合计	6 398.5	−8.1	100.0	−563.97	3 174.3	−8.4	3 224.2	−7.7
三类业务	小计	6 282.8	−9.2	98.19	−631.50	3 123.0	−8.0	3 079.8	−10.7
一般贸易	一般贸易	509.2	−3.7	7.96	−19.56	350.7	−7.4	158.5	5.4
加工贸易	来料加工装配贸易	263.2	0.3	4.11	0.79	139.3	12.6	123.9	10.7
	进料加工贸易	2 565.9	15.7	40.10	−477.87	771.3	−22.8	1 794.6	12.3
保税物流	保税监管场所进出境货物	30.5	7.0	0.47	2.14	22.0	18.4	8.5	−14.3
	特殊监管区域物流货物	2 914.0	−1.8	45.54	−53.41	1 819.7	−2.5	1 094.3	·0.7

资料来源:中国保税区出口加工区协会。

(4)成长为我国重要的保税物流仓储、分拨、配送的集散中心,保税物流渐成第一大主业。全国保税物流区域共设立仓储物流企业 6 000 多家,2015年海关特殊监管区域物流货物为 2 944.5 亿美元,占进出口总额比重为45.54%,有统计数据的 119 个特殊区域中,95%以上都开展了保税物流进出口业务。如表 3-3 所示。保税物流进出口(包括一般贸易)超过 50% 及以上的有 73 个区域,占总数的 62.4%,其中深圳福田、安徽合肥、广东深圳、深圳前海湾、北京天竺、苏州高新、武汉东湖、白云机场和广西凭祥等特殊区域都有明显增长。保税物流区域正成为开展跨境电商等业务的重要平台,如

表 3-3　2015 年全国保税物流区域进出口增长额排名前十位的区域统计

保税物流区域名称	设立地点	进出口及保税物流进出口情况					
		进出口总额（亿美元）	同比（%）	保税物流（亿美元）	同比（%）	保税物流增长额（%）	增量排位
全国特殊区域	119	6 398.60	8.1	2 944.50	−1.70	−50.90	117
10 个区小计		1 924.95	—	960.03	18.53	150.11	10
深圳福田保税区	深圳市	659.10	−25.7	434.32	6.40	26.12	1
苏州高新保税区	苏州市	167.26	29.7	47.83	110.50	25.11	2
深圳前海湾保税港区	深圳市	62.45	46.5	61.07	43.50	18.51	3
郑州新郑综合保税区	郑州市	496.78	28.0	18.70	1 011.50	17.02	4
苏州工业园综合保税区	苏州市	225.00	2.0	138.73	11.80	14.60	5
浦东机场综合保税区	上海市	62.81	−17.9	59.79	21.30	10.50	6
武汉东湖综合保税区	武汉市	34.15	78.5	10.75	1 711.10	10.12	7
北京天竺综合保税区	北京市	49.96	19.0	46.07	26.00	9.51	8
广东深圳出口加工区	深圳市	147.90	1.6	125.79	8.10	9.43	9
白云机场综合保税区	广州市	19.54	139.7	16.98	119.30	9.19	10

资料来源：中国保税区出口加工区协会。

苏州工业园综合保税区开展贸易多元化试点后，保税物流和一般贸易进出口同比增长 11.8% 和 46.6%，缓解了加工贸易下滑 13.9% 给稳增长造成的压力。深圳前海湾保税港区开展跨境电商试点业务，实现保税物流进出口总额 61.07 亿美元，同比增长 43.5%。保税物流区域成为联接国际国内两个市场、网上网下跨境电商物流的重要节点。

（5）成为我国出口加工和先进制造业的重要基地，加工贸易成为保税物流区域第二大业务，以进料加工贸易为主。2015 年，全国有统计数据的保税物流区域 119 个，实现加工贸易进出口总额 2 829.1 亿美元，成为全球电子信息产品的主要加工基地和高新技术制造业基地。进料加工贸易占加工贸易比重达 90.7%，成为加工贸易主要来源。虽然受国际经济形势和外贸下行的影响，加工贸易进出口额同比下降 15.6%，不过，全国 44 个特殊区域加工贸易进出口继续实现了较高的增幅，如表 3-4 所示，郑州新郑、江苏昆山、宁波北仑港、苏州高新、西安高新、湖北武汉、湖南衡阳、贵州贵阳等都实现了大幅的增长。

表 3-4　2015 年全国保税物流区域加工贸易进出口增长额排名前十位的区域统计

名称	地点	进出口额					
		总额（亿美元）	同比（%）	加工贸易（亿美元）	同比（%）	加工贸易增长金额（亿美元）	增量排位
全国特殊区域		6 398.60	−8.1	2 829.10	−15.6	−522.90	99
下列 10 个区小计		1 549.78	—	1 083.16	—	249.85	10
郑州新郑综合保税区	郑州市	496.78	28.0	474.23	25.4	96.06	1
昆山综合保税区	昆山市	530.43	2.1	292.88	16.4	41.25	2
南京综合保税区	南京市	46.20	—	37.91	—	37.91	3
西安高新综合保税区	西安市	56.52	267.0	27.85	229.7	19.40	4
湖北武汉出口加工区	武汉市	29.94	122.1	29.94	122.3	16.47	5
苏州高新综合保税区	苏州市	167.26	29.7	117.14	12.6	13.11	6
衡阳综合保税区	衡阳市	8.83	49.1	8.52	100.0	8.52	7
无锡高新综合保税区	无锡市	111.90	8.2	71.98	9.2	6.06	8
宁波北仑港保税区	宁波市	91.20	6.6	17.14	48.3	5.58	9
贵阳综合保税区	贵阳市	10.72	—	5.57	8 738.2	5.49	10

资料来源：中国保税区出口加工区协会。

（6）综合保税区成为保税物流区域升级发展方向。2015 年，我国六类保税物流区域的进出口总额发展如图 3-10 所示，我国保税物流区域进出口贸易的主要贡献区域在综合保税区、保税区、出口加工区。其中，综合保税区发展强劲，领先于其他类型的保税物流区域，实现进出口额 2 407.2 亿美元，占保税物流区域进出口额的比重为 37.6%；其次是保税区发展，实现进出口额 2 016.4 亿美元，占保税物流区域进出口额 31.5%；出口加工区实现进出口额 1 218.9 亿美元，占保税物流区域进出口额 19.1%；保税港区实现进出口额 619.1 亿美元，占保税物流区域进出口额 9.7%，同比下降 32.1%。从同比增长速度发展情况看，综合保税区以 9.8% 的增速持续增长，表现出强

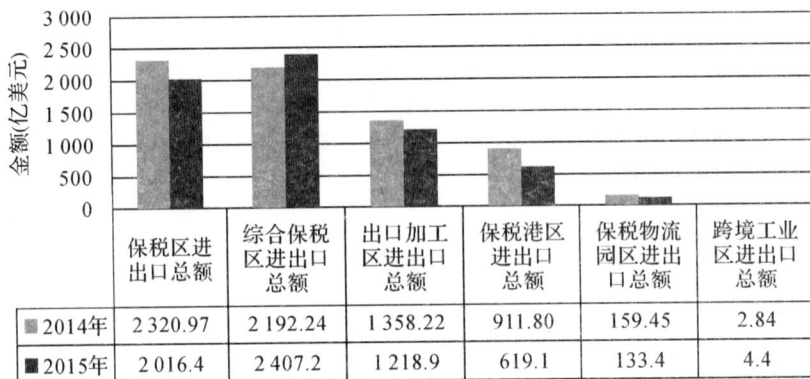

	保税区进出口总额	综合保税区进出口总额	出口加工区进出口总额	保税港区进出口总额	保税物流园区进出口总额	跨境工业区进出口总额
2014年	2 320.97	2 192.24	1 358.22	911.80	159.45	2.84
2015年	2 016.4	2 407.2	1 218.9	619.1	133.4	4.4

图 3-10　我国保税物流区域的进出口总额比较

资料来源:根据海关总署 2014 年、2015 年《海关特定地区进出口总值表》统计整理而成。

劲发展实力,除跨境工业区以外的其余保税区域则呈现负增长态势。根据我国海关特殊监管区域发展战略要求,保税物流区域正在加快向功能层次更高的综合保税区开放平台转型升级发展,以取得更好效益,新增保税物流区域也主要为综合保税区。

3.3.2　保税物流区域对地区经济的贡献

经过二十多年发展,我国保税物流区域经济效益明显提高,综合实力不断加强,对所在区域产生明显的辐射、带动作用,对所在区域的吸引外资、外贸发展、国际经贸合作、城市对外开放窗口作用等方面做出了重要贡献。

(1)成为地区经济的增长极。保税物流区域具有区域小、产值高、外向型经济特征明显、税收贡献大的特点。以保税区为例,2011 年,实现每平方千米生产总值 87.1 亿元,工业总产值 117.9 亿元,物流收入 104.7 亿元,税收 48.3 亿元,每亿元基础设施投资实现税收 17.4 亿元。其集约化水平高于所在区域和全国的平均水平,成为区域经济增长的增长极。

(2)带动了周边地区产业的快速发展。我国通过对保税物流区域基础设施的建设投入,港口、道路等配套市政设施基础条件大为改善。区域的物流配送基地优势,推动了当地出口加工、外贸、现代物流等相关产业集聚、分工与协作,促进了周边地区出口量的上升。区内众多企业入驻,为周边地区创造了大量就业机会。所派生的各种需求大力拉动了城市商贸、房地产、物流、金融等配套服务业的发展，使所在区域经济总量持续快速增长，经济规模日益扩大。

（3）成为地区开放型经济增长的稳定器。自 2014 年以来，保税物流区域延续着全国外贸进出口业务巨大的下行压力，但在产业梯度转移、产业结构调整、深化改革的红利作用助推下，保税物流区域绩效较好，持续担当起所在地区开放经济稳增长、扩内需的增长极稳定器重任，中西部地区正成为我国特殊区域进出口贸易的增长极。2015 年，全国有进出口统计的 119 个保税物流区域，其外贸进出口总额占全国的外贸进出口比重达 16.17%，如郑州市 2 个特殊区域 2013 年以来连续三年的进出口分别占河南省外贸进出口的 60.3%、65.13% 和 67.73%；西安市 3 个特殊区域 2013 年以来连续三年的进出口分别占陕西省外贸进出口的 49.75%、63.02% 和 73.39%；湖北、重庆、四川、湖南、广西、贵州和宁夏等省市区的部分特殊区域发展也较快。如表 3-5 所示。

表 3-5　2013—2015 年中西部部分保税物流区域进出口占所在省(市区)外贸比重统计

区域	2013 年		2014 年		2015 年	
	进出口总额 (亿美元)	占比 (%)	进出口总额 (亿美元)	占比 (%)	进出口总额 (亿美元)	占比 (%)
全国外贸	41 603.08	100.00	43 030.36	100.00	39 569.010	100.00
全国特殊区域	7 074.70	17.01	6 961.70	16.18	6 398.600	16.17
河南省	599.51	100.00	650.33	100.00	738.360	100.00
郑州市 2 个特殊区域	361.51	60.30	392.95	65.13	500.060	67.73
湖北省	363.89	100.00	430.64	100.00	455.990	100.00
武汉市 2 个特殊区域	7.56	2.08	32.61	7.57	64.090	14.05
重庆市	687.04	100.00	954.50	100.00	744.770	100.00
重庆市 2 个特殊区域	402.80	58.63	627.72	65.76	357.220	47.96
四川省	645.93	100.00	705.52	100.00	514.710	100.00
成都市 1 个特殊区域	276.53	41.42	322.81	45.75	223.610	43.44
陕西省	201.27	100.00	274.08	100.00	283.510	100.00

续表

区域	2013 年		2014 年		2015 年	
	进出口总额（亿美元）	占比（%）	进出口总额（亿美元）	占比（%）	进出口总额（亿美元）	占比（%）
西安市 3 个特殊区域	100.01	49.75	172.72	63.02	208.064	73.39
广西壮族自治区	328.37	100.00	405.53	100.00	512.620	100.00
广西 3 个特殊区域	24.03	7.32	61.23	15.10	69.188	13.50
宁夏回族自治区	32.18	100.00	54.35	100.00	37.900	100.00
银川市 1 个特殊区域	/	/	18.85	34.68	19.214	50.70

资料来源：中国保税区出口加工区协会。

（4）整合优化承东接西，促进了中西部开放型经济发展。我国保税物流区域在东部地区快速整合优化，中西部地区逐步增加，东西部差距仍在缩小。我国 127 个海关特殊监管保税物流区域布局到 29 个省市自治区（目前仅青海、西藏未设立），其中东部地区 79 个，占总数的 62.2%，中西部和东北地区 48 个，占比为 37.8%。6 种类型的保税物流区域设点数如表 3-6 所示，2015 年全国有进出口统计的保税物流区域共计 119 个，进出口总额为 6 398.6 亿美元，其中东部地区 83 个，占比 69.7%，中西部地区 36 个，占比 30.3%；东部地区进出口总额为 5 366.7 亿美元，占比 75.4%，中西部地区进出口总额为 1 571.9 亿美元，占比 24.6%。我国保税物流区域原是在承接国外加工贸易业务较多的沿海地区设置并发展起来的，东西部发展不平衡、差距较大。近些年对中西部通过加大布点保税物流区域，改善物流条件，拓展国际货运专线，完善"承东接西，货畅全球"的陆上、空中国际货运网络，优化了产业承载环境，促进了中西部开放经济的较好发展。

表 3-6　全国各类保税物流区域的布局和 2015 年进出口情况统计

类型	设立布局情况			年度进出口情况					
	全国（亿美元）	中西部（含东北）及占比（亿美元,%）		有进出口区域			进出口业绩情况		
				全国（亿美元）	中西部及占比（亿美元,%）		进出口（亿美元）	中西部进出口及占比（亿美元,%）	
	127	48	37.8	119	36	30.3	6 398.6	1 571.9	24.6
保税区	10	1	10.0	14	0	0.0	2 015.6	0.0	0.0
出口加工区	34	15	44.1	48	16	33.3	1 218.9	310.8	25.5
保税物流园区	4	0	0.0	5	0	0.0	133.4	0.0	0.0
跨境工业区	2	1	50.0	1	0	0.0	4.4	0.0	0.0
保税港区	14	2	14.3	13	2	15.4	619.1	155.5	25.1
综合保税区	63	29	46.0	38	18	47.4	2 407.2	1 105.6	45.9

资料来源:中国保税区出口加工区协会。保税物流特殊监管区域个数统计截至 2016 年 3 月底。

(5)成为新增劳动力就业的平台。

加工贸易技术与管理的"外溢效应"促进了所在地区企业的技术进步与产业升级,保税物流区域成为新增劳动力就业与技术、管理人才集聚的平台。2015 年底,全国保税物流区域内已聚集企业 6 万多家,解决就业约 200 万人,引进了一大批国内外优秀的创业、技术、管理和营销人才,为我国国际贸易转型发展、国际物流管理、高科技研发、服务创新提供了人才支撑。

总之,20 多年来的实践表明,保税物流区域对地区开放经济的发展和我国整体经济增长,起到了重要的经济增长极的作用。

3.4　保税物流区域的发展趋势

作为国际、国内物流的接力区,保税物流区域在国际快捷物流整合营销模式下,呈现新的发展趋势与要求。

(1)区域整合、统一类型。为充分发挥保税物流区域的政策、功能优势和通关环境优势,国务院于 2015 年 8 月提出:推进海关特殊监管区域整合优化向综合保税区升级,以服务于产业多元化需求,发挥要素集聚辐射等功能①。保税港区和综合保税区的功能升级可借鉴国际上自由贸易区设定原则、模式和经验,不断推进。

(2)业务运作高效、集成功能。在保税物流实际业务运作中,提供高效、快捷、便利的口岸通关环境和海关、国检、税务、外汇、保险等"一站式"服务的集成以提高管理效率;降低物流成本,增加物流基础设施建设;从提供保税物流运输、仓储、关务等工序服务到一揽子需求功能集成服务。

(3)产业转型升级、多元发展。在大力发展高端制造业的基础上,推动区内制造企业实现技术创新和产业向产业链高端发展,如研发、销售、物流、检测、维修、结算、再制造等,促进新产品、新技术、新业态、新商业模式发展。

(4)监管模式创新、提高便利化。深化"一线放开"、"二线管住"的监管模式改革;推进大通关建设,实现区域之间保税物流畅通、联动发展,加快复制自由贸易试验区单一窗口试点经验。

(5)信息化发展、共享平台。通过共享型国际物流信息平台,实现保税物流监控智能化、数据采集自动化、数据传输电子化、业务审批网络化。

(6)统计指标体系统一、科学发展。海关特殊监管区域发展的统计指标与绩效评估体系将统一,以绩效评估管理与引导保税物流区域科学发展。

我国保税物流区域发展将进入以制度创新为核心、构建开放型经济新体制、建设法治化营商环境、探索中西部区域与沿海经济合作新模式的更高水平科学发展阶段。

3.5 本章小结

本章系统梳理了我国保税物流区域的发展历程与特征,分析了我国保税物流体系及其特征,深入分析了保税物流业务运作的六种主要模式和保税物流区域的七种服务功能,总结了我国保税物流区域发展现状及其区域经济地位。本章为后续研究提供历史脉络与现实依据。

---

① 国务院办公厅.国务院办公厅关于加快海关特殊监管区域整合优化方案的通知,2015-8-8.

4 保税物流区域发展的条件与影响因素

4.1 我国保税物流区域发展的基本条件

我国保税物流区域的规划与设立,既要具备区域开放型经济发展需求,又要具备其自身作为特殊监管区域发展的基本条件和特殊优势。

4.1.1 区位资源优势

保税物流区域的区位优势,指保税物流区域在发展外向型经济方面客观存在的优越地位,主要由地理位置、岸线自然资源、港口设施、国际化交通网络等综合因素决定。有利的区位优势能吸引更多的外贸货物、国内外资金、技术、劳动力、信息等要素资源,是保税物流区域发展的重要前提。我国保税物流区域的区位优势具有以下特点:一是大多位于港航资源得天独厚的沿海地区。我国沿海地区的深水港口、疏港的内河和锚地航道、航线资源非常丰富,港口、渔业、油气、滩涂、旅游等自然资源组合优势,能加快海洋产业和港航物流产业、保税物流区域与港口的联动发展,对内为承接中、西部地区提供丰富货源,关境外可面向广阔的世界市场。二是依托港口或口岸设立。港口或口岸是货轮和货机停靠、货物装卸存储、集疏运水陆、江海、海铁、陆空联运的交通枢纽和物流节点。临海、空、陆港或口岸的区位,便利的货物捷运交通条件,为国际贸易和转口贸易的货物流转、保税仓储、物流分拨配送提供了区港配套条件,有利于保税物流区域对腹地形成极化和扩散效应。

4.1.2　对外开放政策优势

我国保税物流区域在区域产业经济发展方面享有特殊的优惠政策扶持,是国家推行改革开放先行试验区与外向型经济发展战略的重要举措。我国 20 世纪 80 年代开始实施改革开放战略,从 1990 年至今设立了三个层次多种类型的保税物流区域。在海关监管下,区内在通关、商检、税收、财政、外汇管制、商贸、金融、人才引进等方面实施"境内关外"的自由贸易特殊优惠政策,建立起保税物流监管体系,扩大了海关特殊监管区域及所在地区的对外开放广度与深度,促使市场经济体制逐渐形成与完善、法制的健全等,为保税物流区域经济社会发展创造良好的制度生态环境,成为吸引外商投资的热土,有利于优势资源要素的集聚和合理配置,也为国内企业参与国际经济合作和竞争搭建了桥梁,提高了国际物流效率,大大提升贸易便利化水平,进而提高区域经济发展速度、规模,形成经济增长极。

4.1.3　腹地经济基础优势

腹地是经济增长中心极化和扩散能力能够达到并能促进其经济发展的地域范围。腹地经济发展与保税物流区域之间存在相互依存、相互作用的关系。腹地经济发达地区,人均工业生产总值高,制造业发展强劲,民营经济活跃,外贸依存度高,居民收入和消费水平高等等,对保税物流区域的保税加工、保税物流的市场需求量大,能为保税物流区域提供充足的货源、资金、劳动力、技术等要素资源,由此推动保税物流区域规模扩大、功能提升,形成市场区域竞争优势和市场带动力;保税物流区域的发展又可以促使腹地经济范围的进一步扩展。我国保税物流区域集中分布在东部沿海的三大经济区域,即大连、天津、青岛的环渤海经济圈,江苏、上海、宁波、杭州的环长三角经济圈,福州、厦门、汕头、深圳、广州、珠海的珠三角经济圈。三大经济圈主要经济发展指标在全国处于领先地位,是我国目前经济基础最好、增长速度最快、最具活力的区域。

4.1.4 物流基础设施优势

区域物流的基础设施完善是保税物流发展的后方基础,主要以物流中心、物流园区等物流节点设施为主体要素,以水路(港口)、航空、公路、铁路和管道等物流通道设施为支撑要素,保证国际物流和国内物流通畅高效。作为保税物流区域经济增长极,其对基础设施的主要要求如下。

(1)港口设施。包括港口、泊位和航道。①港口,包括国际海港、航空港、陆路无水港和内河港口。国际海港为大型集装箱国际转运基地、国际货物中转基地、国际海运和中介服务机构落户基地;国际航空港、陆路无水港为国际快运、跨境电商物流的主要转运基地;内河港口为保税物流疏运提供支撑通道。②泊位,包括港口泊位个数与靠泊能力吨级。沿海海港泊位数、内河港口泊位个数与靠泊能力吨级如港口的吨级、港口集装箱吞吐量、货物吞吐量,代表港口的生产能力指标。③航道,包括进港航道和内河航道。高等级骨干航道多少会影响港口的生产效率。

(2)集疏运网络体系。保税物流区域的集疏运网络包括国际航线通道、对外省通道、省内集疏运网络三个层次。区域集疏运网络包括拥有较为发达的公路、铁路、内河、航道、管道、航空集疏运体系,铁路成为区域物流和港口集装箱运输高速运转的重要支撑,是沿海沟通中、西部地区的公路运输大通道;水运集疏运体系由内河航道网络和沿海港口集疏运网络组成;航空集疏运体系包括国际机场干线和支线,是民航货运、电商快件保持快速增长的保障。

(3)"通关一体化"物流信息平台。随着新一代信息技术和"互联网+"新模式的快速发展,保税物流区域的"通关一体化"物流信息平台与港口、机场、海关监管区、制造商贸企业、重点物流园区等实现互联互通,实现数据共享,可提高国际物流链各方协同效率,助推保税物流区域区港物流产业转型升级和物流业增加值增长。

从保税物流区域的历史演进中可知:我国保税物流区域的地理位置和交通便捷等区位条件好;区内和临近港口物流产业基础设施较为健全;外向型经济基础较好,腹地国际物流与国内物流市场需求广阔;区域产业之间能形成投入产出链;拥有适宜的外向型经济政策、保障公平竞争的法律制度、适宜经济与人才创新发展的环境等。通过不断吸引相当规模的资本、人才、技术、设备等要素集聚,提高经济效益,形成了保税物流区域内的出口加工、保税物流、国际贸易等推进型产业及其创新企业集群,并形成了主导产业的规模经济。

4.2　案例分析:浙江省保税物流区域的发展条件

浙江省自 1992 年经国务院批准设立宁波保税区以来,截至 2016 年 3 月,以一类口岸为中心相继获批设立了 5 种模式的 8 个保税物流区域,涵盖了保税物流区域发展的主要模式,具有典型代表意义。浙江省具有保税物流区域经济增长极发展的有利区位优势、对外开放政策优势、腹地经济基础和物流基础设施等具体条件。

4.2.1　浙江保税物流区域分布现状

浙江省 8 个保税物流区域分别为:宁波保税区、宁波保税物流园区、杭州出口加工区、宁波出口加工区、慈溪出口加工区、宁波梅山保税港区、舟山港综合保税区(2017 年已升级为自由贸易港区)、嘉兴综合保税区等。宁波市集中了 5 个保税物流区域。

浙江各保税物流园区具体情况如表 4-1 所示。

表 4-1　2015 年浙江省各保税物流区域情况

保税监管区域名称	批准年月	总规划面积 (平方千米)	进出口值 (亿美元)	园区类型	主要功能
宁波保税区	1992-11	2.30	85.7	国际物流型	保税物流、加工贸易、转口贸易、中转物流
宁波出口加工区	2002-6	3.0	43.4	生产基地型	加工贸易、保税物流
杭州出口加工区	2000-4	2.92	21.5	综合服务型	加工贸易、保税物流、跨境电子商务

保税监管区域名称	批准年月	总规划面积（平方千米）	进出口值（亿美元）	园区类型	主要功能
嘉兴出口加工区（现嘉兴综合保税区）	2003-3 2015-1	2.98	1.7	综合服务型	保税加工、保税物流、国际贸易、区域经济
宁波保税物流园区	2005	0.95		国际物流型	国际中转、国际转口、国际物流、流通加工
慈溪出口加工区	2005-6	2.0	1.7	生产基地型	加工贸易、保税物流
宁波梅山保税港区	2008-2	7.7	2.4	国际物流型	保税物流、综合货运、综合货运、区域经济
舟山港综合保税区〔现中国（浙江）自由贸易试验区〕	2012-9	5.58	0.0587	国际物流型	转口贸易、中转物流、区域经济

资料来源:根据中国保税区出口加工区协会网站资料整理, http://www.cfea.org.cn/xh010.asp。

(1)宁波保税物流区域。目前设有 4 种类型的 5 个保税物流区域。

①宁波保税区。经国务院批准,于 1992 年 11 月设立,规划面积 2.3 平方千米,地处北仑港南侧、长江三角洲南翼,东按舟山群岛,是我国大陆与国际港口距离最近的保税区,区内货物直接进出港口,可直达宁波栎社空港口岸。宁波保税区具有保税仓储、国际贸易、进出口加工三大主体功能,先后开展了与宁波港的区港联动试点、国家进口贸易促进创新示范区试点、跨境贸易(进口)电子商务服务试点。2015 年,该区进出口货值 85.7 亿美元,保税物流货值 41.1 亿美元。

②宁波出口加工区。经国务院批准,于 2002 年 6 月 21 日设立,与宁波保税区南区相邻,规划面积 3 平方千米,是我国第二批出口加工区。2004 年 3 月 12 日封关运作。功能以保税加工为主、保税物流为辅。现有注册企业 45 家,形成了液晶光电等支柱产业。2015 年,区内进出口值 43.4 亿美元。目前,宁波出口加工区管委会与宁波保税区管委会合署办公,两区已实现政

策资源共享、联动发展。

③宁波保税物流园区。2004年8月经国务院批准实施区港联动的8个试点园区之一,位于北仑四期港区集装箱码头后方,连接保税区和港区,首期规划面积0.95平方千米,2005年8月封关运作。该园区重点发展国际物流。园区已有500多家企业开展业务,其中有21家干线船公司,开辟了4条中转航线,以促进宁波港国际中转枢纽功能的提升和港口竞争力。按照国务院相关文件规定,宁波保税物流园区在梅山保税港区封关运作后,不再保留。

④慈溪出口加工区。2005年6月经国务院批准设立,位于慈溪杭州湾新区,2006年11月封关运作,规划面积2平方千米。以加工生产型、物流仓储企业为主,重点拓展保税仓储物流功能,2015年,保税物流总货值1.7亿美元;进出口值1.7亿美元,同比增加60.3%。

⑤宁波梅山保税港区。于2008年2月批准设立。位于北仑区梅山岛,规划面积7.7平方千米。2010年8月26日开港运作,一期运作面积2.5平方千米。梅山保税港区具有口岸、国际贸易、保税物流、离岸服务等功能,设有浙江省汽车整车进口口岸。园内已集聚各类企业3 600多家,注册资金超过1 100亿元,开通至韩国、西非、南美、美东国际集装箱班轮航线达29条。2015年实现进出口值2.4亿美元。重点服务区域为宁波、杭州、绍兴、嘉兴、金华和台州等浙江各城市,并辐射江西、福建和中西部省份。

(2)舟山港综合保税区①

2012年9月29日经批准设立,规划面积5.85万平方千米,包括两个分区:本岛分区位于舟山岛北部新港工业园区,规划面积3平方千米,建设5万吨泊位2座,3万吨泊位2座,功能定位为以船舶和海洋装备制造等先进制造业、保税物流、进出口贸易等为重点,以及探索航运和保险金融等服务业;衢山分区位于鼠浪湖岛,重点发展矿石、煤炭、油品等大宗商品的仓储、配送业务,将成为我国重要的大宗商品仓储、中转基地。2014年1月8日封关运作,完成注册企业505家,入区项目20个,2015年进出口值达587万美元,外贸进出口货运量达到1.01亿吨。

---

① 2017年经国务院批准,已升级为中国(浙江)自由贸易试验区.

（3）杭州出口加工区

2000 年 4 月经批准设立，位于杭州经济技术开发区，2001 年 5 月 18 日封关运作，首期封关面积 2.007 平方千米。2008 年底获批拓展保税物流功能，成为集保税加工和保税物流功能于一体的综合性政策平台，2014 年 1 月经批准开展跨境贸易电子商务进口业务试点。目前有日、美等 9 个国家和地区的 32 家企业入驻，其中包括，25 家生产型企业，7 家物流企业，形成了电子信息、精密机械、家用电器、轻工食品、纺织化纤、医药等核心产业，跨境电子商务发展强劲。2015 年该区进出口值 21.5 亿美元，同比增长 4.8%，保税物流业务总量 4.4 亿美元，其中仓储企业物流配送 2.1 亿美元。综合发展水平位列全国出口加工区第 7 位。

（4）嘉兴综合保税区（原嘉兴出口加工区）

2003 年 3 月，嘉兴出口加工区经国务院批准设立，位于杭州湾北岸嘉兴港区（浙江乍浦经济开发区）内，总规划面积 2.98 平方千米。嘉兴出口加工区 A 区开发面积 1.33 平方千米，于 2006 年 2 月 28 日正式封关运作。2015 年 1 月国务院批复整合优化为综合保税区，封关验收后，不再保留原出口加工区。A 区将依托港口和区位优势，形成以保税物流为主兼顾加工制造的产业格局，建成服务于腹地和港口经济的保税物流核心区、区域性国际贸易区、港口外延功能区。B 区重点打造长三角新兴电子信息产业高地，拓展新型现代物流产业成为上海自贸区保税物流配套基地。2015 年，该区进出口值 1.7 亿美元，同比增长 26.8%。

综上所述，浙江各海关特殊监管保税物流区域在发展模式上的差异正逐步减小，差别主要在单个区域的加工贸易、保税物流、国际贸易、保税服务业等业务占比的不同。

4.2.2 优越的自然区位

浙江具有独特的岸线资源优势，丰富的深水港口和疏港内河航道资源，岸长水深。其中，大陆及岛屿海岸线 6696 千米，占全国的 21%，居全国首位^①；港口深水岸线 506 千米，占全国的 1/3 以上，可建 10 万吨级以上泊位的岸线长度 150 千米以上、可建 30 万吨级以上超大型泊位的深水岸线长度约 20 千米；沿海航道资源丰富，200 多条集装箱航线中，120 多条为远洋干线，通往 100 多个国家和地区的 600 多个港口。

从国际区位来看，浙江省地处我国长江三角洲南翼、太平洋西岸中间地带，是我国通往亚太地区重要的国际门户。宁波—舟山港濒临国际主航道，与东北亚港口国际航线距离在 1 000 海里之内；与北美洲、大洋洲、波斯湾、东非等地港口距离 5 000 海里左右，拥有国际物流中转港口和亚太地区海上航运枢纽的良好区位条件，宁波—舟山港已成为货物吞吐量全球第一、集装箱吞吐量全球第四的国际物流港口。浙江具有连接东亚、东南亚、澳大利亚和欧美的区域的国际航空物流枢纽的区位优势。

从全国区位来看，浙江省地处长江经济带与东部沿海经济带"T"形交汇点，具有通过江海联运沟通长江、京杭大运河和国际远洋航线而成为"江海联运服务中心"枢纽港口的天然区位优势；位于东部沿海中段，便利连接沿海各港口，向国内省份辐射便捷。浙江基本形成了以宁波—舟山港和杭州萧山国际机场为海空运龙头，嘉兴港和温台港为两翼的沿海港口体系。宁波—舟山港成为世界集装箱运输的干线港，长江三角洲及长江沿线地区的主要中转港；嘉兴港是浙北地区发展对外贸易的重要窗口；台州港、温州港是服务于浙中南、赣东、皖南、闽北地区经济发展和对外贸易的重要口岸。

4.2.3　良好的开放政策环境

浙江省作为我国沿海最早的开放地带，有经国务院批准的 8 个一级对外开放口岸，7 个海关特殊监管保税区域，1 个跨境电子商务综合试验区。省市政府先后出台了保税物流区域在通关、税收、财政、外汇、金融、贸易等方面的系列鼓励政策，并参与长江经济带海关区域通关一体化改革。浙江在建立"转变经济发展方式综合试点省"、海洋经济发展带和港航经济强省、义乌国际贸易综合改革试点、中国（杭州）跨境电子商务综合试验区、江海联

---

① 浙江省交通运输厅网站：http://www.zjt.gov.cn/col/col150/index.html.

运中心等开放型战略项目中获得一系列政策支持。这使得浙江在保税物流区域建设外向型经济方面具备较好的对外开放政策基础与氛围,既为外商进入本区域市场创造条件,也为企业参与国际市场竞争搭建了桥梁。

4.2.4　强大的腹地经济基础

浙江保税物流区域主要分布在宁波、舟山、杭州、嘉兴等载体城市,直接腹地为浙江省,间接腹地逐步由"长三角"扩大到泛长三角地区,以及长江沿线经济带。"长三角"区域的"一核九带",包括上海市、江苏省和浙江省两省一市的 16 个城市为核心区,区域面积 21.07 万平方千米[①];泛长三角地区含五省一市的 GDP 总和占全国近 1/3。强大的腹地经济基础会引致对现代物流、保税物流不断增长的需求。

(1)"长三角"经济带特征

长三角"两省一市"区域经济基础好,体制环境优。经济总量稳步增长、产业结构不断优化,2014 年完成国内生产总值 128813.94 亿元,占全国总量的 20.24%,同比增长 11.56%[②];"长三角"核心区第一二三产业结构比例为3.0∶45.8∶51.2,第三产业占比首次超过 50%,第二产业在产业结构中具有重要战略地位,2014 年实现规模以上工业总产值突破 19 万亿元。产业规模前 10 位的十大行业分别是:电子及信息设备制造业、纺织业、化学原料和化学制品业、黑色金属和压延加工业、电气机械及器材制造业、普通机械制造业、交通运输设备制造业、金属制品业、石油加工及炼焦业、服装和其他纤维制品业。产业结构决定了"长三角"地区对石油化工、煤炭、铁矿石等大宗散货存在大量需求。外贸进出口保持平稳增长态势,2014 年"长三角"核心区实现出口总额 7 422 亿美元,增长 4.8%。浙江省作为"长三角"南翼,近年来,保税物流区域发展与上海自由贸易试验区形成竞合关系。

(2)浙江省经济特征

浙江省是我国改革开放的先导省份之一和外向型经济大省,已形成以

---

① 国家发改委.长江三角洲地区区域规划,2010.
② 无锡市统计局.2014 年长三角核心区经济发展报告,2014.

杭州、宁波两大行政与经济中心城市为核心、连接全球和国内市场的重要物流节点,对国际物流需求不断扩大,具有以下经济发展特征。

第一,产业基础扎实,产业结构不断优化。如图 4-1 和图 4-2 所示。2015 年,全省生产总值(GDP,当年价)从 2010 年的 27 748 亿元跃升至42 886 亿元,"十二五"时期 GDP 年均增长 8.2%,高于 7.8% 的全国年均增幅,经济增速由高速增长转向中高速,GDP 总量占全国的比重为 6.3%,列广东、江苏、山东之后,连续 20 年居全国第 4 位省份;"十二五"时期人均GDP 年均增长 7.5%,2015 年人均 GDP 为 77 644 元,是全国(49 351 元)的1.57 倍,居全国第 5、省区第 2 位,达到中上等发达国家和地区水平[①]。2014年开始三次产业结构实现了"三二一"的历史性跨越,2015 年三次产业增加值结构为 4.3∶45.9∶49.8,其中信息经济和现代服务业等对经济具有引领支撑作用。

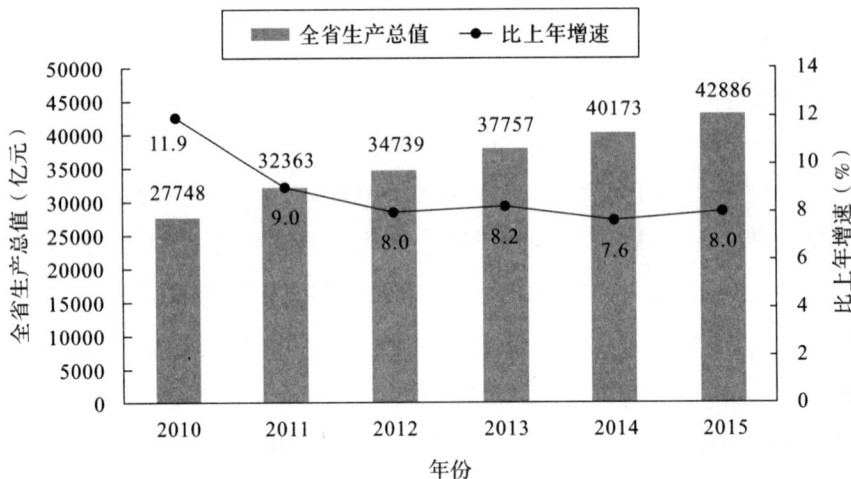

图 4-1　2010—2015 年浙江省生产总值及其增长速度

资料来源:浙江省统计局 2015 年《浙江省国民经济与社会发展统计公报》。

浙江省制造业发展强劲,对外加工制造业发展是物流业发展的支撑条件。"十二五"时期年均增长 7.5%;2015 年,规模以上工业增加值 13193 亿元,规模以上工业销售产值 64 544 亿元,其中出口交货值 11 707 亿元,高于

---

① 浙江省统计局.2014 年浙江省国民经济与社会发展统计公报,2014.

第三产业
49.8%

第一产业
4.3%

第二产业
45.9%

生产总值构成

其他服务业
38.5%

交通运输、
仓储和邮政业
7.5%

批发和
零售业
24.4%

住宿和
餐饮业
4.5%

金融业
14.3%

房地
产业
10.8%

第三产业增加值构成

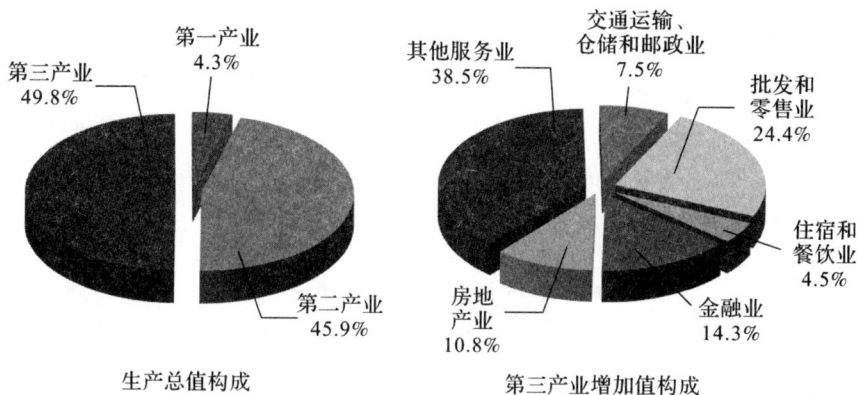

图 4-2　2015 年浙江三次产业增加值构成

资料来源：浙江省统计局 2015 年《浙江省国民经济与社会发展统计公报》。

全国平均增长速度；高新技术产业、装备制造业、工业新产品的增加值分别为 4 910 亿元、4 856 亿元、21 555 亿元，同比增长 6.9%、6.3%、13.8%，高新技术产业增加值占规模以上工业的比重达 37.2%，新兴产业增长较快，工业生产显现较强的可持续增长能力；限额以上社会消费品零售额达 19 785 亿元，同比增长 10.9%，其中城镇消费品零售额达 16 523 亿元，同比增长 10.6%，乡村达 3 262 亿元，同比增长 12.4%。如表 4-2 所示。

表 4-2　2015 年规模以上工业重点产业增加值

行　业	绝对额（亿元）	年增长率（%）
高新技术产业	4 910	6.9
装备制造业	4 856	6.3
战略性新兴产业	3 367	6.9
高耗能产业	4 542	3.5
信息经济核心产业制造业	1 389	9.3
高端装备制造业	1 607	4.1

资料来源：浙江省统计局 2015 年《浙江省国民经济与社会发展统计公报》。

第二，外贸持续增长，民营外贸企业占主导，外贸依存度高。浙江经济"两头在外"特点突出，所需原材料、能源主要从省外、国外运进，产品大量销往国内、外市场。2015 年浙江货物贸易进出口总值 21 566 亿元，占全国进出口总值 8.77％,其中出口 17 174 亿元人民币,占全国出口总值 12.15％,以一般贸易、加工贸易、市场采购贸易为主,跨境电商出口额 270 亿元,增长 34.7％。为"外贸大省"。见表 4-3。民营企业出口 12 579 亿元,同比增长 7.1％,占全省出口总值的 73.2％,拉动全省出口增长 5.0％。出口市场以欧盟、东盟、美国为主要目标市场,遍及 221 个国家和地区。如表 4-4 所示。

表 4-3　2015 年货物进出口主要分类情况

指　标	绝对数额(亿元)	年增长率(％)
货物进出口总额	21 566	−1.1
货物出口额	17 174	2.3
其中:一般贸易	13 361	0.3
加工贸易	1 827	−8.9
市场采购贸易	1 766	42.6
其中:机电产品	7 236	4.7
高新技术产品	1 047	10.0
货物进口额	4 392	−12.5
其中:一般贸易	3 230	−9.6
加工贸易	679	−21.8
其中:机电产品	823	−7.8

资料来源:浙江省统计局 2015 年《浙江省国民经济与社会发展统计公报》。

表 4-4　2015 年对主要市场货物进出口情况

国家或地区	出口额(亿元)	上年增长率(％)	进口额(亿元)	上年增长率(％)
欧盟	3 761	−2.3	539	−9.3
东盟	1 502	7.7	555	−13.8
美国	3 042	7.3	379	−0.4
日本	737	−5.6	493	−13.8
俄罗斯	419	−26.9	60	−16.2
韩国	400	4.0	354	−21.3
中国香港	352	−1.4	13	−4.1
中国台湾	195	12.4	494	−18.2

资料来源:浙江省统计局 2015 年《浙江省国民经济与社会发展统计公报》。

第三,专业市场大省,块状经济发达。区域块状经济工业总产值约占浙江省全部工业产值的49%,涉及制造、电商物流、皮革纺织、工贸、建筑、养殖、服务等十几个领域,浙江的主体产业主要集中在环杭州湾地区、沿海温台地区、浙中金衢丽地区。其中,环杭州湾地区是浙江经济最活跃地区,电子商务和跨境电商新交易模式发展走在全国前列,逐步形成了机电产业、纺织服装、电子技术、计算机与通信技术、轻工业、重化工业等产业体系;金华、衢州、丽水浙中地区以"金华市区—义乌"为发展的主轴线,具有良好的特色产业群基础,以义乌中国国际小商品城为龙头融入国际经济的专业市场,形成了金华小商品制造、轻工产业、汽摩配件、五金工具、医药化工、食品工业等产业群;衢州和丽水的化工业、建材业等产业,形成了较为合理的产业协作网络;温台沿海地区市场化程度高、民营经济活跃、专业市场发达。专业市场与特色产业为现代物流与保税物流发展奠定了产业基础。

第四,国际物流及保税物流需求不断扩大。2014年,宁波、杭州、金华(含义乌)、绍兴、嘉兴、台州、温州和舟山的进出口总额占到浙江省进出口额比重达86.6%,内生性的国际物流和保税物流需求主要派生在这些地区。浙江煤炭、石油及制品、金属矿石、建材、集装箱、粮食等六大货种运输体系不断完善。2015年,浙江省港口累计完成外贸货物吞吐量44 366.9万吨,同比增长0.4%。

浙江经济处于由工业化高级阶段向服务业发展转型的关键时期[①]。腹地制造业、服务业与外贸良好的发展基础和发展潜力,为浙江省保税物流区域发展提供了充足的货源与强劲动力,也提出了更高的国际物流服务需求。

4.2.5　便捷的集疏运网络体系

浙江腹地物流网络体系健全,基础设施主要以物流中心、物流园区等物流节点设施为主体要素,以水路(港口)、航空、公路、铁路和管道等国际和国内物流通道设施为支撑要素,保证保税物流及腹地之间通畅高效。如表4-5所示。

---

① 　郭剑彪.港航物流发展研究[M].北京:人民交通出版社,2011:240-242.

表 4-5　2014 年浙江省口岸、所在载体城市情况一览

口岸类型	载体城市和口岸名称	国际地区定期航线（条）、港口（个）	开放码头和泊位
空运口岸	杭州萧山国际机场	国际航线 28 条，地区航线 8 条，通达 16 个国家和地区；航点 34 个，其中国际航点 27 个，地区 7 个	33 家中外航空公司参与国际和地区航线营运
	宁波栎社国际机场	11 条，通达 8 个国家和地区	
	温州龙湾国际机场	11 条，通达 7 个国家和地区	
	义乌机场	1 条，开通香港地区航线	
水运口岸	宁波海港口岸 8 个港区：甬江港区、镇江港区、北仑港区、大榭港区、穿山港区、梅山港区、象山港区、石浦港区	集装箱班轮航线 228 条，其中远洋干线 113 条，近洋支线 62 条，内支线 21 条，内贸线 32 条；通达 100 多个国家和地区，600 多个港口	开放码头 102 座，泊位 332 个其中：万吨级泊位 102 个，10 万吨级以上 27 个，集装箱泊位 26 个
	舟山海港口岸 11 个港区：金塘港区、沈家门港区、定海港区、洋山港区、老塘山港区、马岙港区、六横港区、高亭港区、泗礁港区、衢山港区、绿华山港区		开放 17 个口岸监管点，其中油品码头 9 个，散货码头 5 个，矿砂、煤炭和国际客运码头监管点各 1 个。开放万吨以上泊位 41 个，25 万吨级超大深水泊位 5 个
	温州海港口岸 7 个港区：状元岙港区、乐清湾港区、大小门岛港区、瓯江港区、瑞安港区、平阳港区、苍南港区	通达 80 多个国家和地区	开放码头 8 座，开放泊位 22 个
	台州海港口岸 6 个港区：海门港区、大麦屿港区、健跳港区、临海港区、路桥港区、温岭港区	通达 40 多个国家和地区	开放泊位 13 个，其中 8 个口岸监管场所，4 家保税仓库
	嘉兴海港口岸 3 个港区：独山港区、乍浦港区、海盐港区	40 多条，通达 100 多个国家和地区	开放泊位 39 个，其中万吨级以上泊位 26 个
	合计	235 条航线，通达 100 多个国家和地区，600 多个港口	开放码头 97 座，泊位 209 个

资料来源：浙江省交通运输厅网站。

(1)港口泊位和航道

国际海港、空港、无水港是国际货物运输的中转地。

国际海港。浙江有 58 个海港群,形成了以宁波—舟山港干线港为中心,温州港(支线港)、台州港(喂给港)和嘉兴港(喂给港)为两翼,其他中小港口相应发展的浙江省沿海港口分层次布局体系。其中,宁波—舟山港已成为全球散货运输第一大港、集装箱运输第四大港,我国大宗战略物资中转储备基地和临港产业基地。全球前 20 位的国际班轮公司加盟了宁波航线,200 多家国际海运和中介服务机构落户港内。

国际航空港。浙江现有杭州萧山空运口岸、宁波栎社空运口岸、温州龙湾空运口岸 3 个国际和地区航空港,共开通国际和地区定期航线 46 条。

陆路无水港。现有金华 1 个内陆无水港,开通"义新欧"专列直达欧洲。

内河港口、泊位。内河港口为保税物流疏运提供支撑通道。浙江从北到南有嘉兴、湖州、杭州、宁波、绍兴、金华兰溪、丽水青田等 7 个内河港口。总泊位数 3596 个,拥有 500 吨级以上泊位 804 个。

海港泊位、航道。2015 年底,浙江省四大沿海港口拥有泊位 1 094 个,其中万吨级以上泊位 220 个,年综合通过能力达 10 亿吨,其中,宁波—舟山港拥有万吨级泊位 150 个。全省口岸对外开放码头 97 座(泊位 183 个,其中万吨级以上泊位 72 个),开辟国际集装箱航线 235 条(包括 117 条远洋干线),每月有 1400 多个航班,通达 100 多个国家和地区的 600 多个港口,形成全球的海上集疏运网络[①]。浙江省海港码头布局广,航路多,为保税物流区域向内辐射提供通道。宁波—舟山港航道按地理位置可划分为北部、中部和南部海域。主要航道现状如表 4-6 所示。

---

① 中国口岸协会.中国口岸年鉴 2014[M].北京:中国海关出版社,2014.

表 4-6   浙江省四大港口各海域进港航道现状

海域位置	主要航道	航道性质	通航标准	底宽(米)	水深(米)
宁波—舟山港北部海域	洋山进港航道	天然,人工	10 万吨级集装箱船	300~500	>16.0
	马迹山进港航道	天然	25 万吨级	1 000	>22.1
	马迹山中转东航道	天然	3.5 万吨级	500	>10.7
宁波—舟山港中部海域	金塘水道	天然	20 万乘潮	>2 600	20~91
	册子水道	天然		3 900~8 900	20.5~60
	虾峙门水道	天然		750~2 800	20~123
	螺头水道	天然		2 200	>40
	象山港水道	天然	万吨级	—	7.9~26
宁波—舟山港南部海域	梅山港航道	天然	15 万吨级		15.6~
	石浦航道	天然	5 000 吨级	300~600	5.7~60
温州港	瓯江口进出海航道	天然	500~2 万吨级		—
	小门岛航道	天然	5 万~15 万吨级		>14
	飞云江航道	天然	—		2
	鳌江航道	天然	—		1.5~2.5
	乐清湾港航道		3.5 万~10 万吨级		
台州港	海门港区航道	天然	3 000 吨级(乘潮)		—
	大麦屿港区航道	天然	>3 万吨级		10.8~15
	健跳港区航道	天然	3 000~5 000 吨级		>5
嘉兴港	杭州湾南航道	天然	万吨级		>7.5
	借宁波—舟山港水域进港	天然,人工	万吨级		>8

资料来源:根据浙江省交通厅网站和郭剑彪.港航物流发展研究.人民交通出版社,2011;240,整理而成。

内河航道。2015 年底,内河航道 9769.3 千米,居全国第五。500 吨级以上航道占总里程 14.7%,居全国第三,形成"北网南线,双十千八"的骨干航道布局框架。

(2)集疏运网络体系

浙江省基本形成覆盖浙江省、辐射长三角地区及长江流域的集疏运网络,包括国际通道、对外省通道、省内集疏运网络三个层次[①]。

国际航线通道。截至 2015 年底,浙江省共有经国务院批准对外开放口岸 8 个。其中,航空口岸 3 个,分别是杭州萧山、宁波栎社、温州龙湾空运口岸,共开通国际和地区定期航线 46 条,萧山国际机场已开辟国内外定期航线 160 条,航点 104 个(国内 68 个、国际 29 个、地区 7 个),共有 52 家国内外航空公司投入航班运营,每周进出港航班达 3 000 多个,日平均起降 600 多架次。水运(海港)口岸 5 个,分别是宁波海港、舟山海港、温州海港、台州海港、嘉兴海港口岸,全省口岸对外开放码头 97 座,开辟国际集装箱航线 235 条,其中远洋航线 137 条,连通全球 100 多个国家和地区的 600 多个港口,形成全球的海上集疏运网络。

对外省通道。浙江与周边省份已经形成了北、西、西南和南向的极大运输通道。规划与已建成的运输通道的路线,如表 4-7 所示。

表 4-7 对外省四大运输通道一览

运输通道	省(市)份	高速公路	航道	铁路
北向通道	上海	杭浦高速公路、申嘉湖(杭)高速、沪杭甬高速(枫泾接口、亭枫接口)G320-104-329	杭申线 杭平申线	沪杭线 沪杭客专
	江苏	杭州湾跨海大桥、杭长高速北延段、乍嘉苏高速、申苏浙皖高速、杭宁高速、钱江通道北接线北延段	乍嘉苏线、京杭运河 杭湖锡线、长湖申线	宁杭客专
西向通道	安徽	申苏浙皖高速、申嘉湖高速西延段、临金高速、杭徽高速、千黄高速、黄衢南高速	新安江	宣杭线、杭黄铁路
西南向通道	江西	杭金衢高速、杭新景高速	—	浙赣线、杭长客专、九景衢铁路
南向通道	福建	黄衢南高速、龙浦高速、丽龙庆高速、龙丽温泰顺支线、甬台温高速、甬台温高速公路复线	—	甬台温铁路

---

① 郭剑彪.港航物流发展研究[M].北京:人民交通出版社,2011:240-242.

省内集疏运网络。浙江省已建成较为发达的铁路、公路、水路、航空集疏运体系。

①公路集疏运体系。浙江省公路运输线路已形成以高速公路为骨架、国省道及区域干线公路为支撑、县级公路为补充的三级集疏运网络体系,见表4-8。截至2015年底,全省公路通车里程11.63万千米,其中,二级以上高等级公路里程1.93万千米,占总里程的16.6%;高速公路3 884千米,占总里程的3.34%;公路网密度114.2千米/100平方千米;浙江杭州湾跨海大桥、嘉绍跨海大桥、朱家尖跨海大桥、象山港跨海大桥、六横跨海大桥、舟山跨海大桥、台州头门港跨海大桥等岛陆连接线的关键性跨海大桥工程,对海陆集疏运起到关键支撑作用。

表 4-8   浙江省主要公路一览

国道	104 国道	205 国道	318 国道	320 国道
	329 国道	330 国道		
高速公路	沪杭高速	杭金衢高速	甬台温高速	杭宁高速
	杭甬高速	甬金高速	诸永高速	临金高速
	舟山大陆连岛工程	金丽温高速	上三高速	乍嘉苏高速
	申苏浙皖高速	杭徽高速	台金高速	杭新景高速
	杭浦高速	申嘉湖(杭)高速	杭绍甬高速	沿海高速
	天仙高速	龙丽温高速	丽龙庆高速	杭长高速
	杭州绕城公路	宁波绕城公路	温州绕城公路	杭州湾宁波通道及接线
	杭州湾萧山通道	杭衢南高速	杭州湾绍兴通道	

资料来源:浙江省交通厅,浙江省道路运输业"十二五"发展规划。

全省形成了杭州、宁波、金华、温州四大综合运输枢纽,以及以杭州为中心,外连相邻省市、内接主要乡镇的公路交通网,如表4-9所示。其中,杭州是辐射浙江省的综合运输枢纽,衔接"长三角"核心区域及北翼区域;宁波—舟山港成为"长三角"、长江沿线江海联运、国际水运枢纽;义乌成为国际小商品和浙中综合运输集结地;温州是浙南沿海综合运输枢纽和连接海西区的重要节点。浙江公路集疏运网络成为省内物流和港口集装箱运输高速运

表 4-9 浙江综合运输通道明细

运输通道名称		通道构成	服务对象
环杭州湾通道	沪杭甬通道	沪杭、萧甬铁路 沪杭甬高速、G320-G104-G329	连接上海、杭州、宁波、嘉兴、湖州、绍兴
	杭州湾跨海通道	杭州湾跨海大桥	
	杭湖通道	杭宁高速、G104、宜杭铁路、杭长高速	
杭金衢通道		杭金衢高速、G320、杭新景—建龙高速、临金高速、浙赣铁路、沪杭铁路、杭申线	连接杭州、金华、衢州
金丽温通道		金温铁路、龙丽高速、金丽温高速、G330	连接金华、丽水、温州
甬台温通道		甬台温高速、G104	连接宁波、台州、温州

资料来源:浙江省交通运输厅网站,浙江省道路运输业"十二五"发展规划。

转的重要支撑,连接长三角的重要通道,沟通沿海和中西部地区的公路运输大通道。

②铁路集疏运体系。铁路网络为"一纵两横"布局,"一纵"为沪杭、浙赣,"两横"由宣杭、杭甬、金千、金温构成,5 个铁路站有杭州、金华、宁波、长兴、温州;铁路网络对外通道往北有沪杭、宁杭铁路沟通沪、苏、皖及北部地区,往西、西南有宣杭、杭黄、浙赣、杭长、九景衢铁路沟通安徽、江西,往南有甬台温铁路沟通福建海西线。2014 年义乌开辟"义新欧"(义乌—新疆—欧洲)货运"丝绸之路"专列,直通欧洲,助推义乌及周边的国际商品进出口。截至 2015 年底,浙江省有铁路营业里程 2 310 千米,其中复线里程 1 744 千米,占总里程的 75.5%;电气化线路里程 1 608 千米,占总里程的 69.6%。铁路运输初步建立起以内陆无水港为支撑的海铁联运服务体系,承载各类货物的长距离、大批量运输及与港口对接的内外贸集装箱、大宗物资的运输。如表 4-10 所示。

表 4-10　浙江省铁道线路

状　态	线　路			
已建成	沪杭高铁	宁杭甬高铁	甬台温铁路	金温铁路
	温福铁路	新长铁路	宣杭铁路	
在建中	杭长高铁	杭广高铁	金温高铁	
在规划	商合杭高铁	通苏嘉高铁	杭黄高铁	沪甬高铁
	杭温高铁	甬金铁路	金台铁路	杭台温高铁

资料来源:浙江省交通运输厅网站:http://www.zjt.gov.cn.

③水路集疏运体系。由内河航道网络和沿海港口集疏运网络组成。内河航道干支连接浙南、浙北、浙东;沿海四大港口形成以公路运输为主,内河航道和铁路运输为重要补充的集疏运体系。如表 4-11 所示。浙江省正在加快发展海河联运、江海联运,对接沿海港口物流,完善港口与公路、铁路、航道、管道等集疏运网络顺畅衔接的格局。

表 4-11　浙江省沿海四大港口集疏运基本情况

港口	直接腹地	间接腹地	功能	集疏运方式
宁波—舟山港	浙江省	上海江苏安徽江西湖南湖北重庆四川等长江沿线带	1.为省内外物资出口服务; 2.为长江沿线地区物资出口,以及钢铁、石化企业的铁矿石、原油中转服务; 3.为铁路沿线江西、安徽、湖南等省物资中转服务。 4.打造舟山国际绿色石化基地、江海联运信息平台、省内外港口港航联盟。	公路:承担集装箱和腹地的部分散杂货集疏运任务; 内河:承担宁波和长江沿江地区的矿石、煤炭、原油、液化气和液体化工品等类运输服务; 铁路:承担浙赣、宣杭铁路沿线的金属矿石、化肥、粮食等货物的运输服务; 管道:承担镇海、协和石化的原油及成品油和液化气运输服务; 皮带机:为电厂、钢厂、粮食加工厂等临港工业企业服务,运输货类主要包括煤炭、矿石和粮食。

港口	直接腹地	间接腹地	功能	集疏运方式
温州港	温州 丽水 衢州 金华 台州	浙西南 闽北 赣东 皖南	1. 为浙江南部地区物资运输、出口服务； 2. 为宁波、上海等港转运部分物资服务； 3. 为间接腹地运输服务。	公路为主,占70%的散杂货和100%的集装箱集疏运量； 部分油气品和电厂煤炭疏港运输采用管道和皮带机； 铁路集疏运主要为龙湾作业区服务,主要为油品； 管道承担部分石油制品； 皮带机承担沿港电厂煤炭运输,占散杂货运量20%多。
台州港	台州	浙中南 闽北	1. 为台州市客货运输服务； 2. 为腹地的煤炭、矿建材料、水泥、石油及制品、粮食等集运货物服务。	公路为主,疏运量主要由公路和皮带机承担； 公路主要承担矿建材料、水泥、钢铁和集装箱的疏运任务,约占疏运总量的50%,同时,集运量承担少量集装箱、矿建材料和钢铁集运； 部分油气品和煤炭疏港运输采用管道和皮带机,皮带机承担沿海电厂煤炭运输,约占散杂货集疏运量的40%多。
嘉兴港	嘉兴 杭州 湖州	绍兴 宁波 浙中地区 苏南 皖南	1. 为嘉兴、杭州、湖州集疏运、中转服务； 2. 为间接腹地及长江沿线产业的集疏运、江河联运、海河联运、中转服务。	集疏运方式主要为公路和内河； 集运量以海运和内河航运为主,占集运量80%左右,主要为干散货和液体散化货物；公路运输占总集运量10%左右,主要为件杂货；管道运输占总集运量不到10%,主要为液体散化,油品经码头进口后由管道进入用户； 疏运量的1/3由皮带机承担,全部为煤炭运输；2/3由公路、水运(含沿海和内河)和管道承担； 公路主要承担1/4煤炭、金属矿石、木材、盐、机械设备和电器、化工原料及制品、轻工医药产品和集装箱；水运主要承担1/4煤炭、化工原料制品和集装箱；管道主要承担石油和农林牧渔业产品的集疏运任务。

资料来源:各地市港航管理局。

　　④航空集疏运体系。浙江省已有 3 个国际机场、4 个支线机场、3 个新建机场,开通国际和地区航线 59 条,国内航线 318 条。如表 4-12 所示。

表 4-12　浙江省境内民用机场一览

地区	机场	级别	开通国际和地区定期航线	备注
杭州市	杭州萧山国际机场	4F	36	世界百强机场、中国十大机场、国际航线机场
宁波市	宁波栎社国际机场	4E	11	国际航线机场
温州市	温州龙湾国际机场	4E	11	国内二级民用机场、国际航线机场
金华市	义乌机场	4C	1	民用
舟山市	舟山普陀山机场	4D		军民合用
嘉兴市	嘉兴机场	4D		军民合用
金华市	金华义乌机场	4C		军民合用
衢州市	衢州机场	4C		军民合用
台州市	台州路桥机场 台州金清机场	4C 4D		军民合用 正在建设
绍兴市	绍兴滨海机场			正在建设
丽水市	丽水机场			正在建设

　　资料来源:浙江省交通运输厅网站。

　　⑤港口生产能力。根据浙江省港航管理局统计,2003—2015 年浙江港航基本建设投资、散货与集装箱货物吞吐量、外贸货物吞吐量与 GDP、外贸进出口值是稳定增长的。见图 4-3。2015 年全省港口货物吞吐量 13.8 亿吨,其中,沿海港口完成货物吞吐量 109 930.1 万吨,内河货物吞吐量 28 206 万吨,仅次于江苏,居全国第 2 位。浙江宁波—舟山港货物吞吐量达 8.9 亿吨,连续七年位居世界首位,外贸货物吞吐量 4.2 万亿吨,集装箱吞吐量达 2 063 万标箱,跃升至世界第四位。浙江省港口完成外贸货物吞吐量 44 366.9 万吨。

　　宁波—舟山港与长三角主要港口货物吞吐量比较情况如图 4-4 所示。

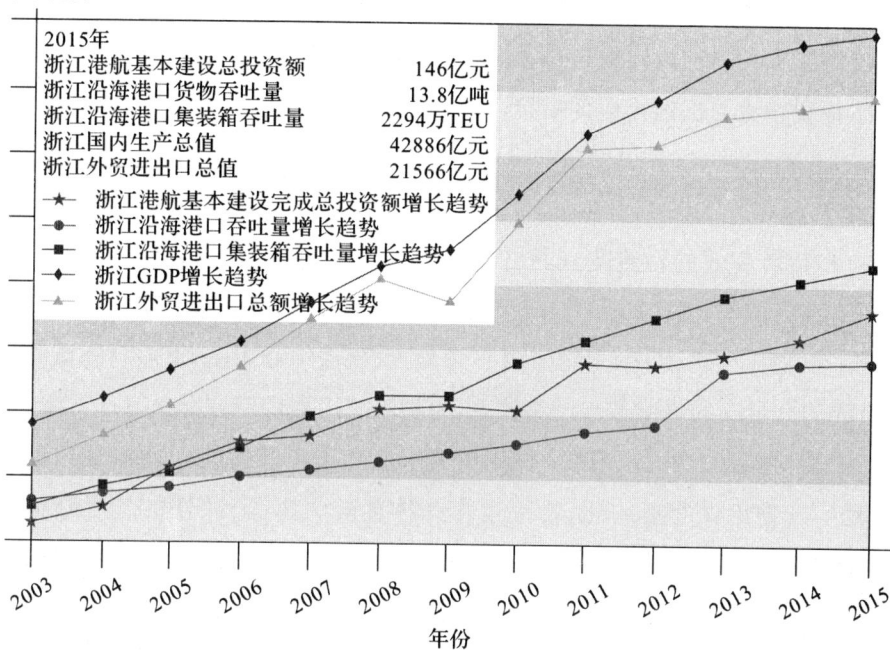

图 4-3 2003—2015 年浙江省港航基本建设完成总投资额、港口货物、

集装箱、吞吐量与 GDP、外贸进出口增长趋势

资料来源:根据浙江省交通运输厅网站和《浙江省统计年鉴》整理。

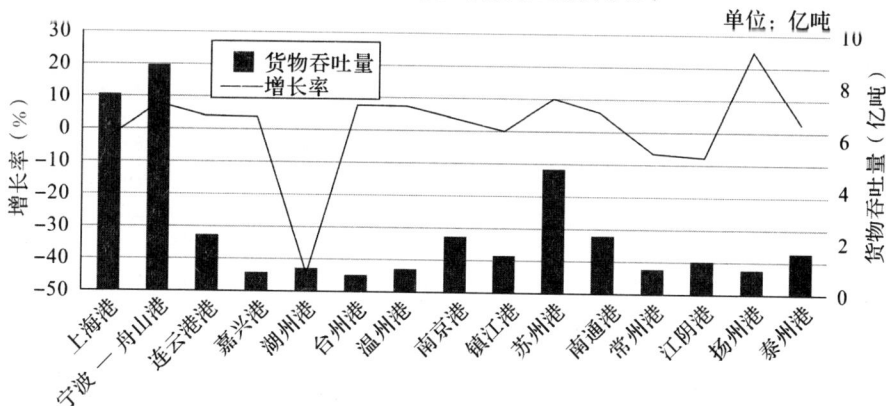

图 4-4 2014 年浙江省和长三角主要港口货物吞吐量及增长率情况

浙江省经过"十二五"发展建设,初步建成功能较为完善的沿海港口体系,江海干支相连的内河航道体系,水陆配套的江海联运体系,助推浙江国际物流、保税物流与国内物流的衔接,增强浙江开放型经济的国际竞争能力。

4.2.6 较完善的物流节点网络体系

(1)运转高效的物流节点网络体系

浙江省的物流需求源于工业、电商、商贸、配送、外贸物流需求。目前,形成了以物流园区为核心、物流中心为骨干、配送中心为基础、农村物流站点为补充的分层次的物流节点网络体系,为物流疏运提供后方配送节点支撑。

①物流园区。物流园区是物流相关企业和资源在特定空间区域内的集聚,是实现物流设施集约化、物流运作一体化的大型、公共性的骨干物流节点,是物流网络体系的重要节点和物流产业发展的集聚地,是对接保税物流的重要后方枢纽[1]。物流园区具有交通区位、仓储、运输、分拣、加工、配送等功能集聚优势,能够实现物流企业、设施、信息、辅助服务等资源的集聚,提升物流运作效率。浙江省"十二五"期间重点建设了 29 个交通物流基地,建有国家和地区性公路运输枢纽的交通物流园区达到 79 个,占货运站场的比重达到 55%。如表 4-13 所示。

表 4-13   浙江省"十二五"期间国家货运枢纽物流园区建设项目

节点城市	物流园区名称	园区类型	主要功能	开工年—完工年	总投资额（万元）
杭州	杭州下沙物流园区	综合服务型	服务于杭州经济开发区产品的仓储、中转、配送、国际物流需求,以及杭州都市圈跨境电商配送需求	2008—2015	23 000
	杭州江东物流园区	公共配送型	服务于杭州城市经济圈快速消费品配送需求	2011—2020	65 000
	杭州空港物流中心	国际物流型	服务于杭州萧山国际机场的国际航空物流,包括保税仓储、中转物流、第三方物流增值	2009—2020	40 000

① 彭勃,王晓慧.浙江港口物流可持续发展研究[M].北京:海洋出版社,2013:174—175.

节点城市	物流园区名称	园区类型	主要功能	开工年—完工年	总投资额（万元）
宁波—舟山	梅山保税港区物流园区	国际物流型	服务于宁波梅山港保税物流功能，以及国际贸易和中转集装箱运输、进口商品分拨、仓储配送物流、转口和出口加工	2011—2015	20 600
	宁波空港物流园区	综合服务型	服务于宁波栎社国际机场的高新技术产品保税仓储、中转物流、第三方物流增值	2011—2015	10 000
	镇海后海塘综合货运枢纽	生产基地型	为近海、沿海的海铁联运和宁波港集疏运服务，以油气和液化气、煤炭等大宗物资，散杂货和内贸集装箱的仓储、装卸作业、中转贸易为主	2011—2015	5 000
	江北综合货运站场	综合服务型	为宁波城市物资运输、海河联运服务，以散、杂货运为主	2011—2015	5 000
	宁波穿山集装箱综合货运站场	中转枢纽型	以国际集装箱运输为主，兼顾 LNG 和散、杂货运输功能	2011—2015	3 000
	邬隘集装箱综合货运站场	中转枢纽型	宁波—舟山港集装箱疏运的内地陆路通道，服务于海铁联运的大宗物资中转转运，集铁路集装箱、快运、特货运业务于一体	2011—2015	5 000
	大榭集装箱综合货运场站	生产基地型	服务于临港工业、液体、散货储运，国际集装箱运输	2011—2015	3 000
	舟山金塘集装箱综合场站	中转枢纽型	服务于国际集装箱水水中转、江海联运，以塑机螺杆、塑料化工、船舶修造、针织机械、建筑材料和服装加工等产业和出口物流为主	2011—2015	10 000
温州	温州洞头国际物流园区	综合服务型	服务于温州港国际集装箱物流多式联运、综合物流增值、港口集疏运，城市配送需求。原状元岙物流园区为沿海产业带提供集疏运服务	2015—	
	温州瑞安江南物流园区	生产基地型	服务于温州、瑞安、滨海产业园区及周边地区的汽摩配、机械产业等的配送需求	2010—2013	44 300
	温州潘桥物流园区	综合服务型	服务于温州市区、瓯北、永嘉西部地区及丽水的轻工型加工产品集散和商品配送需求	2011—2017	50 000

续表

节点城市	物流园区名称	园区类型	主要功能	开工年—完工年	总投资（万元）
嘉兴	嘉兴现代综合物流园区	综合服务型	服务于嘉兴、杭州都市经济圈各类物资和快速消费品的中转、仓储、加工配送等综合物流需求	2009—2015	65000
	嘉兴港物流园区	综合服务型	服务于上海、浙北区域，集装卸、仓储、运输配送、保税、拆装箱、拼箱、中转换装、金融、电子商务和信息服务于一体的多功能物流需求	2011—2015	50 000
湖州	湖州综合物流园区	生产基地型	服务于湖嘉地区相关产业发展产生的工业、商贸物流的仓储加工和配送需求	2011—2016	40 000
绍兴	中国轻纺城现代物流园区	商贸流通型	主要服务于绍兴、浙江、上海等区域的轻纺产品为主的仓储、配载制造物流需求，以及集装箱运输、拆箱、拼箱和中转的物流需求	2011—2015	30 000
金华	金华国际物流园区	综合服务型	服务于义乌国际小商品市场和浙中城市群的仓储物流、保税物流和电子口岸国际物流	2009—2015	50 000
	义乌物流园区	国际物流型	依托义乌"无水港"，服务于义乌国际小商品和浙中区域的商贸物流、国际物流，以及国际小商品采购、制造基地的仓储、物流信息服务、物流作业、口岸通关等国内、国际货物周转需求	2011—2017	83 300
台州	台州物流园区（国际物流中心、路桥货运站）	综合服务型	服务于台州、周边地区的铁路集装箱中转、保税物流需求，以生产资料、建材、粮食和农资产品等的仓储配送、中转为主	2011—2017	50 000
衢州	衢州综合物流园区（衢州无水港）	综合服务型	服务于衢州、浙西粮食的储运、加工、交易、信息物流和"公铁水"联运物流，内陆口岸的公共保税仓储物流。以保税物流、粮食物流、农产品物流、商贸物流、港口物流、生产资料物流为主	2009—2015	50 000

资料来源：根据浙江省交通运输厅网站以及各物流园区网站资料整理。

　　②国际物流企业。全省物流企业五万多家，物流企业形态趋向多元化，覆盖了运输业、仓储业、货代业、流通配送业、快递业、信息业等方面；跨境电商物流、海外仓保税物流、跨境冷链物流等成为国际物流新兴投资热点，跨境电商快递物流高速增长。2014年全省快递服务企业业务量24.6亿件，比

上一年增长 73.1%,居全国各省市区第二位;杭州、宁波、金华、嘉兴等地市集聚了全省 60% 以上的物流企业,如图 4-5 所示。重点物流园区集聚了一批国内外知名企业,全省中小物流企业网络联盟发展加快。

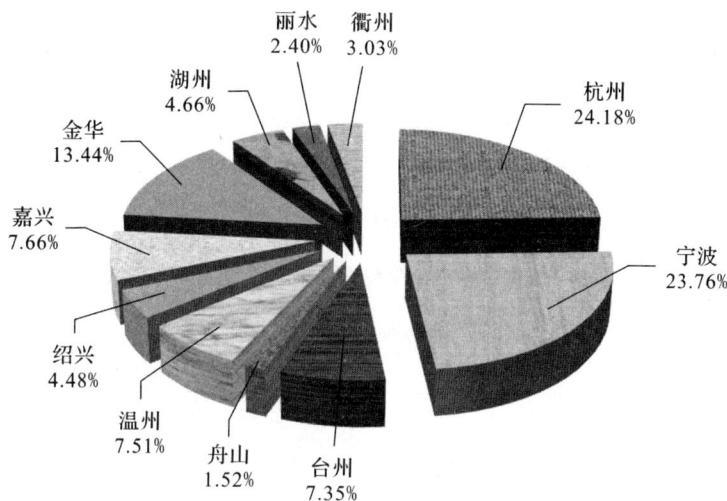

图 4-5　2014 年底全省各市物流企业数量占比情况

资料来源:浙江省发改委服务业处。

(2)部省共建智慧型"国家交通物流公共信息平台"

浙江省在"十三五"发展时期推进物流业标准化和信息化水平建设,建立健全物流标准体系。浙江省协助国家交通运输部,充分利用物联网和新一代信息技术,开发并建设"国家交通物流公共信息平台"(http://www.logink.org),以实现港口、机场、铁路、海关监管区、物流基地、普通运输、集装箱运输、仓储、国际货代、小件快运等各种类别的物流企业,内外贸企业,公铁、海铁、海空联运,物流基地,以及大型物流信息平台的互联互通。该网站是国家物流平台提供权威的数据服务、基础交换服务以及丰富的应用服务的重要载体和服务窗口,形成了政府应用、企业应用、商业应用三大类互联应用,为我国物流信息互联互通提供"无形的高速公路",物流公共信息开放有了统一的服务窗口,极大地推进我国国际物流及保税物流信息化公共服务进程。

(3)具备口岸功能的保税物流中心(B 型)快速发展

浙江省海关设有杭州关区和宁波关区,各关区下设有海关监管仓和保税仓。浙江省经国家批准建有杭州、宁波、义乌、温州等 4 个保税物流中心（B 型），在海关的封闭监管下，允许多家企业进入并从事保税仓储物流业务。出口货物进中心可提前退税，境外货物进中心给予保税，等待出仓才征税。主要具有八大核心功能，即保税仓储、入物流中心退税、转厂服务、港口延伸内移、全球采购和国际配送、流通性简单加工及附加值服务、国际中转、转口贸易，目前还拓展了跨境电商功能。保税物流中心能为本地外贸企业提供极大的便利，节省资金占用成本。目前，浙江省经批准共设立 9 个海关直通关监管点，相应形成 9 个口岸功能的保税物流中心，如表 4-14 所示。

表 4-14　浙江省各口岸保税仓及保税物流中心布局情况

名　　称	监管仓库面积（平方米）	监管区域面积（平方米）	投资额（万元）	所在地
杭州关区	90 023	761 651		
1.杭州保税物流中心（B 型）	79 151	499 500		杭州萧山空港新城
2.萧山陆路口岸保税物流中心	5 863	86 710	5 500	杭州萧山
3.富阳口岸保税物流中心	8 000	50 000	4 600	浙江富阳
4.绍兴市保税物流中心	5 600	30 000	5 500	绍兴袍江
5.嘉兴市保税物流中心	3 000	50 000	3 600	嘉兴经济技术开发区
6.湖州保税物流中心	2 000	118 726	4 900	湖州南浔
7.义乌保税物流中心（B 型）	100 000	213 440	18 000	义乌市区
8.金华金三角保税物流中心	7 160	172 760	4 000	金华经济技术开发区内
9.温州保税物流中心	105 400	210 000	66 200	瓯江口新区灵霓半岛起步区东北角
宁波关区	35 000			
10.宁波栎社保税物流中心（B 型）	9 000	100 522		宁波空港物流园区
11.余姚保税物流中心	2 000			余姚市区

　　资料来源：根据各保税物流中心资料，以及黄勇、张国云、贲贤龙，我国国际物流中心发展实证分析——以浙江为例（浙江省发展和改革委员会，浙江省发展规划研究院基础项目处，2009 年）整理而成。

①杭州保税物流中心(B型)。于2009年12月1日经国家海关总署、财政部、税务总局、国家外汇管理局联合发文批准设立,2011年12月正式封关运营。位于杭州空港经济区内,萧山国际机场东北侧,与机场货运区相连,是浙江省首家保税物流中心。总规划用地89.6万平方米。2015年2月成为中国(杭州)跨境电子商务综合试验区试点的空港园区,集国际航空保税物流中心(B型)、跨境电子商务空港园区、第三方支付三大功能于一体,形成空港国际物流基地和跨境电子商务产业园区。目前,已集聚50多家物流企业,货物通达欧美等20多个国家和地区。

②宁波栎社保税物流中心(B型)。于2009年2月经海关总署、财政部、国家税务总局、国家外汇管理局联合发文批准设立,同年11月30日正式封关运行。分三期规划建设,位于宁波空港物流园区,紧靠宁波栎社国际机场,20分钟车程可到达宁波市区。目前,宁波栎社保税物流中心已形成了以国际货代、国际采购、国际分拨配送、跨境电子商务等为支柱的业务主体,是连接宁波海港、空港的重要物流节点,延伸了宁波港口经济腹地,它对撬动宁波空港经济和发展现代物流的作用十分突出。

③义乌保税物流中心(B型)(内陆口岸场站)。于2014年1月29日经国家四部委批复设立,10月10日顺利通过国家验收,11月18日正式封关运作,批准建设面积0.131 7平方千米。义乌保税物流中心(B型)适应义乌国际小商品贸易特点,布局包括国际物流中心、内陆口岸场站、铁路义乌西站监管点、青口监管中心,形成具有"直通式口岸"和"保税物流"两大核心功能的无水国际陆运港,成为内陆地区与沿海港口、边境口岸实现功能延伸的载体平台。它对解决义乌市场外贸企业的保税物流需求,带动义乌市场"买全球货,卖全球货",推动金华、衢州、丽水等浙江中西部地区企业的国际贸易和工业转型升级,打造义乌"一带一路"新丝绸之路战略支点、亚太地区国际陆运港,都具有重要的战略意义。

④温州保税物流中心(B型)。于2014年10月获海关总署、财政部、国家税务总局和国家外汇管理局联合批准,位于瓯江口新区灵霓半岛起步区东北角,建设面积达0.21平方千米,货物运输接驳海、陆、空十分便利。一期规划年处理货运量192万吨。温州保税物流中心(B型)对温州及周边企

业进出口环节便利化,节省物流成本,带动浙南对外贸易、产业转型升级及温州港的发展将起到积极作用。

总体来说,浙江各保税物流中心(B型)货运区的基础设施正在建设之中,公共信息平台有待完善,货运作业流程也停留在半人工、半信息化水平上,距离保税物流中心功能的高效发挥还有一个过程。

4.3 保税物流区域发展的影响因素

借鉴许继琴、翟因芳(2012)对保税物流区域发展的主要因素的研究[①],主要从以下四个方面简要分析。

4.3.1 腹地物流需求

根据前一章的研究,保税物流区域的物流需求取决于区域自身及腹地经济基础,其影响因素主要包括:

(1)腹地经济规模与发展水平。腹地经济发展水平越高,对物流的需求量越大。

(2)腹地产业结构。保税物流区域主要服务于出口加工、进出口货物的国际物流。保税物流需求与腹地第二产业出口货物高度相关,腹地第二产业的比重越高,出口货物附加值越大;保税物流规模越大,物流需求层次越高。

(3)腹地经济开放度。保税物流区域作为国际物流与国内物流的节点,其发展状况取决于周围区域的外商投资、外贸以及出口制造业等外向型经济发展程度的高低。

4.3.2 优惠政策

保税物流区域的特殊优惠政策及腹地的对外开放度将直接影响区内投资吸引力、企业集聚度、运输物资是否进出园区。主要包括:

---

① 许继琴、翟因芳.基于层次分析法的保税物流发展影响因素评价[J].宁波大学学报(人文科学版).2012(6):90—95.

(1)税收优惠政策,包括对区外货物入区和境外货物入区的税收优惠政策、出口退税政策、其他会影响到企业的税负、资金周转和成本等的税收政策;

(2)外汇管理政策,能为区内企业提供外汇货款结算便利、结算成本低的区内外汇管理政策,能吸引企业走区内保税物流通道;

(3)其他如财政金融支持、国土用地政策、人才引进与鼓励政策等等。

4.3.3 物流发展水平

保税物流区域的物流基础设施与发展水平主要包括:

(1)物流基础设施状况。区内保税仓储面积大小、港口码头和泊位,其他运输、装卸、分拨、配送等物流基础设施的完善程度,以及区外江海、陆铁、海空联运和集疏运通道等顺畅转接能力等,会影响到保税物流区域的物流承载能力、物流规模、企业营运成本与经济效益,是开展保税物流活动的基本保障。

(2)区内入驻企业发展水平。区内入驻企业尤其是物流企业的专业化水平、集成营运增值服务能力、人才素质等,将影响着区域物流发展水平。

(3)物流公共信息化水平。尤其是保税物流区域与港口、关务部门、企业以及其他园区的共享型物流平台的信息化水平等。良好的物流网络信息化发展水平能有效降低成本,提高区内营运效率与便利化程度。

4.3.4 区内通关效率

保税物流营运效率与海关通关效率有关。政企分开的海关管理体制、"一线放开、二线管住、区内自由"的海关监管模式会影响区内保税货物的通关效率,加速货物通关速度;高效的检验检疫检测模式能为外商节省时间,加快货物放行与出货速度;区内关检、物流、货代、税务等环节的集成服务水平高低,对货物畅通、贸易便利化有促进作用。

许继琴、翟因芳(2012)通过对宁波保税物流区域的实证调研,确定保税物流发展的影响因素包括区域物流需求、优惠政策、通关效率和物流发展水平等 4 个一级因素和 13 个二级因素,根据层次分析法对影响保税物流发展各因素的影响程度进行规范分析表明,一级因素中对保税物流发展影响最大的是区域物流需求,其次是优惠政策,通关效率与物流发展水平的影响相对较小;二级因素中,影响最大的是腹地经济外向度,其次是腹地产业结构。物流信息化水平和人才素质的影响作用将越来越大。有关保税物流发展影响因素的研究,能为保税物流区域和企业提高发展绩效提供决策参考。

4.4　本章小结

本章分析保税物流区域发展的现实基础与条件。重点以浙江省为案例,深入而具体地梳理分析了浙江省保税物流区域发展的自然区位、开放政策环境、腹地经济基础、集疏运网络体系和物流节点网络体系;简要分析了影响保税物流区域发展的 4 大因素,即腹地物流需求、物流发展水平、区内优惠政策和区内通关效率。以上分析为保税物流区域经济增长极的后续研究奠定了基础。

5 保税物流区域经济增长及作用机理分析

我国保税物流区域具有保税物流、保税加工及国际贸易三大基本功能，连接国内物流与国际物流，肩负促进开放型经济深化改革，承接国际产业转移和东西部加工制造业转移的特殊作用。主要包括六种类型：保税区、出口加工区、保税物流园区、保税港区、综合保税区和跨境工业园区。

5.1 保税物流区域经济增长极的内涵

5.1.1 增长极的含义解析

国内外学者对增长极概念的观点，归纳如下。

从经济意义角度定义。佩鲁认为经济空间指经济元素之间的经济关系，增长极是特定经济空间的推进性单元，是一种优势经济单元，它自身的增长或创新会诱导其他经济单元的增长。

从主导产业角度定义。西班牙区域经济学家拉苏恩认为，"增长极是围绕特定的主导产业部门而发展起来的，通过投入、产出关系而紧密联系的产业群"[①]

---

① 拉苏恩.增长极概念概括[C].国际地理学会论文,1971:2—9.

从地理空间角度定义。法国经济学家布代维尔（1966）认为"增长极将在拥有推进型产业复合体的城镇中出现"，是"配置在城市地区不断扩大的工业综合体，并引导其影响范围内经济活动进一步发展"[①]，既指经济意义的推进型产业部门，也指地理上区位条件优越的地区。

从经济中心角度定义。许多学者更多地从地理的角度来定义增长极。美国学者尼科尔斯（1969）认为，增长极即经济活动中心，增长能扩散到增长极所在的区域中，并最终扩散到所在国家欠发达的整个区域[②]。我国学者姜鑫罗佳（2008）认为，增长极是由主导部门和有能力的企业在某些地区或大城市发展而形成的经济中心，这些中心具有生产中心、贸易中心、金融中心、信息中心、交通运输中心、服务中心和决策中心等多种功能，恰似一个磁场极，能够产生吸引或辐射作用，促进并推动其他部门和地区经济的增长[③]。

根据以上不同角度的研究，归纳出增长极的两种含义：在地理空间上表现为产业集聚的城镇[④]，即优先发展起来并能促进周围区域发展的经济增长中心；在经济意义上表现为推进型主导产业集群，即快速增长的产业群。无论哪种增长极，都具有高产业集聚性、高创新能力、高增长率等特点。

5.1.2 保税物流区经济增长极的内涵

本研究认为，保税物流区域增长极的内涵，是保税物流区域及其主导产业和增长极的复合系统。

（1）保税物流区域增长极是全球一体化经济发展趋势下的国际物流经济增长中心。保税物流区域作为地理空间意义的增长极（区域或城市）的结构形态，通过其特殊监管区域贸易自由的功能和极富活力的保税物流、保税加工、国际贸易的主导产业群，作为影响区域外向型经济力量的内在传导机制，使保税物流区域发展成为具有产业、资源和环境基础优势的增长中心，

---

① J. Boudeville. Problems of Regional Economic Planning[M], Edinburgh:Edinburgh University Press, 1966:11-12.

② V. 尼科尔斯.增长极:推进型效应估价[J].环境与规划,1969(1).

③ 姜鑫,罗佳.从增长极理论到产业集群理论的发展述评[J].山东工商学院学报,2008(6):1—5.

④ 姚士谋等.区域与城市发展论[M].北京:中国科学技术大学出版社,2004:51.

并能通过特殊监管区域的功能影响和拉动周边地区外向型经济的发展。这类经济增长区域一般具备以下条件[①]：①区域外向型主导产业（推进型产业）的集聚与壮大是区域增长极发展的决定因素；②保税物流主导产业前向和后向的关联性强，配套产业完善，要素供应充分，能带动区域内相关产业部门发展；③外向型经济的投资、营运环境良好。这种空间意义上的增长极主要强调核心区的极化作用和对区域外向型经济的扩散带动作用。这对保税物流区域的选择、战略布局及空间结构的调整具有十分重要的指导意义。

（2）保税物流区域增长极的推进型产业部门重点包括出口加工、保税物流和国际贸易三大产业部门。在我国对外开放形势和国家宏观调控的背景下，各保税物流区域根据所处区位条件、经济环境、产业结构、功能定位，逐步发展出口加工、国际贸易、保税物流三大支撑产业，并形成自身的三大功能。

①出口加工产业。我国保税物流区域生产企业从最初的商业性简单加工的劳动密集型产业，发展到汽车零配件、家电等生产制造等，再到大规模电子信息产业群等，正在往技术、资金密集型产业发展。保税物流区域已经发展成为我国出口加工和高新技术制造业的重要基地，并引进和形成了一批国际化、高水平的核心技术中心和研发机构。

②国际贸易产业。随着保税区域出口加工制造业的发展，区内吸引了大批国际贸易企业、跨国企业、国际采购企业落户，吸引了跨境电商平台企业和龙头企业进驻，货物贸易成为保税区域增长速度最快、发展规模大的产业。

③保税物流与现代物流产业。区内外贸与加工业快速发展的同时，产生了大量的保税仓储、物流分拨、专业化第三方的物流需求，吸引了大量物流企业入驻，业务量不断增长，尤其是保税物流园区、保税区、保税港区、综合保税区运作方式和功能的提升及区港联动的发展，使我国保税物流区域成为跨国公司在亚太地区的国际采购和配送中心、国际物流的集聚地。

以上三大产业是保税物流区域外向型经济发展中最富有创新活力、能

---

① 陈自芳.区域经济学新论[M].北京:中国财政经济出版社,2011:340-341.

起强有力的促进作用的主导产业或支柱产业,具有以下特点:第一,创新能力强;第二,产业产值增长快速,高于 GDP 和工业产值的平均速度;第三,规模经济效益明显;第四,与其他产业形成较强的产业关联性,通过前向和后向的供给推动和需求拉动效应促进其他部门的发展。2015 年,区内保税物流功能不断优化,保税物流产业已逐渐领先其他产业成为主导产业。在保税物流主导产业中起领头作用的经济实体是龙头企业,它可以是一个独立企业,也可以是由若干核心企业组成的联合体。这种纯经济意义的保税物流产业增长极对区域主导产业选择和产业结构的调整具有重要的指导作用。

(3)保税物流区域增长极的形成是创新的结果。保税物流区域创新包括:

①功能创新。我国保税物流区域功能的不断完善,趋于向综合保税区和自由贸易区高层次平台发展的转型,是保税物流区域功能优势可持续发展的前提。

②体制机制创新。涵盖海关特殊监管区域"境内关外"的海关通关监管模式创新,检验检疫、税务、外汇管理、保险等自由贸易的优惠政策创新,这些是影响保税物流区域经济增长极形成的关键因素。

③技术创新。在制造业转型升级发展时代,保税物流区域的出口加工企业根据国际市场需求,通过"三来一补"带动了技术创新,由技术创新所产生的新产品、新工艺、新方法,成为推进型产业发展的动力和源泉,最终通过国际市场获取利润。

④企业家管理创新。保税物流区域出口加工和外贸企业中富有管理创新才能的企业家群体,曾经在外资企业的示范效应下结合各自企业实际,进行了管理理念、管理模式、管理方法的创新,提升了区内企业管理水平,并影响了区外企业管理水平的提升。

⑤业务运作模式创新。包括保税物流相关的信息、国际仓储物流、国际配送、国际中转、国际采购、国际贸易及跨境电商等多种需求的运作功能集成创新,提供多种联运方式的集成创新,提供包括公共信息、商贸展示、检验检测、金融保险、评估咨询、海事海商等服务集成创新等,这些成为保税物流

关联产业高集聚、可持续发展的动力。

关于保税物流区域增长极的作用机理分析，主要探索保税物流区域经济增长极的形成、发展和扩散的规律性。

5.2　保税物流区域经济增长极的极化

5.2.1　保税物流区域经济增长极的形成途径

增长极理论认为，增长极的形成主要有两种途径：一种是受市场机制调节自发形成，另一种是由政府通过区域规划和投资培育形成。各国自由贸易区和我国保税物流区域发展实践证明：保税物流区域由于其海关特殊监管区域的自由贸易功能，主要由政府规划设立、引导培育形成，多设立在沿海外向型经济发达、出口制造、国际贸易和国际物流有较好市场发展前景的地区。

5.2.2　保税物流区域经济增长极的形成过程

保税物流区域增长极的形成过程，是由于这一区域的特殊功能、区位优势、投资与贸易优惠政策、商务与物流配套设施等，形成强大的吸引力，吸引周边地区的要素资源向本地区集聚，是以外贸需求为导向的出口加工和保税物流产业由小到大的成长、发展和扩散的过程。其一般形成过程为：出口加工、保税物流、国际贸易产业点→出口加工、保税物流、国际贸易产业链→出口加工、保税物流、国际贸易产业群→保税物流区域经济增长极。保税加工和保税物流产业链的集聚发展进程，加速了推进型产业和相关产业的成长，在保税物流区域经济增长极中起到关键作用。

5.2.3　保税物流区域经济增长极的形成机理

本研究倾向于我国学者黄继忠的观点，增长极的作用机理，主要表现为支配效应、乘数效应、极化效应和扩散效应[①]。推进型产业通过与其他产业的供求和要素流动产生支配影响,形成产业集聚,推动主导产业发展;通过产业关联效应而对其他部门产生乘数效应,推动经济增长;通过极化效应与扩散效应的综合联动机制而向中心地区集中,并向周围区域进行扩散。极化效应与扩散效应的综合影响形成溢出效应,如果极化效应强于扩散效应,净溢出效应呈现负值,对增长极腹地经济发展不利;反之,则对增长极腹地经济增长有益。

(1)产业集聚与极化效应

增长极的极化效应,是指保税物流区域迅速发展的推进型产业吸引其周围区域的生产要素、经济活动从地理空间上迅速向保税物流增长中心聚集,获得规模经济,使核心地区与周围区域的经济发展差距加大,而趋近于增长极的过程[②]。保税物流区域由于其特殊功能、税收和贸易优惠政策、区位、商务与物流配套设施等优势,对周边地区形成强大的吸引力,使得人流、物流、资金流、信息流各种要素资源等向增长中心集聚,使核心地区与周围区域的经济发展差距加大,从而对地区经济空间结构产生影响。这一过程是从经济活动、要素、产业的极化到地理空间的极化。保税物流区域的推进型产业具有高成长性和高扩张性的特征,决定着保税物流区域增长极的产业特色和发展方向。

产业集聚是指相同产业的多个企业生产经营活动高度集中于某个特定区域的产业成长现象。出口加工、国际贸易、保税物流产业在保税区域内高度集中可以产生集聚效应,原因在于:①有利于推进型产业及关联的上下游产业高密度向区内集中,形成产业集聚经济,有利于优化区港资源配置,越集聚产业效率越高、创造力越强;②加快了信息传递,有效衔接国内外市场需求,有利于国外专业化供应商聚焦园区,形成外向型经济市场的规模经济效应;③加快了知识、技术和管理经验外溢,通过模仿、干中学和相互学习,有利于加工贸易业、物流业技术创新和管理模式创新;④出口加工业、外贸

①　黄继忠.区域内经济不平衡增长论[M].北京:经济管理出版社,2001:45-50.
②　施祖麟.区域经济发展:理论与实证[M].北京:社会科学文献出版社,2007:123.

企业和物流业地理集聚有利于降低交易成本,形成保税物流专业化服务;⑤有利于形成发达的劳动力市场。

我国保税物流区域增长极发展的推动力量,归因于自身的保税加工与保税物流主体功能基础上的出口加工、保税物流、国际贸易等推进型产业的集聚与规模发展。保税物流区域主体产业实现聚集的三个前提条件:一是区内有利于主体产业发展的政策,吸引了有创新能力的企业与企业家入驻;二是拥有大量的产业资本、劳动力、技术、较完善的基础设施等良好的投资环境,能吸引要素充分流动并向区内较快集中;三是出口加工具有规模经济效应,保税物流能有效衔接国内物流与国际物流。自 20 世纪 80 年代以来,我国沿海港口城市"三来一补"的出口加工企业,在承接国际产业转移过程中增长速度很快,支撑和带动了国际贸易的发展,引致对扩大开放贸易自由度、降低出口加工成本和贸易便利化的迫切需求。自 90 年代开始,我国在沿海、沿江、沿边等具有区位优势、腹地经济基础好的地区设立保税区域,区内享有通关、检验、外汇管理、财政金融、税收、物流等优惠政策,吸引外商投资企业和内资企业的资金、技术、劳动力、信息等资源要素在区内集聚,使得具有保税加工和保税物流需求的出口加工制造、保税仓储物流和国际贸易等具有创新能力的主导产业、外贸依存产业及关联产业群,高密度向区内集中而形成产业集聚经济,从而形成多功能的保税物流经济增长中心。它不仅促进了自身规模的发展,并以其开放度较大的自由贸易区域特殊功能推动了港口产业、腹地开放型经济和服务业的发展。我国保税物流区域的外向型经济发展实践证明,出口加工业的先行发展,促使我国出口贸易以年均 20%以上的速度高速增长,引发对下游的现代物流、保税物流服务业务的需求与发展。推进型产业的集聚规模越大、优势越强,则规模效应越大,集聚效应的发挥会增强增长极的极化效应,加快增长极的增长速度和扩大辐射范围。

(2)产业关联与乘数效应

产业关联是指增长极的主导产业和其他产业之间的垂直或者水平的联系。各产业之间在投入—产出中会表现出相互依存的产业联系,分为产业前向关联、产业后向关联和产业侧向关联①。前向联系是指企业同吸收其产出的企业或市场之间的联系;后向关联是指企业同向它提供原材料的企业之间的关联;侧向联系是指同为其提供研发、咨询、金融、保险等服务的企业之间的联系。

我国保税物流区域的推进型产业以出口加工制造业和保税物流服务业为主体,就前向关联而言,入区的企业产品绝大部分以出口为主销往国际市场,保税物流区域为中国加工制造业面向全球广阔市场提供了便利条件;就后向关联而言,保税物流区域企业的供应商以母城和周围区域市场为主,生产的后向地方联系突出,带动了腹地外向型经济的发展。我国保税物流区域关联产业集群主要构成如表 5-1 所示。

表 5-1　保税物流区域关联产业集群主要构成

产业集群	与保税物流区域的关系	产业特征	主要构成
保税物流产业集群	主导产业(推进型)	保税物流服务业为主体	1.保税物流服务业集群:保税仓储、物流分拨、包装、国际货代、装卸运输、报关报检等企业集群; 2.国际采购、分拨企业集群; 3.物流贸易服务业集群:进口代理、税务代理、期货交割、物流金融、保险、产销服务、信息咨询等物流贸易服务。
出口加工业和高科技制造产业集群		出口加工制造业为主体	1.出口加工业集群; 2.传统优势产业集群:石化、能源、造纸、钢铁、造船等; 3.高新技术制造业集群。
国际贸易产业集群	依存产业	国际贸易企业为主体	1.出口、转口、进口贸易等企业集群; 2.跨境电商等新交易形态企业集群。
服务业产业集群	关联产业	区港产业和服务业为主体	1.港口产业集群; 2.商贸服务业、金融保险业、信息业、旅游业、娱乐业等综合配套服务产业。

①　艾伯特·赫希曼.经济发展战略[M].北京:经济科学出版社,1991:90.

推进型产业的关联效应是通过乘数效应来实现的[①]。出口加工制造业、保税物流产业等推进型产业具有极化效应和乘数效应,两种效应的作用推动产业增长。当产业规模扩大到一定程度时,经由产业关联效应而派生出一系列新产业活动,能带动国际贸易企业、区港服务业的发展,形成保税物流区域产业集群的积累增长。布代维尔(1966)称推进型产业具有"里昂惕夫乘数效应"。乘数效应可分为区内乘数效应和区外乘数效应两种[②]。从保税物流区内乘数效应传导来看,保税物流区域的特殊功能优势,使得资本、技术、劳动等经济要素以推进型产业为中心聚集,区内对投资更有吸引力,从而加速区内保税加工、保税物流、外贸等推进型产业群规模发展,形成极化区域保税加工和保税物流产业的累计增长效应。从保税物流区外乘数效应传导来看,推进型产业会通过产业之间的关联效应扩散影响周围区域。

综上所述,保税物流区域以其自身的特殊区域功能优势,通过推进型产业的极化效应和乘数效应,形成所在地区的开放型经济增长极。

5.3 保税物流区域经济增长极的扩散

5.3.1 保税物流区域增长极的扩散作用

保税物流区域增长对周围区域经济的带动作用,主要通过扩散效应来实现。产业集聚引致的外部经济以及规模经济对周围区域产生强大的辐射作用,带动相邻地区物流产业、加工制造业和外贸的发展。保税物流区域增长极的扩散作用表现为,增长极通过产业关联机制,实现区内企业的资本、技术、人才、管理、信息等经济要素由保税物流区域增长中心向所在省市地区、外围地区的扩散、流动和转移,以较大的乘数效应带动周围地区相关产业发展、收入增长。

---

① 高海乡.中国保税区转型的模式[M].上海:上海财经大学出版社,2006:47.

② J. B. Boudeville. Problems of Reginal Economic Planning[M]. Edinburgh:Edinburgh University Press,1966:11.

保税物流区域增长极之所以具有扩散作用,是因为保税物流区域是我国对外改革开放政策试点发展的先行区,区内集聚的外资企业和其他外向型创新企业具有知识、技术、资本、人才、管理水平、信息等多种资源集聚的优势,成为增长极扩散的基础。增长极发展到一定阶段,其极化作用减弱,扩散作用增强,使得保税物流区域主导产业和关联产业的扩散成为可能,推动了载体城市和腹地经济的增长。

5.3.2　保税物流区域发展对腹地经济增长的传导机制

我国保税物流区域以服务于腹地和周围地区外向型经济发展为目的,通过资本集聚和投资乘数效应,区内加工制造、保税物流和国际贸易三大主导产业集群不断发展壮大,形成区内经济增长极。随着保税物流区域主体功能的逐步完善,主导产业和关联产业的发展,通过先进制造企业尤其是外资企业的技术、知识、管理水平的外溢,会促进区内外产业的技术、产品、管理、业务模式的创新,刺激腹地与三大主导产业直接和间接相关的产业投资,促进了腹地经济创新发展。腹地产业经由产业的前向关联、后向关联和侧向关联效应,会派生出一系列新的产业活动,引发新的投资,使保税物流区域的利益扩散到腹地的交通运输、商贸、金融保险、房地产、餐饮娱乐和信息服务业等其他第二、三产业的发展,使周围区域的国民生产总值、财政收入和就业增加,外向型经济繁荣,产业结构优化。这一过程循环往复,即保税物流区域的外资企业及高新技术制造业的技术、知识、信息、管理外溢会促进腹地企业创新,这些企业的技术、产品和业务模式创新会使它们在高度开放经济条件下的市场竞争中形成竞争力,促进了腹地开放型经济的增长。保税物流区域经济增长极的作用机理,如图 5-1 所示[1]。

5.3.3　保税物流区域经济增长极的扩散途径

佩鲁认为,主导产业的推动效应对周边地区的经济增长起到关键作用,使得增长中心起到了扩散作用。施祖麟认为,保税物流区域产业集聚引致

---

[1]　韩景.保税区发展、空间演化及其区域效应研究[D].辽宁:辽宁师范大学,2008:68-79.

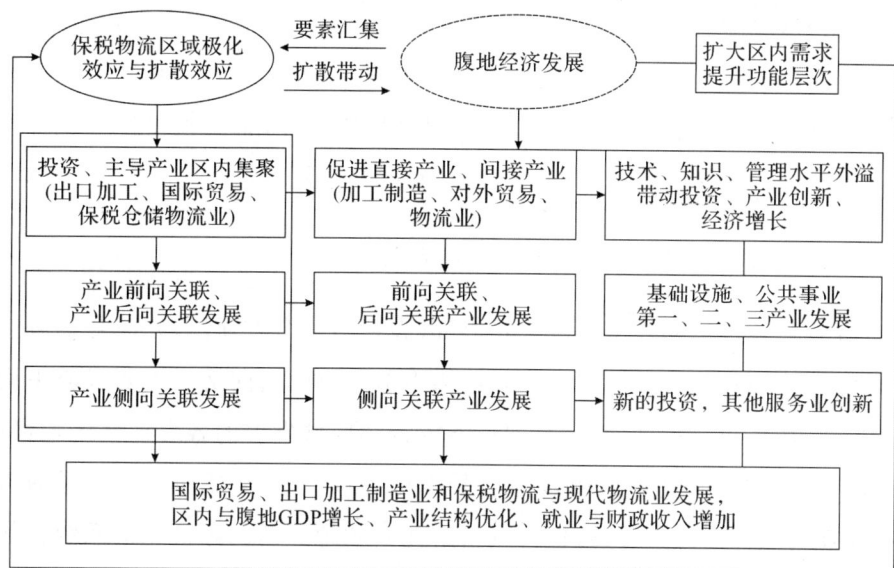

图 5-1　保税物流区域经济增长极的作用机理

的外部经济以及规模经济,会对周围区域产生辐射作用,带动相邻地区主导产业及配套产业的发展。保税物流区域增长极的扩散作用是以空间和产业为途径,以资本集聚与扩散、技术外溢、劳动力流动、管理外溢四个基本投入要素的流动为纽带来完成的[①]。

(1)资本的聚集和扩散。保税物流区域增长极首先形成了资本聚集,当增长中心发展到土地空间饱和、产业同质化竞争激烈、利润率降低时,区内投资者会根据廉价的劳动力等较低的生产要素成本,转移投资到周边地区,获取较高的投资收益率,形成资本扩散。

(2)技术外溢。增长极区域具有高技术创新能力,技术资源具有更新快、共享、传播的外溢效应,随着产业结构调整日益加快,增长中心相对落后的技术、产业会向周边地区转移,技术进步和外溢有利于增长中心和周边地区的经济发展。

(3)劳动力流动。劳动力先由周边地区向保税物流区域增长中心流动,造成了周边地区的人才流失。增长极形成后,劳动力要素会通过经济辐射

①　施祖麟.区域经济发展:理论与实证[M].北京:社会科学文献出版社,2007:55.

使周边地区受益。

(4)管理外溢。保税物流区域的技术专家、技能工人和具有创新能力的管理者和企业家会将逐步积累的资本、知识、技术、商业模式和管理经验等传递到周边地区拓展事业,带动了周边地区的管理创新。

5.3.4　保税物流区域增长极的扩散方式

保税物流区域的经济扩散方式,可以表现为两个方面:一方面是地域空间扩散。保税物流区域的经济空间结构由节点、域面、网络三大要素交织构成。"节点"指以高创新能力、高增长能力带动区域发展的各类区域增长极;"域面"是各节点的吸引力和辐射范围;"网络"是节点与域面之间联系的依托,表现为可见的联系渠道,也可以指产业间和地域间的经济联系系统。保税物流区域增长极的地域扩散,就是通过网络系统,使经济增长中心由极地—轴线—域面—网络,带动区域经济的快速发展。另一方面是产业扩散,即通过保税物流推进型产业的关联效应,促进产业的前向关联、后向关联、侧向关联产业的发展,进而带动和促进增长极周围区域的经济发展。

5.4　保税物流区域发展的地区经济效应

保税物流区域主要通过产业集聚效应、腹地带动效应、产业结构效应和制度创新效应,对母城和腹地经济产生影响[①]。

5.4.1　产业集聚效应

产业集聚是指相同产业的多个企业的生产经营活动高度集中于某个特定区域的产业成长现象。推进型产业及关联的上下游产业高密度向区内集中则形成产业集聚经济。保税物流区域由于其自由贸易政策和开放型经济

---

① 戴小红.保税物流区域对载体城市经济空间结构的影响研究——以宁波为例[J].国际经贸探索,2016(5):47—59.

环境,吸引生产要素集聚,形成出口加工制造、保税物流等产业集群和规模经济,成为区域经济增长极,促进载体城市的经济发展。

笔者以实地调研走访的宁波保税物流区域(含宁波保税区、出口加工区、保税物流园区)为例,具体分析保税物流区域的极化效应。

(1)功能优势带来投资集聚效应

保税物流区域设立以来,由于其特殊区域的战略功能定位,政府通过对保税物流区域的公共服务基础设施大量投资,完善了公共服务系统、提高了公共服务部门的效率,降低了企业的交易费用,吸引了大量国内外投资和企业进驻,成为资本集聚度最高的区域之一。

保税物流区域投资集聚效应的空间范围,分为国际、国内外地、本地三个层次[①],反映在区内的投资总额、外商投资、国内投资及入驻企业等指标。以宁波保税物流区域为例,2014 年,区内投资总额 18.21 亿元,其中,新注册内资企业中,宁波本市投资占 36.37%,实际利用的市外内资 5.71 亿元,占总投资的 31.38%,新注册外商企业投资 9 686 万美元,占总投资的 32.55%。近年来,宁波保税物流区域投资集聚效应的空间范围,主要来自本地资本投入,其次为外商投资,还有部分是国内其他区域资本投入,三个部分各占 1/3 左右。

每年固定资产投资和新增企业投资进入保税物流区域的规模,因受到国际、国内政治经济形势的影响,保税物流区域各年的极化效应有相应差异。图 5-2 为 2006—2015 年每年固定资产投资和新批内、外资企业投资总额的情况。宁波保税物流区域从设立开始,每年固定资产投资和新批企业投资总额总体上呈上升趋势。经过 20 多年的开发建设,由于区域空间的土地资源减少,区内空间开发已经趋于饱和,进入"十一五"发展期间的 2007年以后,固定资产投资和新批企业投资规模增长速度趋于下降,经济发展后劲面临制约。

---

① 郑国.经济技术开发区对城市经济空间结构的影响效应研究——以北京为例[J].经济问题探索,2006(8):50.

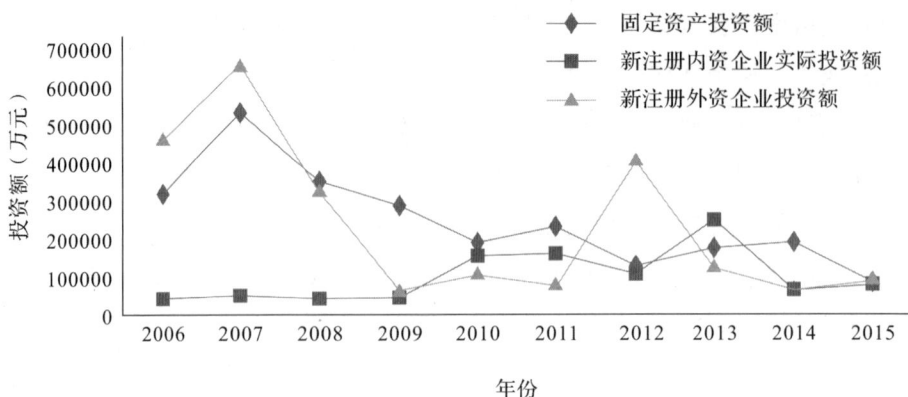

图 5-2　2006—2015 年宁波保税物流区域每年新批内、外资企业投资额和固定资产投资额

资料来源：根据宁波保税区（出口加工区）历年统计信息整理，http://zfxx.nftz.gov.cn/.

（2）投资效应形成产业集聚效应

国内外资本在保税物流区域集中投向主导产业和关联产业，其中以出口加工、国际贸易、保税仓储物流业为主导产业，以优势加工制造业和高新技术制造业为依存产业的先行区域之一，形成产业链和产业聚集优势。如表 5-2 所示。

表 5-2　宁波保税物流区域产业集群主要构成

产业集群	与保税区域的关系	产业特征	主要构成
保税物流产业集群	主导产业	以保税物流、港航物流服务业为主体	1. 保税物流服务业集群：保税仓储、物流分拨、包装、国际货代、装卸运输、报关报检等企业集群； 2. 国际采购、分拨企业集群：形成铁矿砂分拨中心、固体化工品分拨配送中心、进口食品仓储配送中心、出口采购配送中心等四大物流分拨中心； 3. 航运物流服务业：发展为航运物流服务的报关报检、货运代理、船舶代理、理货等航运服务企业的集聚，打造海港口岸服务中心； 4. 高端航运服务业：依托宁波船舶交易中心，发展船舶交易、船舶管理、船舶经纪、船舶保险、航运金融、期货交割、航运信息、海事法律和仲裁服务及航运总部经济。
国际贸易产业集群		以国际贸易为主体	1. 进出口贸易企业集群； 2. 进口跨境电商新业态企业集群。

续表

产业集群	与保税区域的关系	产业特征	主要构成
优势和高新技术制造业集群	依存产业	以优势制造、高新技术制造业为主体	1. 外向型加工制造业集群； 2. 传统优势工业集群：石化、能源、造纸、钢铁、造船等； 3. 高新技术制造业集群：包括液晶光电产业集群、计算机产业集群、集成电路产业集群三大主体产业。
区港服务业产业集群	关联产业	以区港服务业为主体	商贸服务业、旅游业、娱乐业等综合配套服务产业。

①成为主导型产业的保税物流集散地。宁波保税物流区域形成了以仓储物流、分拨配送、国际采购、转口贸易为特色的保税物流服务体系,为国际、省内外上万家外向型企业提供外贸物流服务。已建成铁矿砂、固体化工品、进口食品、出口采购四大物流分拨中心;吸引了130多家仓储物流服务企业入驻,建有100万平方米具有保税仓储和分拨配送功能的仓储物流设施,年物流分拨配送货值超过200亿美元。

②成为主导型产业国际贸易的大通道。宁波保税物流区域以加工贸易重点培育了大宗生产资料市场和跨境电商进口消费品市场。已集聚3 000多家国际贸易企业,引进100多家加工贸易企业和20多家国际采购企业,与全球150多个国家和地区有贸易往来;2013年以来保税区开展跨境贸易电子商务进口业务试点,创新"互联网＋外贸"的线上新交易模式,与天猫国际、苏宁易购海外购等跨境电商平台企业合作,推动海内外商户入驻跨境电商平台项目;截至2016年1月,跨境电商进出口销售额近50亿元。外贸进出口贸易受国际市场疲软影响,在波动中保持相对稳定,转口贸易所占比重较小,保税仓储物流近两年呈上升趋势,尤其是"二线"进出区货物总值上升很大,国内区外企业对保税物流需求激增,如图5-3所示。2015年国际市场需求疲软、传统市场增长乏力是导致宁波保税物流区域进出口贸易额下降的主要原因。

③成为外向型优势加工业、高新技术制造业的先行区。到2015年底,

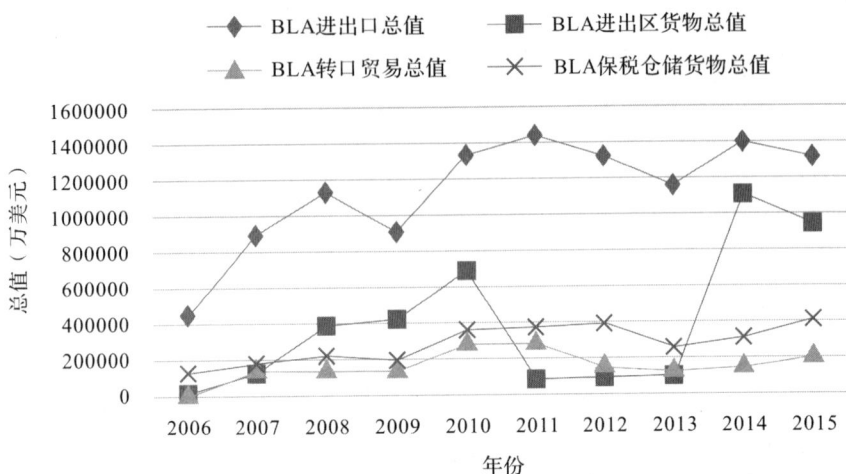

图 5-3   2006—2015 年宁波保税物流区域进出口贸易和保税仓储货值变化态势

资料来源:原始数据来源于宁波保税区(出口加工区)管委会统计数据。

保税区域吸引了工业企业 120 多家,85% 为外商投资企业;形成了集成电路、液晶光电、计算机三大主体工业产业集群,集成电路产业、计算机产业具有较为完整的配套产业链,成为宁波市和浙江省电子信息产业最集聚的区域之一。此外,区域还吸引了节能环保等高科技企业,及互联网金融信息等高端现代服务业企业入驻。区域内高新技术产业总产值达到 238 亿元,占同期工业总产值的 83%,高新技术产品出口总值约占宁波市的 41%,约占浙江省 13%,宁波保税区入围宁波市进出口、出口、进口前 200 强的企业数分别为 32 家、18 家、46 家。区内已形成相当规模的高新技术制造业集群,存在着具有创新能力的优秀企业和企业家群体。

(3)产业集聚效应带来经济增长效应

保税物流区域通过集聚主导产业、依存产业以及派生出系列新产业活动,促进区内经济高速增长,如图 5-4 和图 5-5 所示。宁波保税物流区域进出口过货值已成为浙江省保税物流过货值的主要构成部分。2006—2015,宁波保税物流区域生产总值由 72 亿元增长到 164 亿元,年均增长 6.5%;财政收入从 13.6 亿元增长到 38.9 亿元,年均增长 8.3%;2015 年市场交易总额 1 731 亿元,从业人员平均人数 40 540 人,上缴税收 24.46 亿元。国内生产总值、财政收入、海关税收等基本呈增长态势,除个别年份以及近年受国

图 5-4 2005—2014 年宁波与浙江省保税物流区域进出口过货值指标变化态势

资料来源:根据宁波保税区管委会统计数据、宁波市统计年鉴、浙江省统计年鉴整理而成。

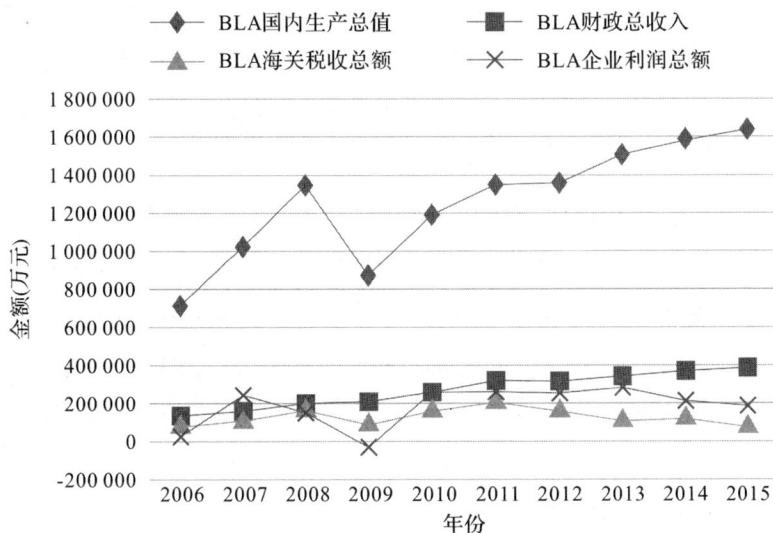

图 5-5 2006—2015 年宁波保税物流区域经济总量变化态势

资料来源:根据宁波保税区管委会统计数据、宁波市统计年鉴、浙江省统计年鉴整理而成。

内外经济不景气影响。2015 年宁波保税物流区域进出口总额 131.6 亿美元,已连续五年超百亿美元,在全国保税区保持前四位,开放型经济规模走在全国前列,为宁波市经济增长做出了贡献,成为浙江对外开放大通道重要功能区。

综上所述,保税物流区域的极化效应对城市经济空间结构具有重要影响,主要体现在促进了城市的出口加工、国际贸易、保税物流及相关产业等主导产业区内集聚,依存产业外向型优势制造业和高新技术制造业在区域集聚,新业态跨境电商和相关服务业等新兴产业在区内聚集等三个方面;保税物流区域产业通过经济传导机制促进了城市相关产业发展,对母城的商业、娱乐、旅游服务业、研发和信息产业等的发展也产生了深远的影响,并在很大程度上促进了母城"互联网＋国际贸易＋制造业＋国际物流"等产业新交易模式的发展、经济增长、财政和税收收入的增加。

5.4.2　腹地扩散效应

(1)扩散效应

增长极快速发展到一定阶段,会通过资本、技术、劳动力、创新人才和企业家才能等生产要素向周围和其他地区扩散,进而促进与带动周边地区产业发展、影响地区空间结构[①]。保税物流区域的扩散效应通过要素外溢而表现在进区企业与区外企业的经济"联系效应"上。

本研究将保税物流区域企业的经济"联系效应"按两种方式进行划分:一是根据区域主导产业选择的"产业关联度基准",将企业的经济联系效应划分为前向联系、后向联系和侧向联系[②];二是根据经济联系的空间范围,将区内企业经济联系效应分为本地联系和非本地联系。本地联系指保税物流区内企业与载体城市其他企业的联系,非本地联系指保税物流区内企业与市域外企业的联系[③]。本研究的研究重点是本地联系。

(2)保税物流区域不同发展阶段的扩散效应

在不同的发展阶段,保税物流区域的扩散效应存在着较大差异。从历史的沿革来看,我国保税物流发展的第一阶段,是 20 世纪 80 年代中后期至 90 年代中期,随着加工制造业贸易的发展,海关设立了进口保税仓和出口监管仓,先后批准设立了 15 个保税区。以外资企业为主,看重廉价的劳动力成本而转移常规技术的加工制造业到中国。这一时期保税物流区域对周围

---

①　施祖麟.区域经济发展:理论与实证[M].北京:社会科学文献出版社,2007:124.

②　艾伯特·赫希曼.经济发展战略[M].北京:经济科学出版社,1991:90.

③　郑国.经济技术开发区对城市经济空间结构的影响效应研究——以北京为例[J].经济问题探索,2006(8):50.

区域的扩散效应有限。第二阶段，是从2000年至今，随着加工贸易和外贸高速发展，保税物流进入快速发展期。这一阶段保税物流区域的扩散效应大大增强，通过区内主导产业和高科技产业群经济联系和技术、知识、管理水平外溢带动了区外企业的发展。

（3）产业关联带动的扩散效应

保税物流区域通过产业经济联系带动区外企业发展的扩散效应，以宁波保税区域液晶光电主导产业的代表性企业宁波群志光电有限公司的经济联系为例可以说明。

①在前向联系方面，分两类情形，一是保税物流和进口跨境电商企业，与本地和外地联系强，其服务和产品面向区内、外企业，有利于物流产业、进口跨境电商新产业的发展。如嘉里大通物流有限公司作为亚洲领先的第三方物流供应商，在区内设立仓储面积达18 000平方米的跨境电子商务物流中心，为30余家跨境电商企业提供涵盖进口清关、保税集货仓储管理及增值服务、订单处理、配送及代营运等物流服务。二是高新技术制造业，产品以销往国外为主，同时由于产品具有进口替代的重要作用而将产品销往国内企业，带动了外地联系企业加工制造业发展，如群志光电其产品销往惠普、戴尔、苹果等国际厂商，同时也销往国内TCL、长虹、海信、康佳等知名家电生产厂商。

②在后向联系方面，与区内及外地配套企业联系较强。群志光电的上游原材料基本由区内集团企业或配套企业提供。

③在侧向联系方面，中介、检验检测、金融保险和咨询等相关的生产型服务配套企业也在区内落户，与液晶面板和电子企业发生经济联系，带动了其他产业尤其是新兴服务业的发展。如图5-6所示。

这一阶段保税物流区域的扩散效应大大增强，对城市经济空间结构的影响主要体现在促进了高新技术制造业、以物流业为代表的新兴生产性配套服务业在区域集聚发展，从而对宁波市及临近地区的经济空间结构产生影响，见图5-7。

（4）经济联系空间范围的扩散效应

根据经济联系的空间范围，将区内企业的经济联系效应分为本地联系

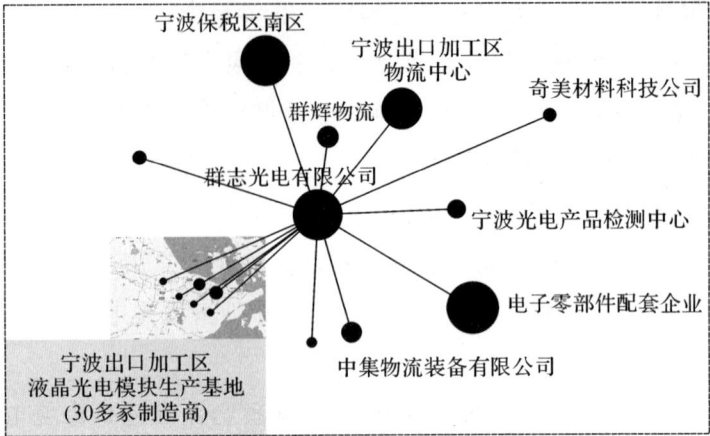

图 5-6　宁波群志光电有限公司的本地供应链

注:图中小圆点表示为群志提供材料或服务的一个企业,大圆点表示多个企业。

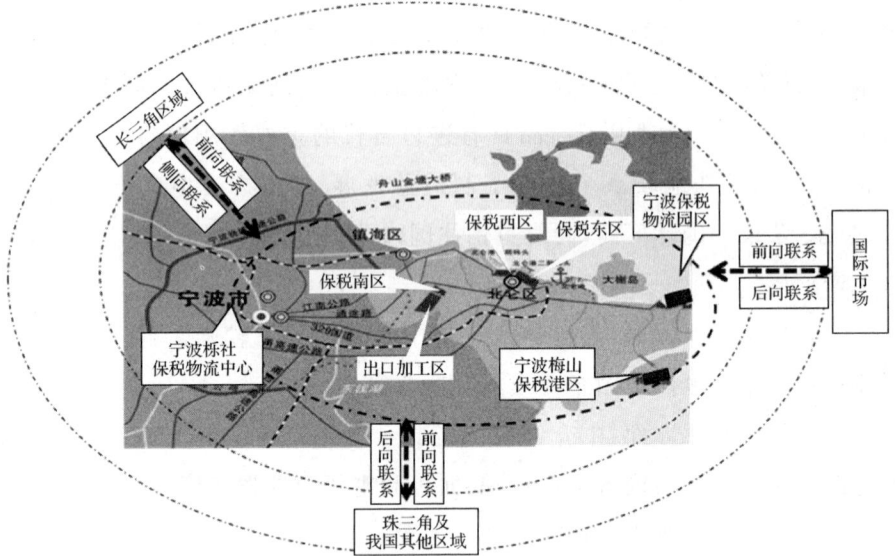

图 5-7　宁波保税物流区域经济空间联系

注:图中最内层虚线圆环表示宁波市域

和非本地联系。进出区外贸货物总量指标反映保税物流区域在报告期区内
"二线"外贸物流状况。保税物流区域项目周期一般以 25 年为标准计算年
限,从立项、投资到营运发挥效应的时间较长。宁波保税物流区域临近宁波

港区,宁波港是我国通往亚太地区的国际物流重要港口,外贸货物吞吐量自2008年以来呈稳步增长态势,如图5-8所示。2015年,宁波港货物吞吐量5.1亿吨,集装箱吞吐量1 982.4万标箱。宁波港全年新开以及恢复航线28条,现共拥有航线236条,其中远洋干线118条,近洋支线66条,内支线20条,内贸线32条。从宁波BLA进出区外贸货物总量与港区联动来看,自2001年至2015年,宁波保税物流区域进出区货物总量稳定发展,但占宁波港外贸货物吞吐量的比重还较小,说明宁波保税物流区域需要快速进行优化整合升级,加大保税政策以及港区联动力度,以提升其效能。

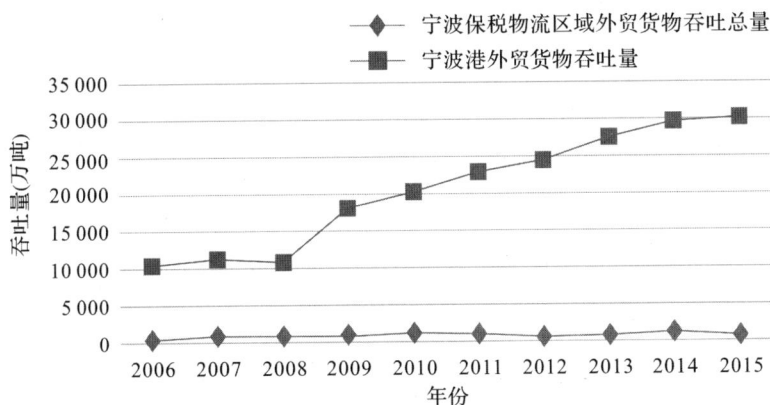

图5-8 2001—2015年宁波保税物流区域外贸货物吞吐量与宁波港外贸货物吞吐量变化态势

资料来源:根据宁波保税区(出口加工区)经发局综合科统计信息,宁波市统计年鉴、浙江省统计年鉴整理。数据包含宁波保税区、宁波和慈溪出口加工区、宁波保税港区、宁波栎社保税物流中心。

5.4.3 产业结构优化效应

保税物流区域对载体城市和腹地具有很强的产业联动效应和辐射功能,是区域产业结构优化的增长极。保税物流对载体城市经济增长的贡献,主要包括区内关检服务便捷高效、税收与物流费用节省、金融配套服务完善等降低交易费用,促进外贸便利化,促进先进制造业、与国际物流服务相关的第三产业在保税区域和载体城市集聚发展;保税物流区内通过要素流动,产业梯度转移,将经济增长动力传导到腹地区域,推动区域经济增长和产业结构转型升级。载体城市和腹地则为保税区域提供了基础设施、货源、资本、技术、信息、物流需求及各种服务等,带动了保税区域的共生繁荣,如图5-9所示。

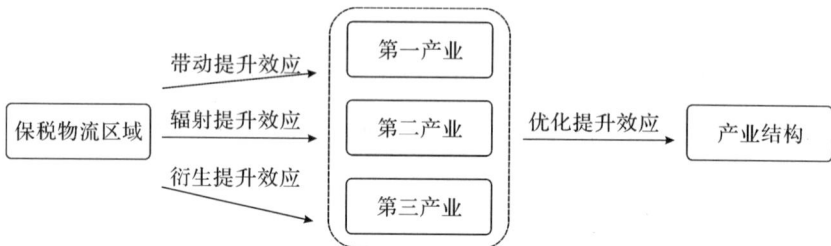

图 5-9 保税物流区域对载体城市产业结构优化作用

(1)保税物流区域对地区第一产业的带动提升作用

保税物流区域发展能促进农产品进、出口贸易的发展,带动区域农业升级发展。主要表现在:一是国内外农产品市场竞争加剧,将促使提升农产品质量、增加单位农产品附加值;二是农产品出口需要跨越贸易国绿色和技术壁垒,必然促使区域注重农产品技术标准符合贸易国标准和国际标准,优化符合国内外农产品市场所需的品种;三是调整和升级农林牧副渔业结构,使农产品向多元化、高附加值发展。保税物流的发展,对区域第一产业层次提升具有较强的带动提升作用。

(2)保税物流区域对地区第二产业的辐射提升作用

保税物流特殊监管区域有效衔接国内外市场需求,保税政策和便利化的物流服务、贸易服务等能吸引关联产业,如临港工业、先进制造业、战略性新兴产业落户产业园区,形成新兴产业布局,通过技术要素传导辐射扩散到载体城市、腹地区域,从而助推第二产业优化升级。首先,保税物流区域的特定区域优惠政策和配套服务功能,能汇集物流、信息流、资金流、人才流,有利于吸引一大批拥有创新能力、自主知识产权和知名品牌的优势出口加工制造企业入驻;其次,可以促进制造业产业分工和产业链整合,使得信息管理、研发设计、加工制造、国际营销、仓储物流等环节在价值上实现增值,促进先进制造业、新兴产业发展和产业层次不断提升,为区域产业结构转型升级创造条件;第三,保税物流主导产业的技术创新、信息服务创新、金融资本创新、贸易模式创新等,能传导扩散到腹地区域,促进腹地先进制造业、新兴产业的发展,形成规模经济效益和集聚经济效益,使保税区域、腹地第二产业结构不断优化升级。

(3)保税物流区域对地区第三产业的衍生提升作用

首先,保税物流属于第三产业,保税物流特殊监管区域的发展,能集聚发展保税物流服务业(推进型产业),如港口装卸、国际运输业、保税仓储、中转储运、物流配送、国际贸易、国际采购、转口贸易等的发展,衍生相关服务业迅速发展,如金融、保险、信息服务、电子商务、咨询服务等高端服务业,助推形成保税物流主导产业和有创新能力的优势企业,形成佩鲁所称"磁场极"的多功能经济活动中心即增长极。其次,形成一大批特色鲜明的大宗商品交易市场。第三,助推提升与保税区域及载体城市相配套的现代服务业发展,如商贸流通、商务办公、文化创意、生活起居、餐饮、休闲旅游、信息咨询、法律和财务中介等城市服务业,形成现代服务业相关产业链条和集聚区,构成广阔的经济辐射面,多方面带动腹地城市产业发展与产业结构优化。

可见,保税物流特殊监管区域通过优先发展、有效集聚和促进保税物流主导产业的发展,以其吸引效应和扩散效应推动载体城市和其他腹地区域相关联的第一、二、三产业的发展,持续提高服务业的比重,优化产业结构,形成新的经济区域和经济网络。

5.4.4　制度创新效应

制度一般指以规则或运作模式,规范个体行动的一种社会制约。诺斯认为,"制度是一个社会的游戏规则,是为人们的相互关系而人为设定的一些制约"[①]。制度变迁的过程实质是制度创新的过程,即指经济的组织形式或管理方式的变革。制度创新是经济增长的原因。保税物流特殊功能区域经济政策是国家为促进区域经济发展而制定的,针对特定经济地区,涉及国土、海关、关税、检验检疫、外汇管制、财政、金融、劳动等一系列区域对外开放

---

① 　诺斯.经济史中的结构与变迁[M].上海:上海人民出版社,1994:225-226.

的经济倾斜政策,并制定合适的产业发展规划,引导企业做出正确的决策。

我国的保税物流区域开放型经济的发展,需要系统性的制度创新,并制定适应保税物流海关特殊监管区域发展的经济政策。创新主要涉及三个层面的经济政策:一是国际和地区之间有利于自由贸易往来的国家经济发展政策,如海关管理、关税、检验检疫、外汇管制等政策;二是国家层面指导性的涉及区域发展规划、产业布局与发展、投资金融、财政税收、关检、国土、科技、劳动等方面的支持鼓励政策;三是地方政府的引导鼓励政策,包括区域的海关与检验检疫政策与管理模式、财政政策、产业与投资政策、金融支持政策、外汇管理政策、转移支付政策、人力资源支持政策等等。保税物流特定经济地区的制度、管理模式创新的制度变迁效应,将对区内、周围腹地区域乃至全国产生深刻的影响。

关于保税物流区域增长极的经济效应,许多学者都倾向认为增长极具有正负效应。正效应为"涓滴效应",保税区域通过在周边地区增加关联产业投资提升其劳动生产率;负效应为"极化效应",保税区域会吸引周边地区的生产要素,从而扩大区内外的差距。此外,发达地区和不发达地区因发展条件和经济结构不同,扩散效应和示范效应的实际发挥程度不同。在经济发达地区引入增长极,区域乘数效应和示范效应较大;经济不发达地区增长极开发效应较小,需要构建产业联系与空间联系体系①。因此,政府应通过有效的区域规划配置增长极,通过其推进型产业的机制,提升海关特殊监管区域的功能,完善区域开放政策和监管模式,来促进周围区域经济的发展。

经过对保税物流区域经济增长极作用机理和效应的研究,得出以下结论。

(1)保税物流区域在主导产业和依存产业活动刺激下形成开放型城市经济持续增长的机制。保税物流区域通过其特殊监管区域的功能导向,集聚以出口加工、国际贸易、保税物流为核心的主导产业,以及相关联的外向型和高新技术制造业及相关服务业。主导产业群的规模发展,会派生出一系列新产业活动,一方面,通过投资活动推动外向型主导产业群在载体城市

---

① 陈自芳.区域经济学新论[M].北京:中国财政经济出版社,2011:343.

的发展与繁荣,通过产业关联效应,使保税物流区域的利益扩大到其他产业;另一方面,新派生的需求又会推动城市的其他产业及众多非相关产业的发展。

(2)保税物流区域增长极对周边地区及城市的影响效应随不同的发展阶段而动态演化。在保税物流发展的初级阶段,主要表现为极化效应,集中体现在促进经济增长与产业带动效应上;更深层次的功能,是高度开放政策导向,迅速流入的资本、便利化通关运作机制、较为完善的软硬件环境,保税物流、出口加工和国际贸易主体产业,是区域经济的主要增长源。之后受区内土地资源的约束,投资将持续下降,极化效应削弱。随着区内企业数量增加,区域与城市的前向、后向和侧向的经济联系的扩散效应加强,到一定时间点,扩散效应会大于极化效应而成为对周边地区影响的主导效应,保税物流就起到带动载体城市及比邻地区经济发展的最大贡献作用,而不仅限于区内利益最大化。保税物流区域对城市经济空间结构的总体影响效应是极化效应和扩散效应的总和,其随着保税物流区域要素投入的增加而加强,之后随着土地开发资源的减少其总体影响效应逐步下降。

(3)宁波保税物流区域外贸进出口贸易中以进出口总值为主,进出区货物总值和转口贸易所占的比重较小,这说明保税物流区域的保税物流功能、转口贸易功能有待加强。

(4)保税物流区域带来载体城市及地区经济空间产业集聚、贸易便利化、物流运行绩效提升、经济增长方式转变、制度创新等,这些影响一部分是货币化可直接量化的,另一部分是非货币化、累积的潜在影响,可能是发展趋势,需要长时间才可以显示出来。

5.5　本章小结

本章从理论上对保税物流区域经济增长极的极化和扩散的机理,包括对形成途径,传导机制、途径和方式等进行了解析,并分析了保税物流区域对腹地的经济效应。

6 保税物流区域发展对腹地经济增长影响的模型构建

　　我国保税物流特殊监管区域由初创到发展,经过 26 年的发展,形成了 6 种模式 127 个独立园区构成的海关特殊监管区域集群,其主要功能包括出口加工、保税物流、国际贸易、口岸和其他功能,是我国发展保税国际物流、推进加工贸易转型升级、服务贸易便利化的特殊功能区。由于我国保税物流区域发展才 20 多年,全国保税物流区域的发展并不平衡,在地方经济中的定位也有所区别。我国海关、统计部门、外汇管理局及各省市商务部门还没有建立起口径统一的保税物流的统计指标体系,各地各类型的保税物流区域发展的统计工作、绩效评价工作基础较弱,存在摸不清家底、评价标准不一等问题。随着我国经济转型升级发展,一方面,地区经济发展对保税物流区域的物流功能与服务效率要求不断提高;另一方面,近年来对保税物流区域的投资产出效益匹配性要求更高,对完善功能政策促进区内可持续发展的诉求日渐增多。国务院 2015 年 8 月关于加快海关特殊监管区域整合优化方案中,提出创新特殊区域绩效评估体系,引导区域向质的提升转变,向更高功能的综合保税区优化升级发展,各省市保税物流区域正面临整合优化关键时期。

　　如何建立合理的保税物流区域发展绩效评价指标体系,并评估测度其对母城和直接省域腹地经济增长的影响作用,这是本章研究重点。本章以浙江省为例,基于保税物流区域主体功能,构建具有代表性的保税物流区域发展绩效评价指标体系,建立 VAR 计量模型,为下一章实证研究保税物流区域群发展对母城和直接腹地经济增长贡献的测度模型奠定基础,以评价指标体系引导保税物流区域的优质发展。

6.1 保税物流区域发展绩效评价指标体系构建

6.1.1 评价指标体系构建的目的

保税物流区域经济增长极的设立与发展,是国家外向型经济发展战略与地区区位、资源、政治、经济基础等多种因素共同作用的结果,曾经对促进我国开放型经济发展、加工贸易转型、国际贸易发展和区域经济增长等做出了积极贡献。当前,深化改革开放对保税物流区域整合优化、向综合保税区升级发展,提高发展质量和效益,发挥要素集聚和辐射带动作用,推进加工贸易向中西部转移,更好地服务外向型经济和促进区域经济协调发展提出了更高要求。如何评价已有的保税物流特殊监管区域发展水平、各地如何做好统计工作,在保税物流区域经济增长极设立与发展过程中应采取哪些对策和措施,都是保税物流经济增长极的理论和实践中必须解决的重大课题。目前,我国海关、外管、商务、统计等职能部门以及各省、市的保税物流区域尚无统一的发展水平统计评价指标体系,现有各区域的统计指标不一致和统计数据不完整。因此,设置一套科学合理的保税物流区域发展水平的评价指标体系,运用科学的评价方法对保税物流区域进行评价,为管理决策和整合优化提供服务,无论在保税物流经济增长极的理论研究方面,还是在其形成和发展实践方面,都有极其重要的意义。

建立保税物流区域经济增长极的评价指标体系有两个目的:一是评价并分析一个地区是否具备成为保税物流区域经济增长极的条件和可能性,为培育、设置和发展保税物流区域提供理论依据;二是评价并分析某个保税物流特殊区域对腹地外向型经济的发展和辐射作用,引导其更好地发挥保税仓储物流、国际贸易、出口加工等主体功能,发挥统筹国际国内两个市场、两种资源的特殊功能,以及为区域开放型经济宏观规划与管理提供决策参考。

6.1.2　评价指标体系设置的原则

保税物流区域经济增长极是以保税物流、国际贸易、保税加工为推进型产业的产业综合体,是省市区域外向型经济的增长中心。对保税物流区域经济增长极发展水平的评价,应能准确反映其功能特征与工作全貌,既要反映出其在国际产业转移承接、保税仓储物流和对外贸易发展过程中要素聚集的极化作用,又要反映出其在区域开放型经济发展过程中的扩散作用。目前,学术界对保税物流特殊监管区域发展水平的评价尚在研究中。在评价指标体系的设计上,可参考借鉴国内外学者已有的理论研究基础,以及我国海关、沿海保税物流区域发展先行区的实践经验,着重评价特殊监管区域形成与发展过程中的功能特殊性、经济开放性和在区域经济发展中的高带动性。在保税物流区域发展水平评价指标体系的设计中应遵循以下几个基本原则。

(1)科学性原则。对保税物流区域增长极的评价指标体系设计,需体现科学性原则,既要客观反映其发展的现实状况和本质特征,又要具有一定的前瞻性,反映其发展趋势。保税物流区域经济增长极最大特点在于其主体功能特殊性和经济外向性。发展水平评价指标体系的设计,既要有对外向型经济产出的评价,又要有对特殊功能区域要素投入的评价;既要反映区内经济发展状况,又要反映其对区域经济发展的作用;既要有对当前的发展状况的评价,又要有反映其可持续发展的指标。尤其针对我国海关、外管、商务、统计等职能部门以及各省、市的保税物流区域尚无统一的发展水平评价指标体系,现有各保税物流区域存在统计指标不一致、统计工作滞后等问题,以及保税物流区域面临向综合保税区转型升级的发展背景,尤其需要科学合理设计其统计和评价指标体系,既要立足我国各类保税物流区域发展的国情现状,又要具备一定的前瞻性,以评促进,引导发展,运用科学的指标体系对保税物流区域的统计工作、绩效评价工作及其可持续发展起到导向作用。因此,我国保税物流区域评价指标体系的设计应立足国情,适度前瞻,根据我国保税物流区域体系构成特点选择指标,抓住保税物流区域经济增长极的主要方面和本质特征进行评价,突出其重点功能指标,并力求准确评价。

（2）全面性原则。我国保税物流监管体系呈现多层次、多元化结构的特点，其保税物流主体功能包括保税仓储物流、出口加工、国际贸易、展示展销、口岸功能等。全面性要求描述概念的评价指标的选择和设置要有足够的涵盖概括面。尽可能反映我国各省现有的保税物流区域经济增长极形成和发展过程中的主要方面和功能本质特征，把握关键要素，突出重点指标，需尽可能用精确的指标全面而准确地反映评价内容。

（3）代表性原则。我国保税物流监管区域有多种类型，其增长极的评价涉及多方面，指标体系应选取代表性较强的典型指标，又要具有前瞻性。一方面，尽可能用最少的指标包含最多的信息反映保税物流区域的主体功能，避免入选重复、意义相近、关联性过强或具有导出关系的指标。信息重叠的指标，既冲淡了所要评价和反映的主题，也给实际收集可得信息和数据挖掘的操作带来了许多困难。另一方面，应具有前瞻性和导向性，在保税物流区域向综合保税区转型发展过程中，指标能引导区内企业提高发展质量。

（4）可操作性原则。我国保税物流区域真正发展才 20 多年的历史，其转型升级发展仍在探索之中。对保税物流区域经济增长极的评价，在理论上是一种探索，既要以理论分析为基础，又必须考虑统计实践的可操作性和现实统计数据资料的可取得性，并动态发展。可取得性和可操作性往往是指标体系研究中最大的制约因素。为使评价指标体系能够有效地运用于实际分析，构建指标体系时应力求所选指标概念明确，内容清晰，能实际计量或测算，以便进行定量分析。过于抽象的分析概念不能作为指标引入体系，现阶段无法实际测定的指标也暂时不予纳入。

6.1.3　评价指标体系的结构与说明

按照上述目标和原则，借鉴国内外已有的研究成果，设计基于保税物流区域主体功能的保税物流区域发展绩效评价指标体系，如表 6-1 所示。该评价指标体系设计分为三级，包括 8 个一级指标、19 个二级指标、39 个三级指标。

表 6-1 保税物流区域发展的绩效评价指标体系

一级指标	二级主要指标	三级指标
综合经济实力 A1	经济增长规模 B1	国内生产总值 GDP C1
	经济增长速度 B2	GDP 增长率 C2
	产业结构优化 B3	第二、三产业生产总值构成 C3
	产业经济实力 B4	工业总产值 C4
		企业利润总额 C5
		高新技术产业总产值 C6
基础设施能力 A2	基础设施投入 B5	固定资产投资额 C7
		区内保税仓储营业面积 C8
开放经济活力 A3	招商引资规模 B6	现有企业总数 C9
		其中:外资企业 C10
		新注册企业数 C11
		其中:内资企业 C12
		其中:外资企业 C13
		实际利用外资额 C14
	经济开放度 B7	外资依存度 C15
		外贸依存度 C16
国际贸易能力 A4	进出口贸易 B8	进出口总值 C17
		进出口总值增长率 C18
	贸易方式 B9	一般贸易进出口 C19
		加工贸易进出口 C20
		其他贸易进出口 C21
		转口贸易总值 C22
保税物流能力 A5	保税物流区域一线物流规模 B10	海关特殊监管区域物流货物 C23
	保税物流区域二线物流规模 B11	进出区货物总值 C24
	保税物流效益 B12	保税仓储企业营业收入 C25
		保税仓储企业利润总额 C26
保税加工能力 A6	保税加工 B13	保税加工货值 C27

一级指标	二级主要指标	三级指标
创新能力 A7	经费投入能力 B14	R&D 支出占 GDP 比重 C28
	人力投入能力 B15	技术人员人数 C29
	创新产出能力 B16	专利申请受理量 C30
		专利申请授权量 C31
		高新技术企业个数 C32
区域贡献力 A8	经济贡献 B17	财政总收入 C33
		海关税收总额 C34
	就业贡献 B18	从业人员数 B35
	环境保护 B19	单位 GDP 耗能量 C36
		废气排放达标率 C37
		废水排放达标率 C38
		固体废物处置利用率 C39

　　根据设计的保税物流区域经济效应评价指标体系,8 个一级指标包括:综合经济实力、基础设施能力、开放经济活力、国际贸易能力、保税物流能力、保税加工能力、创新能力和区域贡献力。

　　(1)综合经济实力。综合经济实力反映报告期内保税物流区域经济发展的总规模和总水平,其相关指标是评价保税物流区域经济增长极一个很重要的方面。主要以 GDP、GDP 增长率、第二三产业产值和工业经济实力等 6 个指标来衡量。国内生产总值(GDP),是保税物流区域所有常住单位报告期内按照市场价格计算的生产活动的最终成果,该项指标越大,保税物流区域的经济实力越强;GDP 增长率,指保税物流区域的报告期内"国内生产总值—基期国内生产总值/基期国内生产总值",反映保税物流区域的经济增长速度,指标越大,经济增长速度越快;第二、三产业生产总值构成用"第二产业增加值占 GDP 比重/第三产业增加值占 GDP 比重",按当年价格计算,反映保税物流区域的第二、三产业结构优化情况;工业总产值,指保税物流区域的工业企业报告期内生产的工业最终产品总值,包括企业的成品价值、对外加工费收入、半成品价值、产品期末期初差额价值，反映工业经济发展规模；企业利润总额，反映保税物流区域企业的盈利规模；高新技术产业总产值是高新技术企业报告期内生产的最终产品总值，反映保税物流区域的高新技术产业经济实力和可持续发展的能力。

（2）基础设施能力。反映保税物流区域的产业硬件设施建造、购入的投入状况。保税物流区域对基础设施的条件要求很高，投入很大，基础设施的改善可以极大地促进保税物流产业的发展，提高区内营运效率与服务水平。主要选择固定资产投资额和区内保税仓储营业面积来衡量，这两个指标越大，说明区内物流硬件设施基础好。

（3）开放经济活力。反映保税物流区域经济增长极对国际的开放程度。保税物流区域在经济全球化、信息化背景下，通过面向国际市场，充分利用国际资源，促进腹地区域经济开放程度。开放经济活力用经济开放度和招商引资规模来衡量。经济开放度是反映区域的经济开放程度的综合性指标，本研究主要借鉴杨少文、熊启泉（2014）基于 GDP 份额测量经济开放度的方法①。经济开放度主要由外贸依存度和外资依存度两个指标构成。本研究主要测度一地区的对外贸易依存程度和吸引境外资本流入的依存程度，即

外贸依存度＝（折算的进口总额＋折算的出口总额）/GDP×100％

外资依存度主要观测境外资本实际流入一地区对 GDP 的贡献。

外资依存度＝实际利用外资总额/GDP×100％

实际利用外资额包括报告期内保税物流区域对外借款、吸收外商直接投资及其他筹措的境外现汇、实物及专有技术等全部实缴金额。因此，经济开放度这一综合指标表现为外贸依存度和外资依存度之和，即

$$经济开放度＝\frac{折算的进出口总额＋实际利用外资额}{GDP}×100％$$

该项指标越大，反映开放度越高。招商引资规模代表区内增长极对内外资企业和国际资本的吸引能力，用现有和新增企业数（含外资企业）和实

---

① 杨少文，熊启泉.1994—2011 年的中国经济开放度——基于 GDP 份额法的测算[J].国际贸易问题，2014(3):13-24.

际利用国内、国外资本额衡量。

(4)国际贸易能力。作为反映保税物流区域国际贸易功能的指标,用进出口总额、进出口总额增长率来反映外贸发展规模及其发展速度,其中,保税物流区域的进出口总额作为衡量其对外贸易功能的发展指标,是指保税物流区域的进出境贸易,主要包括一般贸易进出口、加工贸易进出口、转口贸易及其他贸易进出口。其中,转口贸易总值指境外货物入区不通过加工制造再销往境外的货值,或直接由生产国运往消费国,由区内企业分别同生产国和消费国发生的贸易值。进出口总额增长率,指"报告期保税物流区域的进出口增加值/基期进出口总值×100%",衡量报告期外贸进出口发展速度。

(5)保税物流能力。作为反映海关特殊区域保税物流功能及其发展规模的指标,用海关特殊监管区域物流货物、进出区货物总值、保税仓储企业利润总额来衡量。海关特殊监管区域物流货物(logistics goods of customs special controlling area),作为衡量保税监管区域保税物流的代表性指标,指从境外存入保税区的仓储、转口货物,和从保税区运出境的仓储、转口货物,不包含从境外存入非保税区和从非保税区运出境的仓储、转口货物,该指标反映保税物流区域进出境货物流动的货币规模。进出区货物总值,指从国内存入保税物流区域和从保税物流区域运出的实际货物总金额,反映了报告期内保税物流区域进出区货物流动的货币规模和水平。目前,区内外企业存在进出区货物流动的业务需求,这个指标将受到各保税物流区域的重视。保税物流企业的保税仓储企业利润总额反映保税物流企业的经济效益。

(6)保税加工能力。用保税加工货值来衡量保税物流区域的外贸加工功能,包括区内生产加工企业的来料加工装配货值和进料加工货值,以及对外加工费收入。

(7)创新能力。用R&D支出占GDP比重反映保税物流区域对高新技术经费投入能力,用技术人员人数反映对技术人员的人力投入能力,用专利申请受理量、专利申请授权量、高新技术企业个数反映保税物流区域的创新产出能力。

（8）区域贡献力，是保税物流区域经济增长极对腹地和社会的经济绩效和社会绩效贡献的大小，包括经济贡献、就业贡献和环境保护。具体用财政总收入、海关税收总额反映其经济贡献；用企业从业人员数反映其就业贡献，保税物流区域作为经济增长极能吸纳大量劳动力，有利于充分就业；用单位 GDP 耗能量、废气排放达标率、废水排放达标率、固体废物处置利用率进行其环境保护评价，有利于实施可持续发展战略。

为保证评价结果的客观性，评价指标数据来源宜选用正式统计出版物、相关部门和行业的权威出版物。可以针对所研究对象与问题，根据数据的可得性进行实证研究。

6.2   保税物流区域发展对腹地经济增长影响的模型构建

6.2.1   分析方法

根据增长极理论，基于保税物流区域出口加工、保税物流、国际贸易主体功能发挥，建立宁波保税物流区域对腹地经济增长的互动关系概念模型。如图 6-1 所示为保税物流区域主体功能发挥与腹地经济增长关系分析的基础框架。

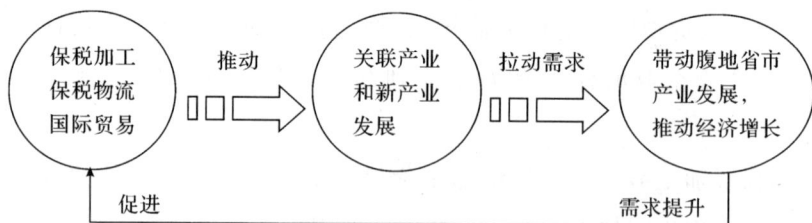

图 6-1   保税物流区域主体功能发挥与腹地经济增长机制概念模型

本研究运用回归分析法，建立向量自回归 VAR 模型，就保税物流区域对腹地省市经济增长影响之间的关联性及其变动关系进行实证研究。首先对所选指标的平稳性进行 ADF 单位根检验，以确定变量是否具有同阶单整性；在变量存在同阶单整的前提下，运用 Johansen 协整检验法对指标序列进行协整,可以确定变量之间是否存在长期稳定关系,以及对应变量对因变量的影响程度;建立 VAR 模型,通过脉冲响应分析可以衡量在误差项下加一个标准差大小的冲击对内生变量的当期值和未来值产生的影响。最后进一步运用方差分解分析每一个结构冲击对模型内生变量的相对重要性,用方差贡献度表示。

6.2.2 VAR 模型构建

(1)VAR 模型

向量自回归模型(vector autoregression,VAR)由克里斯托弗·西姆斯(Christopher Sims)在 1980 年提出,是一种多变量的数据分析方法。该模型不再用单变量时间序列对其他变量进行预测,而是把每一个内生变量作为系统中全部内生变量的滞后值的函数来构造模型[①]。由于不需预先假定各个经济变量之间存在着理论上的经济关系,近年来,VAR 模型成为估计全部内生变量经济指标的动态关系并进行预测的最广泛应用的主流模型之一。设 Y_t 为因变量,受到自身变化的影响,滞后 k 期其规律可由向量自回归模型表达式体现,即

$$Y_t = \alpha + \beta_1 Y_{t-1} + \beta_2 Y_{t-2} + \cdots + \beta_i Y_{t-k} + \mu_t \tag{6-1}$$

其中,Y_t 为 n 维内生变量向量;

α 为常数项,$\beta_1,\beta_2,\cdots,\beta_i$ 为各变量的待估系数;

Y_{t-i} 是 Y_t 向量的 i 阶滞后变量,$i=1,2,3,\cdots,n,n$ 为所含变量个数;

k 是最大滞后阶数;

μ_t 为随机扰动项。

本研究中,为测度基于保税物流区域主体功能的三大指标对母城与腹地经济增长的贡献,采用向量自回归分析法。假如有四个时间序列变量

---

① Sims,C. A. Vector Autoregressions[J]. Journal of Business & Economic Statistics. 1980(4):433-449.

$Y_{1t}, Y_{2t}, Y_{3t}, Y_{4t}$,分别为四个回归方程的被解释变量,解释变量为这四个变量的 k 阶滞后值,以下联立方程(6-2)式,构成 VAR 模型,即

$$\begin{cases} Y_{1t} = a_1 + \beta_{11}Y_{t-1} + \beta_{12}Y_{t-2} + \cdots + \beta_{1i}Y_{t-k} + \mu_{1t} \\ Y_{2t} = a_2 + \beta_{21}Y_{t-1} + \beta_{22}Y_{t-2} + \cdots + \beta_{2i}Y_{t-k} + \mu_{2t} \\ Y_{3t} = a_3 + \beta_{31}Y_{t-1} + \beta_{32}Y_{t-2} + \cdots + \beta_{3i}Y_{t-k} + \mu_{3t} \\ Y_{4t} = a_4 + \beta_{41}Y_{t-1} + \beta_{42}Y_{t-2} + \cdots + \beta_{4i}Y_{t-k} + \mu_{4t} \end{cases} \quad (6\text{-}2)$$

多元线性回归模型的 β 参数估计,同一元线性回归方程一样,在要求误差平方和为最小的前提下,用最小二乘法求解参数。在实际预测中可利用多元线性回归相关分析的 EViews 软件操作来实现。

VAR 模型中每个元素都是自相关,而随机误差项之间允许存在同期相关性,要求变量弱平衡,亦称为协方差平稳。$\boldsymbol{\mu}_t$ 不与解释变量相关。VAR 模型满足:

①$\boldsymbol{E}(\mu_t) = \boldsymbol{0}$,即误差项的均值为 0,所以方程给出的是 Y 的平均值。

②$\boldsymbol{E}(\mu_t, \mu'_t) = \boldsymbol{\Omega}$,即误差项的协方差为矩阵 $\boldsymbol{\Omega}$(一个 $N \times N$ 正定矩阵),每个自变量误差项的方差在每一时期都是常数。该假定确保每个观测值同等可靠,进而回归系数的估计是有效的,并且它们的假定检验不会有偏差[①]。

③$\boldsymbol{E}(\mu_t, \mu'_{t-k}) = \boldsymbol{0}$。误差项不存在自相关,在某一时期取值与它在任何其他期的取值不相关或没有联系。这确保 Y 的平均值只取决于内生变量的滞后项,而不取决于 μ_t,也是为得到对回归系数的有效估计,及对它们显著性的无偏差检验。

VAR 模型主要通过实际数据来确定经济系统的动态结构。在应用时需要注意[②]:

①先确定两个量,一是确定同一样本期间内所含内生变量个数 N,即把相互有关系的变量全部包括在模型中;二是确定自回归的最大滞后阶数 k,以反映出变量间相互影响的关系,并使得模型的随机误差项是白噪声。

②不存在识别问题和内生解释变量问题,每个内生变量都有一个结构

---

① 李子奈,叶阿忠.高级应用计量经济学[M].北京:清华大学出版社,2012:107－200.

② 周广肃等.Stata 统计分析与应用[M].北京:机械工业出版社,2015:220－249.

方程,每个方程可作为独立的方程进行估计,用最小二乘法估计系统的每一个简化式方程,获得具有一致性的参数估计。

采用 VAR 模型的前提是各时间序列变量必须是平稳的,然而经济研究中大多数时间序列是非平稳的。如果本研究中各时间序列变量是非平稳的,可采用向量误差修正模型(Vector Error Correction Model,VECM)。

向量误差修正模型中所有变量都是平稳的,可以使用 OLS,一般应用于具有协整关系的非平稳时间序列。对一阶差分后变为平稳的时间序列运用 Johansen 协整检验法对指标序列进行协整。然后应用脉冲响应函数衡量模型中一个变量对另一个变量的冲击做出响应。最后,可用方差分解将一个变量的响应分解到模型中的内生变量。

(2)指标选取与数据处理

本研究以宁波市保税物流区域发展为例,主要测度保税物流区域的保税物流、国际贸易及保税加工对腹地母城宁波市、腹地浙江省的经济增长的影响作用。选取保税物流区域的主要功能作用发挥的代表性经济指标,实证研究保税物流区域发展对母城和本省腹地经济增长的影响。

本研究选取腹地的经济变量为:地区生产总值 GDP 作为衡量宁波市(NGDP)、浙江省(ZGDP)经济增长的指标;浙江省第二、三产业生产总值构成 (ZES)作为衡量本省腹地第二、三产业结构变化的指标,浙江省港口外贸货物吞吐量(ZPT)作为衡量本省腹地港口国际物流发展的指标,浙江省经济开放度(ZEO)作为衡量浙江省在外贸、外资对外开放程度的指标。

本研究选取保税物流区域的保税加工货值(ClaPrt)作为衡量保税物流区域(符号 Cla)进出口加工业发展指标,保税物流区内的进出口总额 (ClaTIE)作为保税物流区域对外贸易发展指标,保税物流衡量指标选取有代表性的"海关特殊监管区域物流货物(ClaLgs)指标"。这三大指标代表保税物流区域的保税加工、国际贸易、保税物流三大功能的发挥程度,测量保税物流区域对腹地经济增长的贡献。

定量分析所需时间序列数据来源于保税物流区域和腹地的数据。数据在海关特定区域统计报表、海关信息网、保税物流区域管委会统计年报和腹地历年《统计年鉴》基础上经过整理得到。如果原始样本序列为非平稳时间序列,可对变量分别取自然对数进行数据处理,以消除样本可能存在的多重共线性。如果一阶单整时间序列的线性组合可能存在稳定性,即存在长期协整关系,可进一步对其进行协整检验。

(3)格兰杰因果性关系检验

VAR 模型揭示某变量的变化受其自身及其他变量过去行为的影响,可以用于变量间因果关系的检验[①]。在时间序列的经济计量中,如果 X 的变化先于 Y 的变化,那么我们可以排除是由 Y 引起 X。按照这一逻辑,如果 X 的过去值能决定 Y 的即期值,即如果由 Y_t 和 X_t 滞后值所决定的 Y_t 的条件分布与仅由 Y_t 滞后值所决定的条件分布相同,则称 Y_{t-1} 是 Y_t 的格兰杰原因,即

$$f(\,y_t\,|\,y_{t-1}\,,\cdots,\,x_{t-1}\,,\cdots)=f(\,y_t\,|\,y_{t-1}\,,\cdots)$$

x_t 对 y_t 是否存在因果关系的检验,可以通过检验 VAR 模型以 y_t 为被解释变量的方程中是否可以把 x_t 的全部滞后变量剔除掉而完成。VAR 模型中以 y_t 为被解释变量的方程表示为

$$Y_t=\sum_{i=1}^{m}\alpha_i X_{t-i}+\sum_{i=1}^{m}\beta_i Y_{t-i}+\mu_{1t} \tag{6-3}$$

检验 x_t 对 y_t 存在格兰杰非因果性的原假设为 $H_0:\alpha_1=\alpha_2=\cdots=\alpha_m=0$。

如果(6-3)式中的 x_t 的滞后变量的回归参数估计值全部不存在显著性,则上述假设不能被拒绝。换句话说,如果 x_t 的任何一个滞后变量的回归参数估计值存在显著性,则结论应是 x_t 对 y_t 存在格兰杰因果关系。以上检验可通过受约束的 F 检验完成,即

$$F=\frac{(RSS_R-RSS_U)/m}{RSS_U/(n-k)} \tag{6-4}$$

检验的原假设为

$$H_0:\alpha_1=\alpha_2=\cdots=\alpha_m=0$$

其中,零假设成立后的残差平方用 SSE_R 表示。SSE_U 表示不施加约束条件下的残差平方和。最大滞后期为 K。模型中所含当期变量个数为 N,样本容量为 T。在零假设成立条件下,F 统计量近似服从 $F_{(k,T-kN)}$ 分布。如果 F

①   李子奈,叶阿忠.高级应用计量经济学[M].北京:清华大学出版社,2012:107-157.

$> F_\alpha(m,n-k)$，且概率小于 0.05 时，表示拒绝"X 不是 Y 的格兰杰原因"的假设，即 X_t 对 Y_t 存在格兰杰因果关系。反之，则接受原假设，X 不是 Y 的格兰杰原因[①]。

值得注意的是，格兰杰因果关系检验对于滞后期长度的选择有时很敏感，不同的滞后期可能会得到完全不同的检验结果。一般首先以模型随机误差项不存在序列相关为标准选取滞后期，然后进行因果关系检验。

(4)*ADF* 平稳性检验

Engel 和 *Granger*（1987）提出，若多个时间序列是非平稳的，但它们之间的线性组合是平稳的，则序列之间存在协整关系。*VAR* 模型要求变量协方差平稳，为避免伪回归现象，需要在估计完模型之后，对序列平稳性进行单位根检验。本研究用 *Dickey-Fuller* 的 *ADF* 单位根检验，其零假设是没有单位根。作以下回归

$$\Delta Y_t = b_0 + \sum b_j \Delta Y_{t-j} + \beta_{t+\gamma} Y_{t-1} + \mu_t \tag{6-5}$$

回归含有足够的 ΔY_t 的滞后期，因而 μ_t 没有自相关。如果 F 检验有趋势，则 $H_0:\beta=\gamma=0$；如果 t 检验没有趋势，则 $H_0:\gamma=0$。如果接受零假设，则存在单位根，并在作回归前对数据进行差分；如果拒绝零假设，则数据是平稳的，不必差分即可使用[②]。

(5)协整系统检验

本研究采取 Johansen 和 Juselius 所提出的基于 VAR 的协整系统检验，在 Eviews 里面创建 VAR 系统并设定 VAR 模型来确定变量是否存在长期均衡关系。进行协整估计可得到协整方程，统计量在 5% 显著性水平都显著，括号内为 *t* 统计量值。

(6)脉冲响应函数

VAR 模型通过平稳性检验后，要分析一个变量对另一个变量的影响如何，往往用脉冲响应函数（Impulse Response Function，IRF）进行分析。它描述某个内生变量的随机误差项上加一个标准差大小的冲击后，对所有内生

---

① 李子奈,叶阿忠.高级应用计量经济学[M].北京:清华大学出版社,2012:107−157.

② ［美］多米尼克·萨尔瓦多,德里克·瑞杰.统计学与计量经济学[M].上海:复旦大学出版社,2008:279−296.

变量的当期值和未来值所产生的影响[①]

$$Y_t = \alpha + \beta_1 Y_{t-1} + \beta_2 Y_{t-2} + \cdots + \beta_i Y_{t-k} + \mu_t$$

其中,$\mu_t = \pi D(0, \Omega)$,误差项之间可同期相关,但不与滞后值及方程右边的变量相关。脉冲相应函数衡量当期 μ_t 一个标准差的冲击对 y_t 和所有内生变量的当期值和未来值所产生的影响。

对于每一个 VAR(k)模型可以表示为一个无限阶的向量 **MA**(∞)过程,可以通过友矩阵变换改写成一个 VAR(1)模型,即

$$y_t = \beta_1 y_{t-1} + \mu_t$$
$$L y_t = y_{t-1}$$
$$(I - \beta_1 L) y_t = \mu_t$$
$$y_t = (I - \beta_1 L - \cdots - \beta_1^i L)^{-1} \mu_t$$
$$= \mu_t + \beta_1 \mu_{t-1} + \beta_1^2 \mu_{t-2} + \cdots + \beta_1^i \mu_{t-q} + \cdots$$

这是一个无限阶的向量 **MA**(∞)过程。或写成

$$y_{t+q} = \mu_{t+q} + \beta_1 \mu_{t+q-1} + \beta_1^2 \mu_{t+q-2} + \cdots + \beta_1^i \mu_t + \cdots$$

全部的移动平均参数矩阵改用 $C_j (j = 1, 2, \cdots, s)$ 表示

$$y_{t+q} = \mu_{t+q} + C_1 \mu_{t+q-1} + C_2 \mu_{t+q-2} + \cdots + C_q \mu_t + \cdots \tag{6-6}$$

其中,$C_1 = \beta_1, C_2 = \beta_1^2, \cdots, C_q = \beta_1^i$,由(6-6)式有下式成立

$$C_q = \frac{\partial Y_{t+q}}{\partial \varepsilon_t}$$

$$c_{ij}^{(q)} = \frac{\partial Y_{i,t+q}}{\partial \varepsilon_{jt}} \tag{6-7}$$

脉冲响应函数(6-7)式:指在其他误差项任何时期不变的条件下,当第 j 个变量对应的误差项在 t 期受到一个单位的冲击后,对第 i 个内生变量在 $t+q$ 期造成的影响。

(7)方差分解分析

方差分解(variance decomposition)通过分析每一个变量的随机冲击对内生变量影响的相对重要性。用相对方差贡献率(relative variance contribution,RVC)来衡量。其模型如式(6-7),相对方差贡献率通过第 j 个

---

① 张晓峒.计量经济学基础[M].天津:南开大学出版社,2007:55-90.

变量基于正交化冲击的方差对 Y_i 方差的相对贡献度,测度第 j 个变量对第 i 个变量的影响[①]。

$$Y_{it} = \sum_{j=1}^{k} (\tilde{c}_{ij}^{(0)} \tilde{\varepsilon}_{jt} + \tilde{c}_{ij}^{(1)} \tilde{\varepsilon}_{jt-1} + \cdots + \tilde{c}_{ij}^{(q)} \tilde{\varepsilon}_{jt-q} + \cdots)$$

$$\mathrm{Var}(\tilde{\varepsilon}_{it}) = \tilde{\sigma}_i^2$$

$$\mathrm{Var}(Y_{it}) = \sum_{j=1}^{k} \tilde{\sigma}_j^2 \sum_{q=0}^{\infty} (\tilde{c}_{ij}^{(q)})^2$$

$$\mathrm{RVC}_{j \to i}(\infty) = \frac{\tilde{\sigma}_j^2 \sum_{q=0}^{\infty} (\tilde{c}_{ij}^{(q)})^2}{\mathrm{Var}(Y_{it})}, i,j = 1,2,\cdots,k \tag{6-8}$$

6.3 本章小结

本章基于保税物流区域主体功能发挥,按照科学性、全面性、代表性、可操作性的原则,设计保税物流区域发展绩效评价指标体系,包括 8 个一级指标、19 个二级指标、39 个三级指标。通过建立 VAR 向量自回归模型,以测度保税物流区域发展的相关变量指标对腹地经济增长的影响作用。

---

① 李子奈,叶阿忠. 高级应用计量经济学[M]. 北京:清华大学出版社,2012:107−157.

7 浙江保税物流区域发展对腹地经济增长影响实证分析

截至 2016 年 3 月,浙江省已有 5 种模式 8 个海关特定监管保税区域,其中,宁波市聚集了浙江省的 4 类 5 个保税物流区域,涵盖海陆空全部类型,集中了我国保税物流区域的功能类型和特点,其发展是我国保税物流区域发展的一个缩影。本章以浙江省及宁波市的保税物流区域为案例,实证分析保税物流区域对母城及本省腹地经济增长的影响。

7.1 浙江保税物流区域发展的现状

7.1.1 保税物流区域发展的空间比较

(1)保税物流区域已经成为地区经济增长极。以宁波保税区(含出口加工区、保税物流园区)为例,其面积 5.3 平方千米,占宁波市面积的 0.05%,其增长极功能培育和效益突出,反映在以下四个方面。

第一,经济发展对母城贡献的效益突出。据宁波海关统计,2015 年,宁波保税区(含出口加工区、保税物流园区)实现国内生产总值 163.92 亿元,占宁波市 GDP 比重为 2.0%;工业总产值 344.9 亿元,占比 8.8%;财政总收入 38.89 亿元,占比 1.9%,实现税收 9.1 亿元;实际利用外资 0.33 亿美元,占比 0.8%;大市外实际利用内资 7.1 亿元,同比增长 24.27%;新注册企业 946 家,占比 24.3%,其中外资企业 23 家,同比增长 64.29%;加工贸易进出口 41.12 亿美元,同比下降 12.16%;转口贸易总值 22.17 亿美元,同比增长 39.92%;海关监管区域保税物流 41.13 亿美元,同比增长 33.05%,保税物流、转口贸易功能大大增强;实现进出口总额 131.67 亿美元,为宁波市的 6.8%,成为宁波市的国际贸易大通道。如表 7-1 所示。

表 7-1　2015 年宁波保税区(出口加工区)经济效益

序号	经济效益指标	绝对值	同比增减率(%)	每平方千米值	占宁波市比重(%)
1	国内生产总值(亿元)	163.9	2.92	30.93	2.0
2	工业总产值(亿元)	344.9	−23.83	65.08	8.8
3	财政总收入(亿元)	38.9	3.06	7.34	1.9
4	税收(亿元)	9.1	−34.29	1.72	—
5	新注册企业(家)	946 家	48.70	—	24.3
	其中:外资企业	23 家	64.29		
6	大市外实际利用内资(亿元)	7.1	24.27	4.58	—
7	实际利用外资(亿美元)	0.33	−62.80	—	0.8
8	进出口总额(亿美元)	131.67	−5.75	24.84	6.8
9	加工贸易进出口额(亿美元)	41.12	−12.16	7.76	5.3
10	转口贸易总值(亿美元)	22.17	39.92	4.18	—
11	海关监管区域保税物流(亿美元)	41.13	33.05	7.76	—

资料来源:根据 2015 年宁波保税区(出口加工区)协会统计表整理而成。

第二,投资集聚度和企业入驻度高。自 1990 年到 2015 年底,宁波保税物流区域累计完成固定资产投资总额 231 亿元,每平方千米投资强度达 43.58 亿元,固定资产投资强度达到 3.44 亿元,为全市平均投资强度的 8.38 倍,浙江省平均投资强度的 12.84 倍;已有 4 698 家企业入区落户,其中外商投资企业 280 家,注册资金 1 100 亿元,实际利用外资 21.8 亿美元。

第三,集约化发展绩效良好,人均 GDP 高。2014 年,宁波保税物流区域的人均 GDP 分别是载体城市宁波市的 2.6 倍,本省腹地浙江省的 3.5 倍,全国的 5.6 倍。每平方千米实现生产总值 30.93 亿元、工业产值 65.08 亿元、外贸进出口 25.41 亿美元、财政收入 7.34 亿元。

第四,开放型经济发展集聚度高。2014 年区域固定资产投资同比增速为 18.7%,境外外资流入对 GDP 的贡献为 3.4%,分别高于宁波市 2.1%、0.1%,分别高于浙江省 2.1%、1.0%,分别高于全国 3%、2.8%;外贸依存度为 87.8%,加工制造业对 GDP 的贡献为 284.4%,保税物流对 GDP 的贡献为 119.2%,均比宁波市、浙江省和全国高出许多。如表 7-2 所示。

表 7-2　2014 年宁波保税物流区域经济效益与宁波市、浙江省、全国比较

指标	宁波 CLA	宁波市	浙江省	全国	备注
GDP 增长率(%)	5.37	7.6	7.6	7.8	
人均 GDP (万元/人)	255 529.0	99 210.6	73 312.8	45 978.9	
财政收入对 GDP 贡献率(%)	11.7	11.3	17.7	22.1	财政总收入/GDP
固定资产投资同比增速(%)	18.7	16.6	16.6	15.7	
境外外资流入对 GDP 的贡献率(%)	3.4	3.3	2.4	0.6	境外外资流入总额/GDP
外贸依存度(%)	87.8	84.6	54.3	41.7	进出口总额 / GDP
保税物流增加值对 GDP 的贡献率(%)	119.2	7.9	3.8	5.4	保税物流业增加值/GDP
制造业对 GDP 的贡献率(%)	284.4	45.9	47.7	42.9	工业总产值/GDP

资料来源:根据 2014 年海关特定地区统计表、和宁波、浙江省、中国的统计年鉴整理而成。

以上数据在一定程度上说明宁波保税物流区域的产业集聚度高,对资金的吸引力大,投资效果好,外向型经济发展水平高于其母城和本省腹地以及全国平均水平。

(2)保税物流区域进出口贸易占比不断增大,区域差距明显。2014 年,全国保税物流区域进出口额 6 945.58 亿美元,占全国进出口总额的 16.17%。2014 年,上海、广东、江苏、天津、山东等保税物流区域分别实现进出口总额 1 720.1 亿美元、1 285.77 亿美元、1 188.39 亿美元、343.85 亿美

元、279.67 亿美元,分别占全国保税物流区域进出口总额的 24.76%、18.51%、17.11%、4.95%、4.03%。2014 年浙江省保税物流区域实现进出口总额 156.33 亿美元,占全国保税物流区域进出口总额比重为 2.25%,与上海、广东、江苏前三个省市差距十分明显。如表 7-3 所示。

表 7-3 2014 年保税物流区域进出口总额前六名比较

区域	合计 (亿美元)	占比 (%)	保税区 (亿美元)	出口 加工区 (亿美元)	保税物流 园区 (亿美元)	保税 港区 (亿美元)	综合 保税区 (亿美元)	跨境 工业园区 (亿美元)
上海	1720.06	24.76	983.63	479.9	58.89	121.17	76.47	—
广东	1 285.77	18.51	939.94	152.84	81.93	108.2	—	2.86
江苏	1 188.39	17.11	40.49	121.91	—	46.06	979.93	
天津	343.85	4.95	144.61	3.36	7.99	164.3	23.59	
山东	279.67	4.03	52.21	197.36	—	20.33	9.77	
浙江	156.33	2.25	85.69	68.27		2.42	0.003 23	
全国	6 945.58	100	2 320.97	1 358.22	159.45	911.80	2 192.24	2.86

资料来源:根据 2014 年《海关特定地区进出口总值表(美元值)》统计整理而成。

(3)保税物流区域数量分布不均衡,浙江省数量相对较少。保税物流区域数量多少成为影响保税物流区域进出口发展状况的重要因素。浙江省各类保税物流区域数量相对较少、发展较迟,导致全省保税物流区域进出口总值规模偏小、占全国比重偏低。截止到 2016 年 3 月,占全国保税物流区域进出口总值 32%,与保税港区同处政策最优、功能最全、代表特殊监管区域层次升级发展方向的综合保税区,全国有 63 个,江苏省 6 个,浙江省 2 个;出口加工区,江苏省 12 个,上海 6 个,浙江省仅 4 个。浙江省保税物流区域发展数量与其经济大省和外贸大省地位不匹配。

(4)同类保税物流区域发展绩效差距比较。浙江省同类保税物流区域发展与发达地区比较,可以显示各地同类保税物流区域的绩效差距。

①保税区经济效益比较。从总体发展水平来看,宁波保税区居于全国前列,但与上海、天津相比差距较大。2014 年全国综合经济发展指标较好的保税区如表 7-4 所示。从区内 GDP 规模来看,上海外高桥、天津保税区远远

表7-4　2014年保税区综合经济指标前十名发展比较

保税区名称	GDP (亿元)	工业产值 (亿元)	进出口总额 (万美元)	固定资产 投资额 (亿元)	工商税收额 (亿元)	实际外资额 (万美元)
上海外高桥保税区	1 591	522	9 836 339	20	473	36 406
天津保税区	1 127	1 462	1 446 095	286	141	358 079
江苏张家港保税区	392	1 053	404 872	121	51	19 009
宁波保税区	163	453	1 398 992	15	14	8 863
深圳保税区	146	1 401	8 873 157	0	12	0
山东青岛保税区	123	39	522 134	4	16	16 046
厦门象屿保税区	63	20	462 265	2	9	3 517
大连大窑湾保税区	—	—	283 281	—	—	—
广州保税区	38	38	253 133	9	9	1 060
珠海保税区	33	105	218 314	10	10	4 553

资料来源:根据2015年海关特定地区统计表整理而成。

领先于其他保税区;从工业总产值来看,天津保税区、深圳保税区、江苏张家港保税区依次领先;从区内进出口总额来看,上海外高桥保税区、深圳保税区遥遥领先于其他保税区。宁波保税区的GDP、进出口总额、固定资产投资规模均位居全国第4位,工业总产值、实际利用外资、工商税收位居全国第5位。宁波保税区进出口额经过高速增长期,2013年开始出现回落。要提升其地位,需要整合优化提升层次以获得更快的增长。

②综合保税区进出口总额比较。综合保税区是保税物流区域升级发展的方向。全国共有63个综合保税区。2015年海关公布2014年有统计数据的25个综合保税区进出口额达到2 192.24亿美元,占全国保税物流区域进出口总额的32%。昆山综合保税区以519.96亿美元的进出口总额遥遥领先,其余进出口额100亿美元以上的综合保税区依次为新郑、成都高新、重庆西永、苏州工业园、苏州高新技术产业开发区、无锡高新区等综合保税区,如图7-1所示。

江苏省有6个综合保税区,浙江仅有舟山港综合保税区、嘉兴综合保税

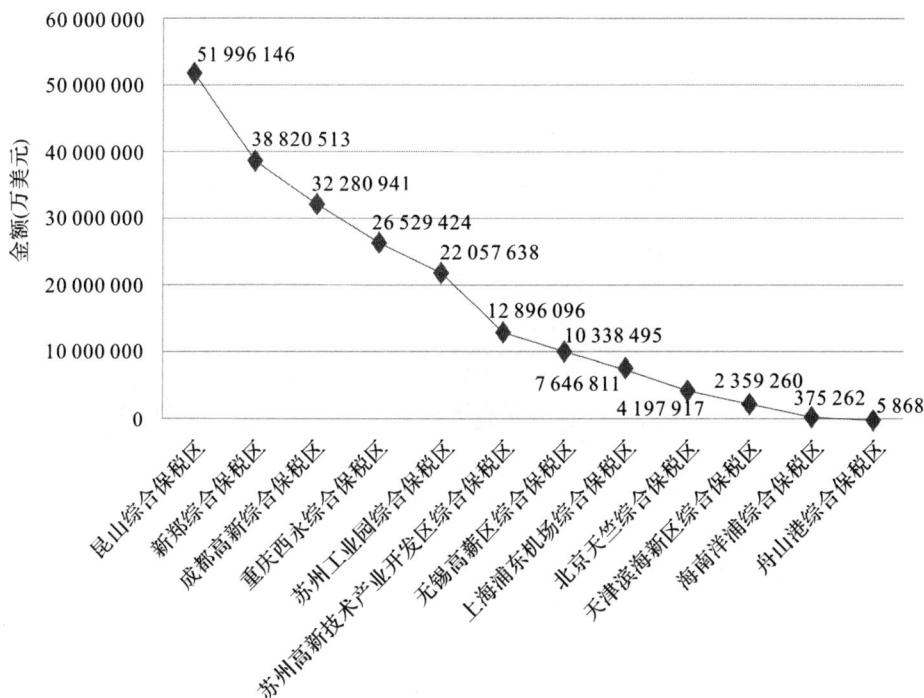

图 7-1　2014 年全国 25 个综合保税区进出口总额前十名比较

资料来源:根据 2015 年海关特定地区统计表整理而成。

区 2 个;舟山港综合保税区于 2012 年 12 月获批设立,2014 年进出口总额为 587 万美元;嘉兴综合保税区则由嘉兴出口加工区升级发展而来,2 个园区的发展还需一个过程。

③出口加工区业务发展比较。各出口加工区之间发展差距明显。2014 年,全国 48 个出口加工区进出口总额达 1 358.2 亿美元,占保税区域进出口总额的 19.6%。从个体园区发展状况看,2014 年,浙江省的 4 个出口加工区中,宁波、杭州、慈溪、嘉兴出口加工区进出口额分别以 43.38 亿美元、21.49 亿美元、1.73 亿美元、1.67 亿美元排在第 7 位、第 11 位、第 37 位、第 38 位。宁波、杭州出口加工区虽然在全国名列前茅,但与上海、山东、陕西、广东、江苏前五位省市相比,进出口总额差距仍然十分巨大,如图 7-2 所示。其中松江出口加工区以 354.97 亿美元的进出口额遥遥领先;山东烟台出口加工区名列第 2 位;陕西西安出口加工区名列第 3 位;广东深圳出口加工区名列第

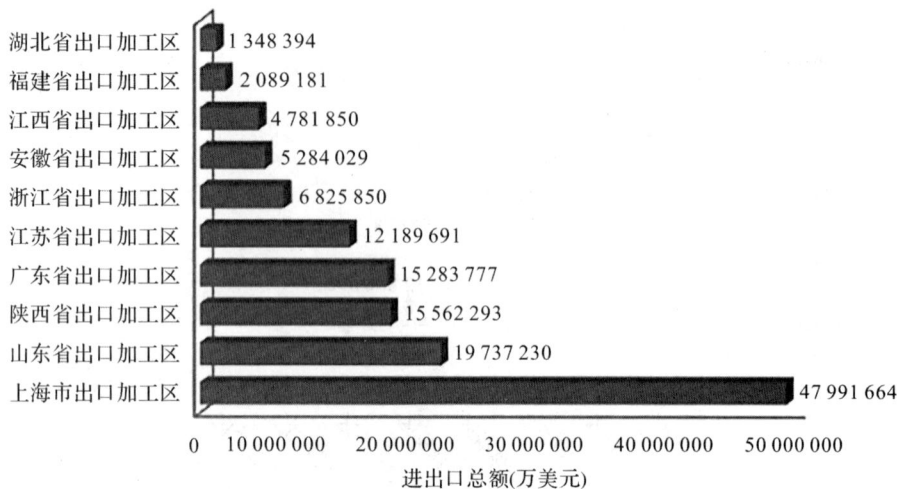

图 7-2   2014 年出口加工区进出口总额指标前十名比较

资料来源:根据 2015 年海关特定地区统计表整理而成。

4 位;漕河泾出口加工区名列第 5 位;宁波出口加工区进出口额名列第 7 名;江苏吴中出口加工区、南京出口加工区南区分别名列第 8 位、第 9 位。出口加工区在保税加工和保税物流业务结构优化方面,近年来重点发展仓储物流分拨配送业务,包括即加工贸易深加工结转(即进即出)业务、仓储企业物流配送业务、生产企业物流配送业务、跨境电子商务业务等,通过采取优化报关模式、便捷操作等措施,业务量呈现不断扩大趋势。

各省出口加工区设置布点不均衡。以出口加工区设置数量前十名比较,如图 7-3 所示。其中,经批准,江苏省设有 12 个,上海市设有 6 个,山东省设有 4 个,浙江省设有 4 个。作为经济和外贸大省,浙江省的出口加工区布点数与江苏省相差很大。

④保税港区进出口比较。2014 年全国保税港区进出口总值91 180 375 万美元,其中,13 个保税区发展差距十分显著。如图 7-4 所示。重庆两路寸滩保税港区进出口额达 367.2 亿美元;天津东疆、洋山保税港区以 100 多亿美元的进出口额居于前列;广州南沙、张家港、广西钦州、大连大窑湾、青岛前湾等保税港区比较接近。宁波梅山保税港区自 2008 年 2 月 24 日设立,2010 年 8 月 26 日开港试运行以来,进出口发展迅速,连年翻番,2014 年进出

出口加工区主要省市分布数(个)

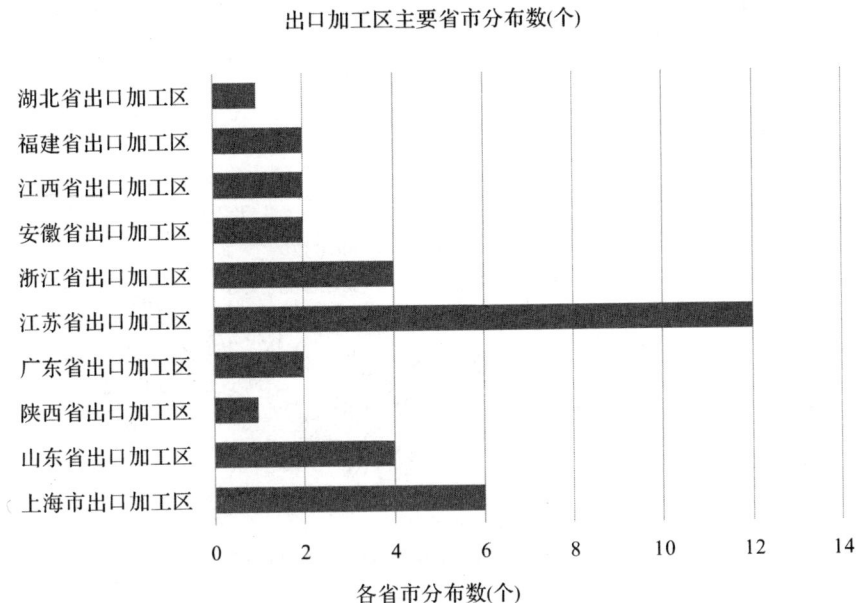

各省市分布数(个)

图 7-3　2014 年省市出口加工区设置数量前十名比较

口总额达 24.2 亿美元,由于是新设保税港区,依托梅山港区为新开发港区,与先进保税港区比较规模小。

7.1.2　保税物流区域发展的时间比较

保税物流区域的经济效益可以从时间发展过程进行动态效益分析。1995—2015 年,宁波市地区生产总值(NGDP)与宁波保税物流区域的保税加工进出口货值(BlaPrt)、进出口总额(BlaTIE)和海关特殊监管区域物流货物(BlaLgs)的发展趋势,如图 7-5 所示。其保税加工货值(BlaP)、保税仓储物流值(BlaLgs)和进出口总额(BlaTIE),从 2001 年开始快速增长,2009 年后受国内外市场需求疲软影响趋于下降,2014 年恢复上升。经过多年发展,宁波—舟山港已成为国际物流的枢纽港口,2015 年宁波舟山港货物吞吐量 8.89 亿吨,同比增长 1.7%,位居全球第 1 位;集装箱吞吐量 2062.7 万标箱,位居全球第 5,同比增长 6.1%。

①保税加工贸易总值。图 7-6 反映了 2003—2015 年宁波保税物流区域保税加工贸易总值与工业生产总值的变动趋势一致,2003—2007 年经过了

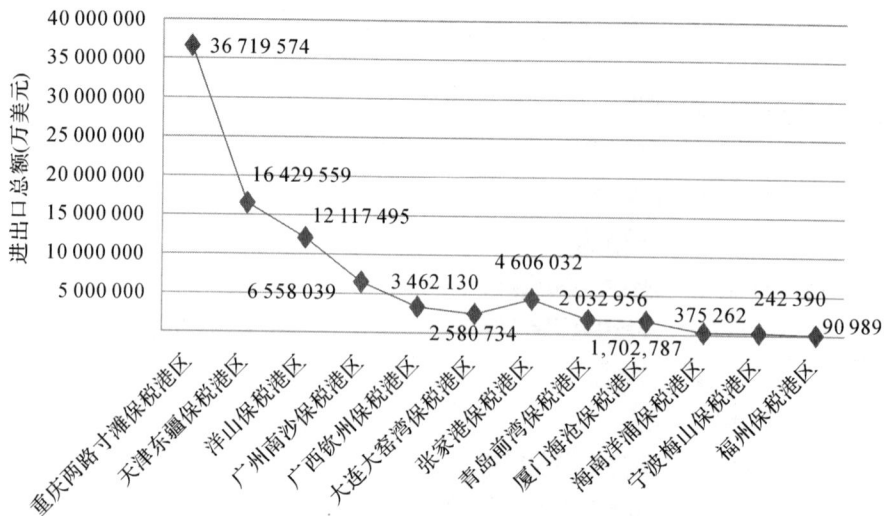

图 7-4　2014 年全国 13 个保税港区进出口总额比较

资料来源:根据 2015 年海关特定地区统计表整理而成。

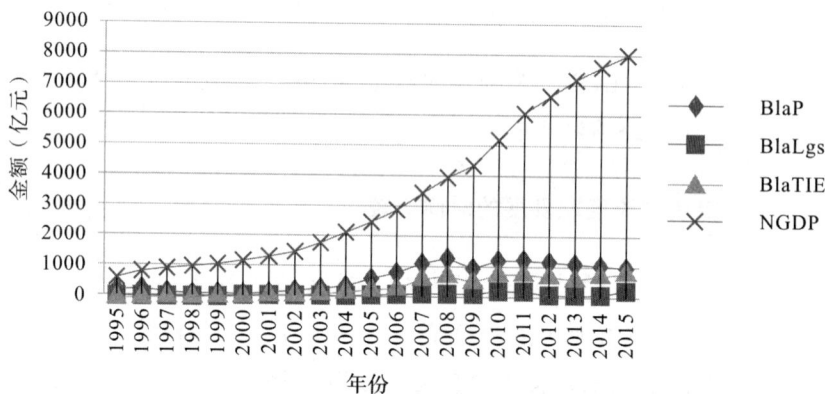

图 7-5　1995—2015 年宁波保税物流区域保税加工、保税物流和进出口值动态效益分析

资料来源:根据海关信息网 www. haiguan. info,1995—2015 年各海关特定地区保税物流过货值表整理,汇率按国家统计局颁布的年度平均汇率换算。

高速增长,2009 年金融危机期间有一低谷,2012 年以后受国内外经济不景气影响,保税加工贸易增长逐步下降。工业总产值是以货币表现的工业企业在报告期内生产的工业产品总量,由于中间产品本身也作为工业产品计入,工业总产值会大于以最终产品表现的国内生产总值。2015 年宁波市的保税物流区域加工贸易总值达到 923.2 亿元,占宁波市 GDP 的 11.52%;工业总产值达到 344.85 亿元,占宁波市的 13.39%。

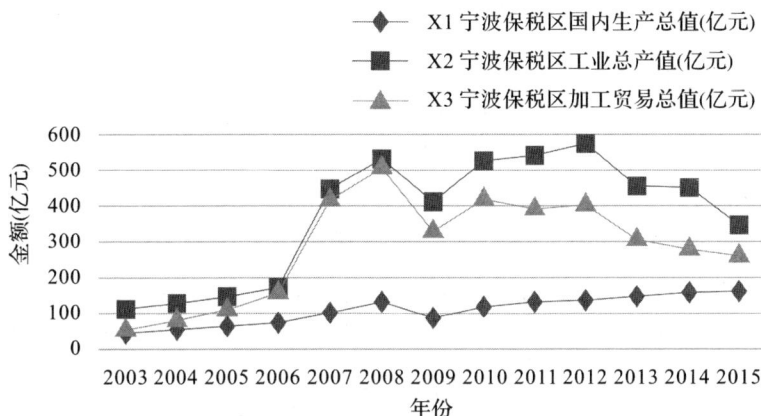

图 7-6　2003—2015 年宁波保税区保税加工贸易总值、工业生产总值变化态势

②海关特殊监管区域物流货物。如图 7-7 所示,除 2008 年由于受世界金融危机影响而下跌,宁波保税区域的保税物流货物总值逐年增长。2015年保税区域进出区货物总值达 615 亿元,占宁波市口岸进出口总额的4.9%;保税仓储货物总值达 267 亿元,其中进区货物占口岸进口的 9.3%,出区货物占口岸出口的 3.3%,目前宁波保税仓储物流以进口分拨配送、出口加工贸易的物流模式为主,转口货物的保税物流方式比重比较小。

③保税物流区域的进出口总额。如图 7-8 所示,宁波保税物流区域的对外贸易仍然以传统的一般贸易和加工贸易为主,进出口总值受经济波动影响,2009 年、2013 年出现低谷。2013 年以来一般贸易与进出口贸易总值在增长,2015 年,全区外贸进出口值达 854.95 亿元,约占宁波口岸的 7%;一般贸易占全区进出口贸易的 46.32%,加工贸易占比 31.23%;转口贸易比重较小,但呈现逐年上升趋势,区域性转口贸易以及高端制造和服务导引的贸易网络尚未形成。

④制度创新成效显著。如宁波保税区 1998 年经国务院批准探索区港联动试点;2004 年设立宁波保税物流园区连接保税区与港区,拓展保税物流功能;探索浙江省域、"长三角"区域大通关等改革试点,提高电子化通关管理效率,集中报关、报检、跨境贸易、人民币结算等贸易投资便利化改革试

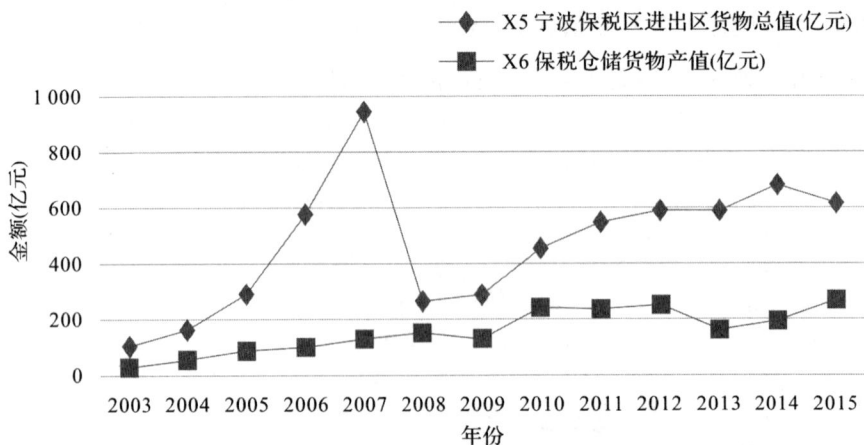

图 7-7　2003—2015 年宁波保税区保税物流货物变化态势图

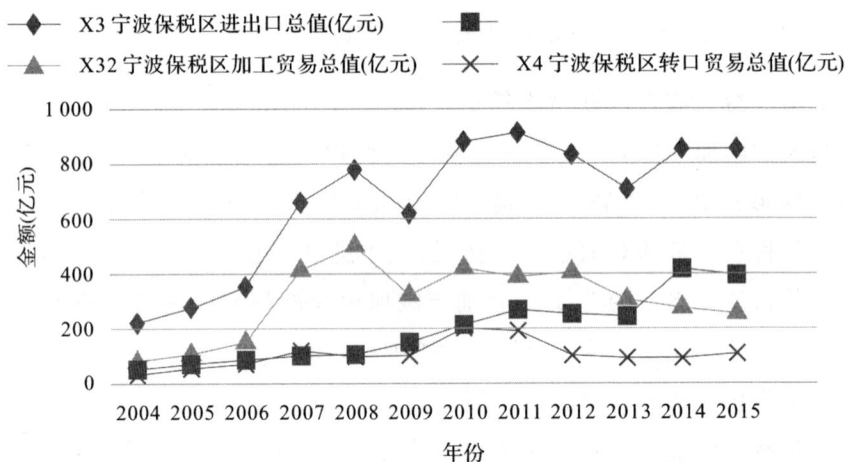

图 7-8　2004—2015 年宁波保税物流区域进出口总额变化态势

点,促进了外贸物流的发展;不断创新管理制度和机制,实施宁波保税区、出口加工区"两区合一"管理模式,宁波保税区管委会与检验检疫机构、海关合署办公,为区内企业的招商引资、资源整合、商务服务及运营提供全程免费服务,降低了行政成本,提高了管理效率;在信息化建设和统计管理工作方面,实现宁波保税区(出口加工区、保税物流园区)"三区合一"信息化系统管理、功能互补,成为国内功能体系最完善的保税物流区域之一。

7.2　保税物流区域发展对母城经济增长影响的实证分析

7.2.1　模型确定与指标选取

（1）模型确定

本研究以宁波保税物流区域为例，测度其对母城经济增长的影响，仍采用向量自回归模型（式 6-1 的 VAR 模型）建模并进行协整分析。

（2）指标选取

本研究根据保税物流区域经济增长极的保税物流、国际贸易、保税加工三大功能对宁波市经济增长的影响程度，选取有代表性的变量指标，测度保税区域三大变量指标对宁波市 GDP 经济增长的贡献。其中，保税物流区域的进出口总额（BlaTIE），是衡量保税物流区域的进出口贸易发展指标；海关特殊监管区域物流货物（BlaLgs），是衡量保税监管区域保税物流的代表性指标，指从境外存入保税区的仓储、转口货物，和从保税区运出境的仓储、转口货物，不包含从境外存入非保税区和从非保税区运出境的仓储、转口货物；保税物流区域的保税加工货值（BlaP），是衡量保税物流区域的外贸进出口加工发展指标，主要包括来料加工装配货值和进料加工货值。

选取宁波市地区生产总值（NGDP），作为衡量宁波市经济增长规模的指标。

7.2.2　数据来源与处理

定量分析所需时间序列变量数据来源于 1995—2015 年间《宁波统计年鉴》《中国海关统计年鉴》、海关信息网提供的海关特殊监管区域统计。GDP 数据用同比转成定基比，为剔除物价因素，通过国家统计局 1995—2015 年的 CPI 数据进行平减法整理得到。汇率按国家统计局颁布的年度平均汇率换算。如表 7-5 所示。

表 7-5　1995—2015 年宁波保税物流区域的主要指标

年份	BlaP(亿元)	BlaLgs(亿元)	BlaTIE (亿元)	NGDP(亿元)
1995	174.81	3.4	32.17	602.65
1996	183.51	1.87	34.8	784.07
1997	114.69	1.25	38.21	879.10
1998	62.53	1.83	32.87	952.79
1999	105.07	2.43	41.47	1 017.08
2000	59.04	13.17	62.42	1 144.57
2001	143.08	7.58	73.6	1 278.75
2002	181.56	11.33	101.59	1 453.34
2003	266.64	17.52	155.69	1 749.27
2004	358.75	36.5	216.13	2 109.45
2005	635.75	58.52	273.71	2 449.31
2006	788.33	78.61	358.84	2 874.44
2007	1 128.97	123.88	685.25	3 418.57
2008	1 268.04	106.17	788.65	3 946.52
2009	969.59	105.28	629.45	4 334.33
2010	1 220.69	205.56	840.43	5 181.00
2011	1 215.32	193.36	863.67	6 074.94
2012	1 133.40	105.21	788.06	6 601.21
2013	1 073.70	92.78	686.02	7 164.51
2014	1 046.19	97.15	819.88	7 602.28
2015	933.20	208.59	888.00	8 011.49

资料来源:根据《宁波统计年鉴》、海关信息网 www. haiguan. info,1995—2015 年各海关特定地区保税物流过货值表整理,汇率按国家统计局颁布的年度平均汇率换算。

为消除样本数据可能存在的多重共线性、异方差性,对保税物流区域的保税加工货值、进出口总额、海关特殊监管区域物流货物和宁波地区生产总值四个变量分别取自然对数,处理后的数据采用自然对数形式,见表 7-6 和图 7-9。1995—2015 年间 4 个指标样本数据的变化趋势具有一致性,为非平稳时间序列,经过一阶差分后序列趋势消失,可推测变量之间可能存在长期协整关系,进行协整检验。如表 7-7 和图 7-10 所示。

表 7-6 样本指标取对数后的变化趋势

年份	lnBIaLgs	lnBIaP	lnBIaTIE	lnNGDP
1995	1.223 8	5.163 7	3.471 0	6.401 3
1996	0.625 9	5.212 3	3.549 6	6.664 5
1997	0.223 1	4.742 2	3.643 1	6.778 9
1998	0.604 3	4.135 6	3.492 6	6.859 4
1999	0.887 9	4.156 1	3.725 0	6.924 7
2000	2.577 9	4.078 2	4.133 9	7.042 8
2001	2.025 5	4.963 3	4.298 6	7.143 6
2002	2.427 5	5.196 9	4.620 9	7.281 6
2003	2.863 3	5.585 7	5.047 9	7.467 0
2004	3.597 3	6.090 2	5.375 9	7.654 2
2005	4.069 4	6.442 3	5.612 1	7.803 6
2006	4.364 5	6.649 2	5.882 9	7.963 6
2007	4.819 3	6.943 4	6.529 8	8.137 0
2008	4.665 0	7.129 7	6.670 3	8.280 8
2009	4.656 6	6.860 4	6.444 8	8.374 3
2010	5.325 7	7.060 2	6.733 9	8.552 8
2011	5.264 6	7.078 0	6.761 2	8.711 9
2012	4.656 0	7.028 7	6.669 6	8.795 0
2013	4.530 2	7.422 2	6.530 9	8.876 9
2014	4.576 3	7.008 3	6.709 2	8.936 2
2015	5.340 4	6.827 9	6.709 3	8.988 6

注:表中数据根据宁波市统计年鉴、宁波保税区域 1995—2015 年统计年报整理所得。

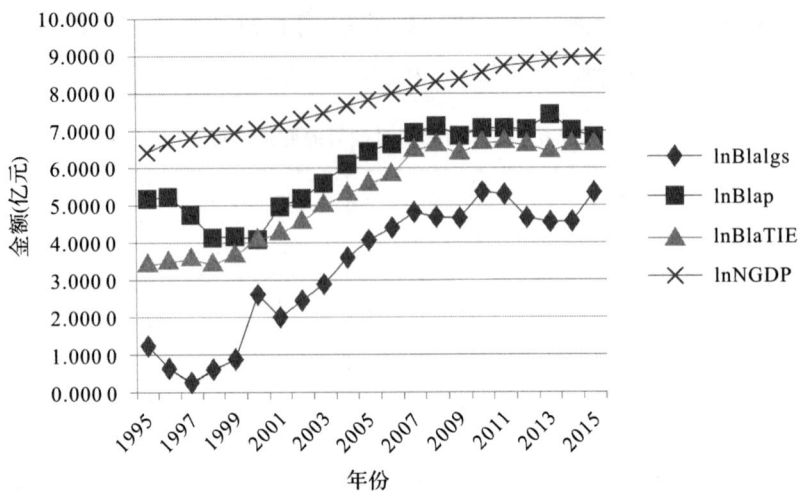

图 7-9　所选指标取对数后的变化趋势

表 7-7　一阶差分后的样本数据

年份	lnBlaLgs	lnBlaP	lnBlaTIE	lnNGDP
1995	NA	NA	NA	NA
1996	−0.597 8	0.048 6	0.078 6	0.263 2
1997	−0.402 8	−0.470 0	0.093 5	0.114 4
1998	0.381 2	−0.606 6	−0.150 5	0.080 5
1999	0.283 6	0.020 4	0.232 4	0.065 3
2000	1.690 1	−0.077 9	0.408 9	0.118 1
2001	−0.552 4	0.885 0	0.164 8	0.110 9
2002	0.401 9	0.233 7	0.322 3	0.128 0
2003	0.435 9	0.388 8	0.426 9	0.185 3
2004	0.734 0	0.504 5	0.328 0	0.187 2
2005	0.472 1	0.352 1	0.236 2	0.149 4
2006	0.295 1	0.206 9	0.270 8	0.160 1
2007	0.454 8	0.294 1	0.646 9	0.173 4
2008	−0.154 3	0.186 3	0.140 5	0.143 6
2009	−0.008 4	−0.269 3	−0.225 5	0.093 7

续表

年份	lnBlaLgs	lnBlaP	lnBlaTIE	lnNGDP
2010	0.669 1	0.199 8	0.289 1	0.178 4
2011	−0.061 2	0.017 9	0.027 3	0.159 2
2012	−0.608 6	−0.049 3	−0.091 6	0.083 1
2013	−0.125 7	0.393 5	−0.138 7	0.081 9
2014	0.046 0	−0.413 9	0.178 3	0.059 3

注:表 7-7 对表 7-6 做一次差分运算,即本年数值减去上一年数值。

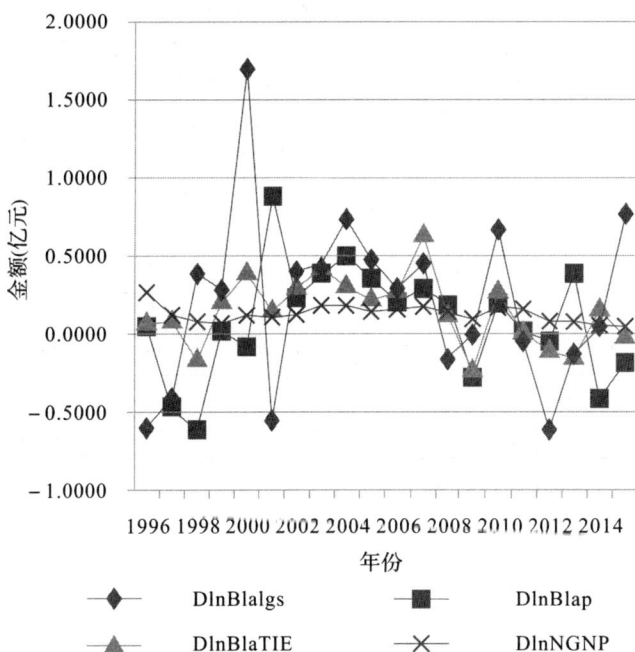

图 7-10 所选指标一阶差分后的指标变化趋势图

7.2.3 实证分析

本研究首先对所选指标的平稳性进行检验,运用 ADF 单位根检验所研究的变量是否具有同阶单整性;在变量存在同阶单整的前提下,对指标序列进行 Johansen 协整分析得到变量之间的长期均衡方程,可知变量之间是否存在协整关系;采用脉冲响应分析,判断保税区域三大指标和载体城市 GDP 增长之间的相互冲击作用和影响程度;最后,运用方差分解分析保税区域的每一个变量变化对母城 GDP 增长的方差贡献率。

（1）ADF 平稳性检验

为避免伪回归问题，应用 ADF 单位根检验方法，对时间序列进行平稳性检验。对 lnNGDP、lnBlaP、lnBlaTIE、lnBlaLgs 四个序列进行单位根检验，结果如表 7-8 所示。在 5% 显著性水平下，所选指标本身为非平稳序列，但一阶差分后，四个序列在 95% 的置信区间都是平稳的，均为一阶单整序列，可进行协整检验。

表 7-8　ADF 单位根检验

变量	检验类型 (C, t, i)	ADF 统计量值	1% 置信值	5% 置信值	10% 置信值	检验结果
lnBlaLgs	$(C, t, 0)$	-1.82	-4.5	-3.66	-3.27	不平稳
DlnBlaLgs	$(0, 0, 0)$	-3.74^{***}	-2.69	-1.96	-1.61	平稳
lnBlaP	$(C, t, 0)$	-1.5	-4.5	-3.66	-3.27	不平稳
DlnBlaP	$(0, 0, 0)$	-3.02^{***}	-2.69	-1.96	-1.61	平稳
lnBlaTIE	$(C, t, 4)$	-1.86	-4.67	-3.73	-3.31	不平稳
DlnBlaTIE	$(C, 0, 0)$	-3.18^{**}	-3.83	-3.02	-2.66	平稳
lnNGDP	$(C, t, 3)$	-1.38	-4.62	-3.71	-3.3	不平稳
DlnNGDP	1	-1.961^{**}	-2.69	-1.96	-1.61	平稳

注：表中，C 代表截距项，t 代表时间趋势。*** 表示 1% 显著性水平显著，** 表示 5% 显著性水平显著。

（2）Johansen 协整检验

为确定以上变量是否存在长期均衡关系，在软件 Eviews6.0 中创建 VAR 系统并设定 VAR 模型，把宁波市地区生产总值 lnNGDP、宁波保税区域的进出口总额 lnBlaTIE、海关特殊监管区域物流货物值 lnBlaLgs 作为内生变量序列，为避免保税加工货值与进出口总额的多重共线性，将 lnBlaP 纳入外生变量处理，进行协整检验。检验结果见表 7-9。可知，无论是迹统计量还是最大特征值统计量均在小于该差分序列 5% 水平的临界值，即在 95% 的置信区间内拒绝了无协整关系的原假设，表明宁波市地区生产总值 lnNGDP 与宁波保税区域的进出口总额 lnBlaTIE、海关特殊监管区域物流货物值 lnBlaLgs 之间存在长期协整关系。

表 7-9　协整检验结果

协整方程个数	特征值	迹统计量	5%临界值	最大特征值统计量	5%临界值
没有	0.934 829	68.43**	29.8	49.15**	21.13
最多1个	0.550 16	19.28**	15.49	14.38**	14.26
最多2个	0.238 35	4.9**	3.84	4.9**	3.84

注:**表示统计量在5%显著性水平显著。在滞后期选择上,采用滞后二期进行检验。

进行协整估计,得到长期协整方程。

$$\ln NGDP = 9.35 + 0.84\ln BIaTIE + 0.91\ln BlaLgs \qquad (7\text{-}1)$$
$$(5.25^{***}) \qquad\qquad (5.9^{***})$$

协整方程(7-1)显示,从长期来看,宁波保税区域的进出口总额、保税物流对母城 GDP 增长影响系数为 0.84、0.91,为正向促进作用,统计结果显著。

为进一步得到变量之间的短期动态影响效应,进一步估计,得到估计结果的系数和统计量如表 7-10 所示。

表 7-10　VAR 模型估计结果

变量	lnNGDP	lnBIaTIE	lnBlaLgs
lnNGDP（-1）	0.710 941 (0.253 32) [2.806 52]	-2.079 448 (1.526 60) [-1.362 15]	-8.165 011 (4.031 77) [-2.025 17]
lnNGDP（-2）	0.159 446 (0.220 70) [0.722 46]	2.020 698 (1.330 02) [1.519 30]	7.530 898 (3.512 61) [2.143 96]
lnBIaTIE（-1）	0.011 759 (0.063 73) [0.184 52]	0.581 898 (0.384 04) [1.151 521]	1.331 888 (1.014 25) [1.313 17]
lnBIaTIE（-2）	-0.005 723 (0.053 34) [-0.107 30]	-0.160 427 (0.321 43) [-0.499 10]	-0.646 402 (0.848 91) [-0.761 45]
lnBlaLgs（-1）	0.014 764 (0.025 72) [0.574 07]	0.141 295 (0.154 99) [0.911 64]	0.436 381 (0.409 33) [1.066 08]

续表

变量	lnNGDP	lnBIaTIE	lnBlaLgs
lnBlaLgs（－2）	－0.007 044 （0.026 46） ［－0.266 19］	0.005 915 （0.159 47） ［0.037 09］	－0.110 110 （0.421 18） ［－0.261 43］
C	0.679 396 （0.341 46） ［1.989 68］	1.021 055 （2.057 77） ［0.496 19］	1.315 483 （5.434 62） ［0.242 06］
lnBIaP	0.068 381 （0.037 11） ［1.842 51］	0.408 266 （0.223 66） ［1.825 40］	0.540 978 （0.590 69） ［0.915 85］

进一步估计，得到短期协整方程

$$
\begin{aligned}
\ln NGDP = &\ 0.711 \times \ln NGDP(-1) + 0.159 \times \ln NGDP(-2) \\
&\quad [2.807] \qquad\qquad\qquad [0.722] \\
&+ 0.012 \times \ln BlaTIE(-1) - 0.006 \times \ln BlaTIE(-2) \\
&\quad [0.185] \qquad\qquad\qquad\ [-0.107] \\
&+ 0.015 \times \ln BlaLgs(-1) - 0.007 \times \ln BlaLgs(-2) \\
&\quad [0.574] \qquad\qquad\qquad\ [-0.267] \\
&+ 0.679 + 0.068 \times \ln BlaP \\
&\quad [1.99]\quad\ [1.843]
\end{aligned} \tag{7-2}
$$

协整方程(7-2)表明，滞后一期的保税物流区域的进出口总额、海关特殊监管区域物流货物值和宁波市 GDP 对宁波市 GDP 的影响均为正向影响，影响系数为 0.012、0.015、0.71，统计结果前两者不显著，宁波市 GDP 对自身增长显著；保税加工货值对宁波市 GDP 的影响系数为正向影响，系数为0.068，统计结果显著。

分析发现：宁波市 GDP 对自身影响显著，保税物流区域三个指标对宁波市 GDP 均具有正向影响作用，但作用较小，其中，从长期来看，对宁波市GDP 影响的作用大小依次为海关特殊监管区域物流货物、进出口总额。宁波保税物流区域的保税物流、进出口总额、保税加工为宁波市 GDP 增长带来的贡献力度还有待增强。这主要是由于宁波保税区、宁波出口加工区、宁波保税物流园区、慈溪出口加工区、宁波梅山保税港区分别于 1992 年、2002年、2005 年、2005、2008 年才设立，从封关运作到发挥其特殊监管区域功能和形成规模经济效益需要较长一段时间；同时，宁波保税物流区域分布分散、层次较低,也影响到经济发展规模,有待整合提升层次与功能绩效。

(3)脉冲响应函数分析

基于 VAR 模型已通过了 ADF 平稳性检验,可以进行脉冲响应分析。各变量受到一个单位标准差冲击后,图 7-11 至图 7-13 显示其各因变量的响应过程分析结果,其中,脉冲响应函数曲线用实线表示,正负两倍标准差偏离带曲线用虚线表示,横轴表示冲击作用的滞后期间数,滞后区间设为10 年。

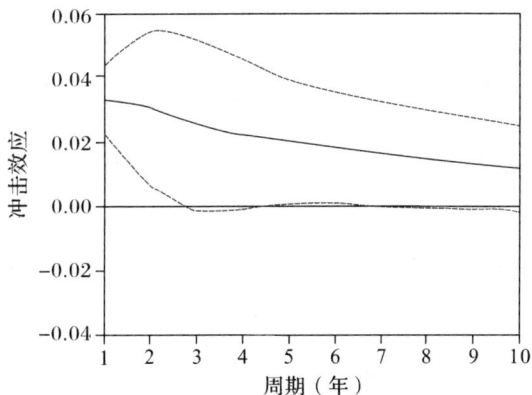

图 7-11 宁波市 GDP 对区域生产域总值(lnNGDP)的脉冲响应

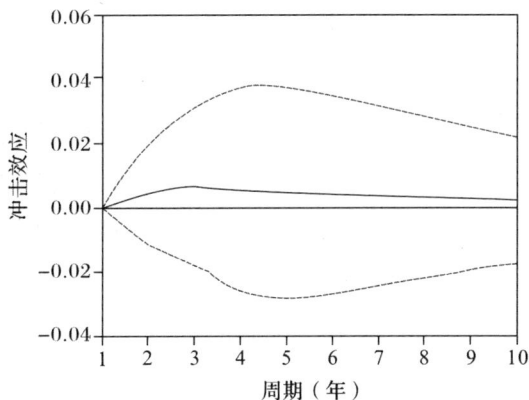

图 7-12 宁波市 GDP 对保税区域进出口值(lnBlaTIE)的脉冲响应

脉冲响应函数分析结果表明:

①宁波市 GDP 对自身地区生产总值(lnNGDP)的脉冲响应。图 7-11 显

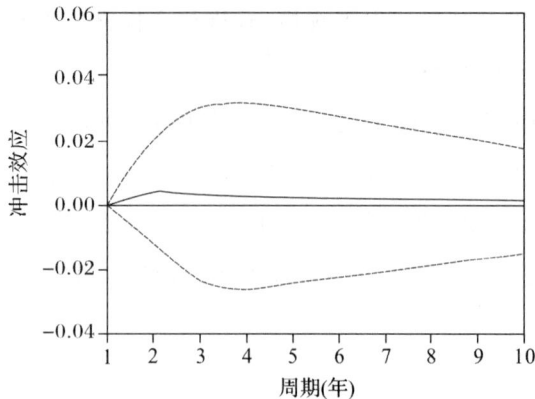

图 7-13　宁波市 GDP 对保税区域物流货物(lnBlaLgs)的脉冲响应

示了宁波市经济增长受到本期 GDP 一个标准差冲击后,所产生的正向响应显著。GDP 经济增长影响在滞后第一期超过 0.03,滞后第二期增长接近峰值 0.06,从滞后第三期开始下降,到第九期影响基本平稳。

②宁波市 GDP 对保税区域进出口总额(lnBlaTIE)的脉冲响应。图 7-12 显示了宁波市地区生产总值增长受到宁波保税区域进出口总额的一个冲击后,对宁波市 GDP 增长的正向效应显著,滞后期越短,递增速度越快,第三期达到最大值后缓慢下降,直到滞后五期后进出口总额对宁波市经济增长趋于稳定。总体来说,宁波保税区域的进出口总额对宁波市经济增长有着长期积极的作用。

③宁波市 GDP 与其保税监管区域物流货物(lnBlaLgs)之间的脉冲响应。图 7-13 显示了宁波市 GDP 受到宁波海关特殊监管区域物流货物一个冲击后,对宁波市 GDP 为正向效应,从滞后第一期开始增长,滞后第二期达到峰值后减弱,逐步趋于长期稳定。

(4)方差分解分析

方差分解分析一个变量的随机冲击对内生变量的相对重要性。在此,选取 10 期作为方差分解的滞后期,运用已建的 VAR 模型,分别对宁波市 GDP、宁波市保税物流区域的进出口值、海关监管区域物流货值进行方差分解。结果如表 7-11 所示。

表 7-11 方差分解结果

周期	S. E	ln NGDP	ln BIaTIE	ln BIaLgs
1	0.033 117	100.000 0	0.000 000	0.000 000
2	0.045 494	97.842 36	1.067 285	1.090 359
3	0.052 546	96.216 52	2.465 349	1.318 135
4	0.057 331	95.545 54	3.014 829	1.439 630
5	0.060 947	95.219 10	3.239 292	1.541 610
6	0.063 706	95.020 17	3.372 752	1.607 078
7	0.065 832	94.898 76	3.455 684	1.645 553
8	0.067 497	94.822 88	3.506 872	1.670 252
9	0.068 813	94.771 12	3.541 480	1.687 398
10	0.069 858	94.733 29	3.566 917	1.699 794

Cholesky 排序：lnNGDP lnBIaTIE lnBIaLgs

方差分解结果表明：

一是宁波市 GDP 对自身经济增长的影响力度最强,随着时间的推移贡献力度逐渐减弱,到滞后第七期趋于稳定在 94.7% 左右。

二是宁波保税区域进出口总额对宁波 GDP 的贡献度随着时间的推移逐渐递增,到滞后八期以后趋于稳定,在第十期达到最大,贡献度人约在 3.57% 左右。

三是海关特殊监管区域物流货物对宁波 GDP 的影响贡献率同样逐年增长,滞后六期逐步趋于稳定,在滞后的 10 年贡献率约为 1.7%。

这些结果与前面脉冲响应分析得到的结论一致,进一步印证了本研究得到的结论。

7.2.4 结论与启示

本研究构建 VAR 模型,选取保税物流区域的保税物流、国际贸易、保税加工三大功能发展的代表性指标,采用 1995—2015 年的数据,通过协整检验、脉冲响应函数和方差分解,就保税物流区域发展对母城经济增长的影响进行实证分析。结果表明：

（1）宁波市 GDP 对自身经济增长的影响最为显著，其影响存在一定的惯性，宁波经济增长属于多种因素共同驱动的复合型增长。

（2）宁波保税物流区域进出口总额、保税仓储物流、保税加工货值与宁波市 GDP 增长存在长期协整关系，三者对宁波市 GDP 的影响均为正向促进作用，虽然作用还较小。

（3）相对而言，宁波保税物流区域保税加工货值对母城 GDP 增长的影响力最大，之后依次为进出口总额、海关特殊监管区域物流货物。

上述实证分析启示：通过充分利用国际、国内资源，开展包括来料深加工装配出口和进料深加工出口，提高传统制造企业的生产技术、产品质量，将宁波保税物流区域建设成为外向型的高新产业集群、高端加工产业链的产业基地；通过大力发展保税物流、现代物流，服务于进出口加工制造业和进出口贸易发展，助力宁波保税物流区域的跨境电子商务产业新模式的发展，可以促进保税物流区域 GDP 增长、拉动母城的经济增长。

7.3　保税物流区域发展对本省经济增长影响的实证分析

7.3.1　指标选取与数据来源

本节通过建立宁波市保税物流区域经济增长极的保税物流、保税加工、国际贸易三大功能的代表性指标，测度宁波保税物流区域经济增长极对浙江省经济增长，以及产业结构、开放型经济、港口物流等相关方面发展的影响。建立变量指标如表 7-12 所示。

表 7-12 保税物流区域经济指标与腹地经济指标

一级指标	二级指标	符号	指标意义
腹地经济指标	国内生产总值 GDP	ZGDP	经济总量指标,代表区域经济规模
	第二、三产业生产总值构成	ZES	反映第二、三产业结构状况。第二产业增加值占 GDP 比重/第三产业增加值占 GDP 比重
	港口货物吞吐量(万吨)	ZPT	反映腹地港口群物流的发展水平
	经济开放度(%)	ZEO	反映区域经济的外贸与外资开放程度
保税物流区域指标	保税加工货值(亿元)	NBlaP	代表保税物流区域保税加工制造业发展
	进出口总额(亿元)	NBlaTIE	代表保税物流区域国际贸易经济活动
	海关特殊监管区域物流货物(亿元)	NBlaLgs	代表保税物流区域的保税物流功能

本研究选取 1995—2015 年间浙江省 GDP、第二三产业生产总值构成、港口货物吞吐量、经济开放度等 4 个变量,衡量浙江省经济增长、产业结构优化和外贸、外资经济开放度,旨在测度宁波市保税物流区域经济增长极对浙江省域经济增长及其相关经济发展的影响。定量分析所需时间变量来源于 1995—2015 年间本省腹地的数据,数据来源于《浙江统计年鉴》。GDP 数据用同比转成定基比,为剔除物价因素,通过国家统计局 1995—2015 年的 CPI 数据进行平减法整理得到。如表 7-13 和图 7-14 至图 7-17 所示。

表 7-13 1995—2015 年宁波市保税物流区域对浙江省经济发展的主要指标

年份	NBlaP (亿元)	NBlaLgs (亿元)	NBlaTIE (亿元)	ZGDP (亿元)	ZES	ZPT (万吨)	ZEO (%)
1995	174.81	3.4	32.17	3 557.55	1.61	10 483	30.89
1996	183.51	1.87	34.8	4 188.53	1.65	11 612	29.89
1997	114.69	1.25	38.21	4 686.11	1.68	12 187	30.94
1998	62.53	1.83	32.87	5 052.62	1.64	13 487	28.63
1999	105.07	2.43	41.47	5 443.92	1.59	14 452	32.09
2000	59.04	13.17	62.42	6 141.03	1.45	19 638	41.53

续表

年份	NBlaP（亿元）	NBlaLgs（亿元）	NBlaTIE（亿元）	ZGDP（亿元）	ZES	ZPT（万吨）	ZEO（%）
2001	143.08	7.58	73.6	6 898.34	1.34	21 827	45.65
2002	181.56	11.33	101.59	8 003.67	1.28	25 503	49.44
2003	266.64	17.52	155.69	9 705.02	1.33	32 216	61.73
2004	358.75	36.5	216.13	11 648.70	1.36	40 810	67.47
2005	635.75	58.52	273.71	13 417.68	1.33	47 900	73.96
2006	788.33	78.61	358.84	15 718.47	1.35	55 238	77.81
2007	1 128.97	123.88	685.25	18 753.73	1.33	62 112	75.96
2008	1 268.04	106.17	788.65	21 462.69	1.31	64 518	76.69
2009	969.59	105.28	629.45	22 998.24	1.19	71 462	63.77
2010	1 220.69	205.56	840.43	27 747.65	1.16	78 846	66.73
2011	1 215.32	193.36	863.67	32 363.38	1.13	86 700	64.82
2012	1 133.40	105.21	788.06	34 739.13	1.06	92 760	59.72
2013	1 073.70	92.78	686.02	37 756.58	1.01	100 591	57.40
2014	1 046.19	97.15	819.88	40 173.03	0.998	108 177	57.71
2015	933.20	208.59	888.00	42 886.5	0.92	109 900	52.75

　　资料来源：表中数根据宁波市统计年鉴、海关信息网，1995—2015 年各海关特定地区保税物流过货值表以及《浙江年鉴》整理，汇率按国家统计局颁布的年度平均汇率换算。

　　(1)经济增长。用浙江省国内生产总值(ZGDP)表示，衡量保税物流区域直接腹地浙江省的经济增长指标。图 7-14 显示 2009—2015 年浙江省 GDP 呈现稳步增长态势。

　　(2)产业结构。用浙江省第二、三产业生产总值构成 (ZES)表示，指"第二产业增加值占 GDP 比重/第三产业增加值占 GDP 比重"，其动态变化反映浙江省腹地第二、三产业结构的变化情况。图 7-15 的下降曲线表明浙江省第二产业比重趋于下降，第三产业比重不断提升，在 2014 年比值首次小于 1，反映了第三产业产值比首次超过第二产业产值比的变化态势。

　　(3)物流发展。用浙江省港口货物吞吐量(ZPT)表示，衡量保税物流区域对腹地浙江省港口物流发展促进作用的指标。图 7-16 显示了在开放型经

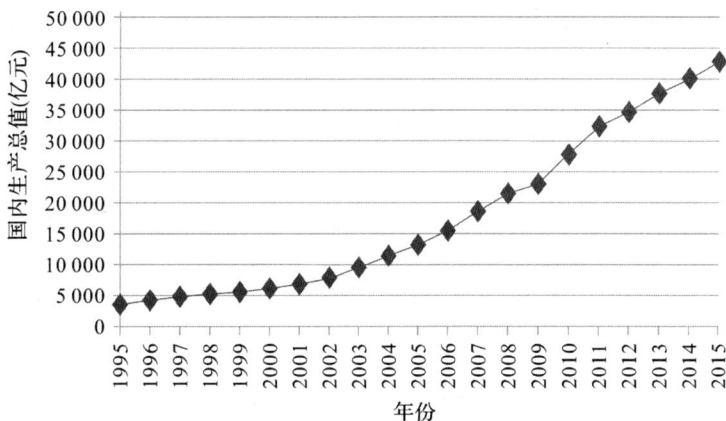

图 7-14　1995—2015 年浙江省国内生产总值（GDP）

资料来源：图 7-14 至图 7-17 根据 1995—2015 年《浙江统计年鉴》数据
整理。

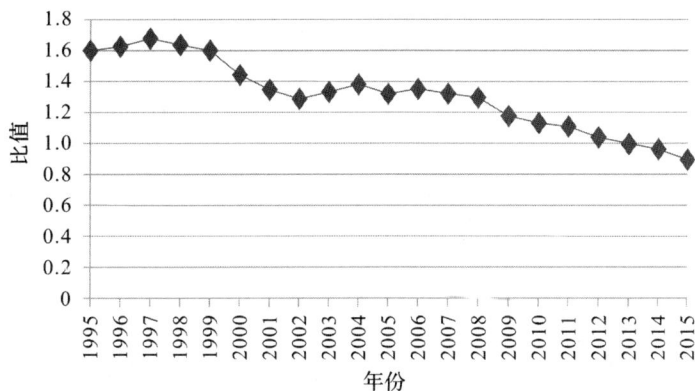

图 7-15　1995—2015 年浙江省第二、三产业产值比（ZES）

资料来源：图 7-14 至图 7-17 根据 1995—2015 年《浙江统计年鉴》
数据整理。

济发展过程中浙江省港口货物吞吐量呈现稳步高速增长的态势。

（4）经济开放度。用浙江省经济开放度（ZEO）表示，经济开放度是反映
腹地外贸和境外外资经济开放程度的综合指标，是腹地浙江省外贸依存度
和境外外资依存度之和，即经济开放度＝外贸依存度＋外资依存度＝（进出
口总额＋实际利用外资总额）/GDP×100％，是衡量浙江省经济对外开放程

度的综合性指标。该项指标值越大,开放度越高。图 7-17 显示了浙江省外贸和外资的经济开放度在 2009 年国际金融危机之前增长很快,2009 年以后受到国际、国内市场需求疲软等因素的影响,呈现下降趋势。

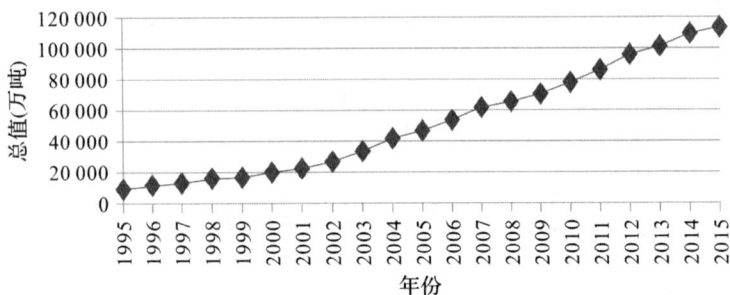

图 7-16　1995—2015 年浙江省港口货物吞吐量(ZPT)

资料来源:图 7-14 至图 7-17 根据 1995—2015 年《浙江统计年鉴》数据整理。

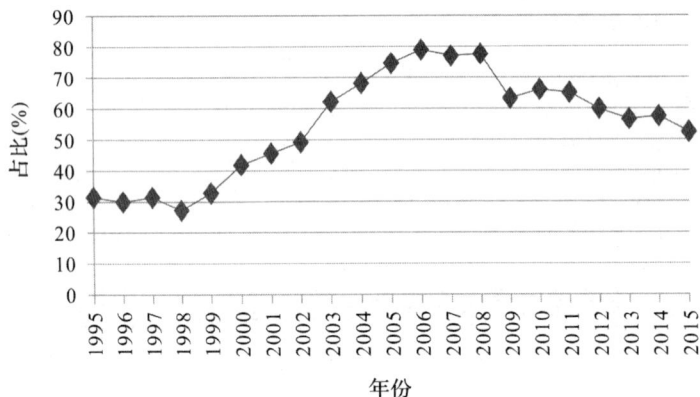

图 7-17　1995—2015 年浙江省经济开放度(ZEO)

资料来源:图 7-14 至图 7-17 根据 1995—2015 年《浙江统计年鉴》数据整理。

宁波市保税物流区域的变量指标。本研究建立保税物流区域的保税物流、国际贸易、保税加工三大代表性指标,选取 1995—2015 年宁波市保税物流区域的海关特殊监管区域物流货物、进出口总额、保税加工货值等 3 个变量,用以测度保税物流区域经济增长极发展对本省腹地经济增长的动态影响。宁波市保税物流区域定量分析所需时间序列数据来源于 1995—2015

年间《宁波统计年鉴》、海关信息网、海关统计报表中特殊监管区域数据。汇率按国家统计局颁布的年度平均汇率换算。如图7-18、表7-13所示。

（1）保税物流功能。用海关特殊监管区域物流货物（NBlaLgs）表示，作为反映保税物流区域进出境货物流动总额的指标，指从境外存入保税区的仓储、转口货物和从保税区运出境的仓储、转口货物，不包含从境外存入非保税区和从非保税区运出境的仓储、转口货物。该指标是海关统计保税物流区域保税物流发展规模的代表性指标。

（2）国际贸易功能。用保税物流区域进出口总额（NBlaTIE）表示，作为衡量其国际贸易功能的指标，指进出境贸易，包括一般贸易进出口、加工贸易进出口、转口贸易及其他贸易进出口。

（3）保税加工功能。用保税物流区域进出口保税加工货值（NBlaP）表示，作为衡量其外贸加工制造业功能的指标，包括区内生产加工企业的来料加工装配货值和进料加工货值，以及对外加工费收入。

如图7-18显示了1995—2015年近二十年来宁波市保税物流区域保税物流、保税加工、国际贸易的发展规模及其增长速度情况。可以看出：①保税物流区域的进出口总额发展不稳定，增长速度下降，进出口总额从2001年开始高速增长到2008年达到最大值，2009年受国际金融危机影响下降，2010年恢复性增长之后受国际市场不景气、外汇汇率上升等影响下降，2014年、2015年因宁波梅山保税港区开始产生经济效益、宁波保税区进口跨境电商的增长等，进出口总额恢复增长；②保税物流规模小，受外贸发展状况等影响发展不稳定，波动很大，从2005年开始加速增长，2012—2013年下降，2014年、2015年开始稳步快速增长，增速超过了进出口总额和保税加工货值的增长速度；③保税加工货值发展不稳定，增长速度同比区域减缓，各保税物流区域建立初期入区企业最多、发展最快的是保税加工业，1996—1998年受国内形势、出口加工制造业结构及国际市场需求等影响经历了下降过程，之后大力发展优势加工业和高新技术产业，2002—2008年为高速增长期，2009年降至最低点，2010年为恢复性增长，之后保税加工货值趋于下降，主要由于保税物流区域受国际市场需求不振、入驻企业数量因受区内面积日益饱和等发展所限而减少等影响。

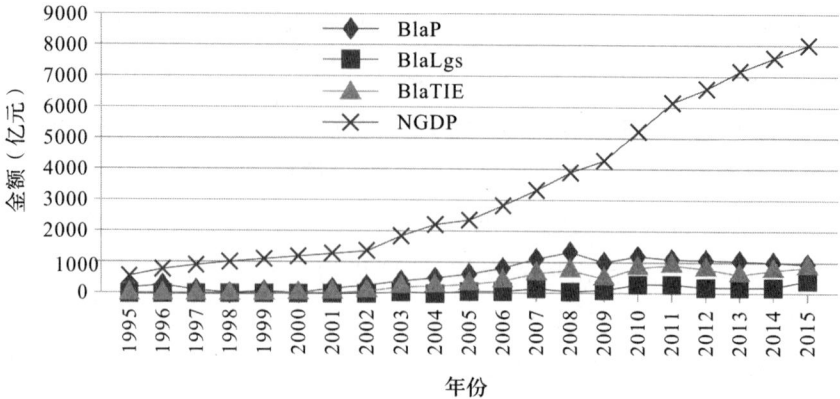

图7-18　宁波市保税物流区域的进出口总额、海关特殊监管区域物流货物、保税
加工货值、国内生产总值

宁波市保税物流区域和浙江省腹地经济发展指标,如表7-13所示。

数据处理。为消除样本数据可能存在的多重共线性、异方差性,对变量取自然对数。处理后的数据如表7-14所示。

表7-14　所选指标取对数后的变化趋势

年份	ln NBlaP	ln NBlaLgs	ln NBlaTIE	ln ZGDP	ln ZES	ln ZPT	ln ZEO
1995	5.16	1.22	3.47	8.18	0.48	9.26	3.43
1996	5.21	0.63	3.55	8.42	0.50	9.36	3.40
1997	4.74	0.22	3.64	8.58	0.52	9.41	3.43
1998	4.14	0.60	3.49	8.68	0.49	9.51	3.35
1999	4.65	0.89	3.72	8.77	0.46	9.58	3.47
2000	4.08	2.58	4.13	8.87	0.37	9.89	3.73
2001	4.96	2.03	4.30	8.99	0.29	9.99	3.82
2002	5.20	2.43	4.62	9.15	0.25	10.15	3.90
2003	5.59	2.86	5.05	9.32	0.29	10.38	4.12
2004	5.88	3.60	5.38	9.48	0.31	10.62	4.21
2005	6.45	4.07	5.61	9.64	0.29	10.78	4.30

年份	ln NBlaP	ln NBlaLgs	ln NBlaTIE	ln ZGDP	ln ZES	ln ZPT	ln ZEO
2006	6.67	4.36	5.88	9.81	0.30	10.92	4.35
2007	7.03	4.82	6.53	9.95	0.29	11.04	4.33
2008	7.15	4.67	6.67	10.08	0.27	11.07	4.34
2009	6.88	4.66	6.44	10.21	0.17	11.18	4.16
2010	7.11	5.33	6.73	10.35	0.15	11.28	4.20
2011	7.10	5.26	6.76	10.49	0.12	11.37	4.17
2012	7.03	4.66	6.67	10.59	0.06	11.44	4.09
2013	6.98	4.53	6.53	10.67	0.01	11.52	4.05
2014	6.95	4.58	6.71	10.73	0.00	11.59	4.06
2015	6.84	5.34	6.79	10.81	−0.08	11.61	3.97

7.3.2 模型与 ADF 平稳性检验

（1）模型

本研究仍采用式（6-1）向量自回归模型（VAR 模型），以研究宁波市保税物流区域发展的变量对浙江省腹地的变量之间有没有长期动态影响关系，分析每一个变量的随机冲击对所有内生变量的当期值和未来值所产生的影响。

（2）ADF 平稳性检验

为避免伪回归现象，进行协整检验之前确认数据的平稳性，对所选指标采用 ADF 单位根检验以确定序列是否平稳。本研究使用 Dickey-Fuller 提出的 ADF 方法，对序列进行 ADF 单位根检验。选择显著性水平 5% 作为判断标准。一阶差分后序列在 95% 的置信区间都是平稳的，均为一阶单整序列 I(1)。如表 7-15 所示。

表 7-15　ADF 单位根检验

变量	检验类型(Q,T,I)	ADF 统计量值	1% 置信值	5% 置信值	10% 置信值	检验结果
ln NBlaP	$(Q,0,3)$	−4.05***	−3.89	−3.05	−2.67	平稳
ln NBlaLgs	$(Q,T,0)$	−1.81	−4.5	−3.66	−3.27	不平稳

续表

变量	检验类型(Q,T,I)	ADF 统计量值	1%置信值	5%置信值	10%置信值	检验结果
D(ln NBlaLgs)	$(0,0,0)$	-3.73^{***}	-2.69	-1.96	-1.61	平稳
ln NBlaTIE	$(Q,T,4)$	-2.02	-4.67	-3.73	-3.31	不平稳
D(ln NBlaTIE)	$(Q,0,0)$	-3.22^{**}	-3.83	-3.02	-2.66	平稳
ln ZGDP	$(Q,T,1)$	-1.76	-4.5	-3.66	-3.27	不平稳
D(ln ZGDP)	$(0,0,0)$	-2.03^{**}	-2.69	-1.96	-1.61	平稳
ln ZES	$(Q,T,1)$	-2.04	-4.5	-3.66	-3.27	不平稳
D(ln ZES)	$(0,0,0)$	-1.93^{*}	-2.69	-1.96	-1.61	平稳
ln ZPT	$(Q,T,0)$	-0.019	-4.5	-3.66	-3.27	不平稳
D(ln ZPT)	$(Q,0,0)$	-2.94^{*}	-3.83	-3.02	-2.66	平稳
ln ZEO	$(Q,T,0)$	-0.027	-4.5	-3.66	-3.27	不平稳
D(ln ZEO)	$(0,0,1)$	-1.69^{*}	-2.69	-1.96	-1.61	平稳

注:Q代表常数项,T代表时间趋势,I代表滞后阶数。$***$表示1%显著性水平显著,$**$表示5%显著性水平显著。

7.3.3　协整估计

本研究采取 Johansen 和 Juselius 所提出的基于 VAR 的协整系统检验,来确定以上变量是否存在长期均衡关系。用 Eviews 创建 VAR 系统并设定 VAR 模型,把宁波市保税物流区域的进出口总额(lnNBlaTIE)、海关特殊监管区域物流货物值(lnNBlaLgs)作为内生变量序列。为避免保税加工货值与进出口总额的多重共线性,同时考虑到保税加工货值的重要性,将其纳入外生变量予以考虑,也针对没有纳入该变量的方程进行了稳健性检验,发现各变量的结果没有大的变化,仅系数大小发生小的改变。检验结果如表 7-16—表 7-19,可知,大部分迹统计量和最大特征值统计量均在小于该差分序列 5%水平的临界值,即在 95%的置信区间内拒绝了无协整关系的原假设,其余最大特征值统计量在 90%的置信区间内拒绝了无协整关系的原假设,表明浙江省的国内生产总值、第二三产业生产总值构成、港口货物吞吐量、经济开放度、保税物流区域的海关特殊监管区域物流货物值、进出口总额之间存在长期协整关系。

表 7-16　lnZGDP 与 lnNBlaTIE、lnNBlaLgs 协整检验结果

协整方程个数	特征值	迹统计量	5%临界值	最大特征值统计量	5%临界值
没有	0.968 348	87.04**	29.8	62.15**	21.13
最多1个	0.699 915	24.88**	15.49	21.67**	14.26
最多2个	0.163 685	3.2**	3.84	3.2**	3.84

表 7-17　lnZES 与 lnNBlaTIE、lnNBlaLgs 协整检验结果

协整方程个数	特征值	迹统计量	5%临界值	最大特征值统计量	5%临界值
没有	0.888 465	45.55**	29.79	39.48**	21.13
最多1个	0.627 911 4	6.07**	15.49	5.89*	14.26
最多2个	0.009 820	0.2**	3.84	0.17**	3.84

表 7-18　lnZPT 与 lnNBlaTIE、lnNBlaLgs 协整检验结果

协整方程个数	特征值	迹统计量	5%临界值	最大特征值统计量	5%临界值
没有	0.894 700	60.70**	29.79	40.52**	21.13
最多1个	0.669 744	20.18**	15.49	19.94*	14.26
最多2个	0.013 323	0.24**	3.84	0.24**	3.84

表 7-19　lnZEO 与 lnNBlaTIE、lnNBlaLgs 协整检验结果

协整方程个数	特征值	迹统计量	5%临界值	最大特征值统计量	5%临界值
没有	0.938 379	65.95**	29.79	50.16**	21.13
最多1个	0.550 711	15.79**	15.49	14.40*	14.26
最多2个	0.074 604	1.39**	3.84	1.39**	3.84

注:** 表示统计量在5%显著性水平显著。在滞后期选择上,采用滞后二期进行检验。

进一步对此进行协整估计,得到长期协整方程如下。

(1)浙江省国内生产总值与海关特殊监管区域物流货物、进出口总额、保税加工货值的协整关系分析。

协整方程为

$$\ln ZGDP = -0.137284\ln NBlaLgs(-1) + 0.853873\ln NBlaTIE(-1)$$
$$[-0.89040] \qquad\qquad\qquad [4.69452]$$

$$-13.902316 \qquad\qquad (7\text{-}3)$$

协整方程 7-3 显示:从长期来看,海关特殊监管区域物流货值对浙江省 GDP 的影响为负向作用,影响系数为 -0.14,统计结果不显著;保税物流区域的进出口总额对浙江省 GDP 的影响为正向作用,系数为 0.85,统计结果显著。可以得出:从长期来看,保税物流区域的进出口总额对浙江省 GDP 增长具有正向的促进作用。

进一步估计,得到估计结果系数和统计量如表 7-20,得到向量误差修正方程为

$$D(\ln ZGDP) = -0.221816 \times ECM(-1) + 0.834238 \times D[\ln ZGDP(-1)]$$
$$[-1.60276] \qquad\qquad [3.29110]$$
$$-0.480301 \times D[\ln ZGDP(-2)] - 0.007327 \times D[\ln NBlaLgs$$
$$[-2.62473] \qquad\qquad [-0.58145]$$
$$(-1)] + 0.003091 \times D[\ln NBlaLgs(-2)]$$
$$[0.28829]$$
$$+0.019553 \times D[\ln NBlaTIE(-1)] + 0.005740$$
$$[0.74001] \qquad\qquad [0.21781]$$
$$\times D[\ln NBlaTIE(-2)] - 0.082691 + 0.026440 \times \ln NBlaP$$
$$[-0.82089] \quad [1.39154]$$

$$(7\text{-}4)$$

结果表明:从短期来看,滞后一期浙江省国内生产总值对其自身影响为正向作用,系数为 0.834,且统计结果显著,而滞后二期的影响为负,浙江省国内生产总值对其自身影响不稳定;滞后一期、滞后二期的海关特殊监管区域物流货值对浙江省国内生产总值的影响分别为负向作用、正向作用,影响系数分别为 -0.007、0.003,都影响不大,且统计结果不显著;滞后一期、滞后二期的进出口总额对浙江省国内生产总值的影响均为正向作用,影响系数分别为 0.019、0.006,作用微弱,统计结果均不显著;保税加工货值对浙江省 GDP 具有正向影响,影响系数为 0.026。因此,从短期来看,保税物流区域的保税加工货值、进出口总额对浙江省国内生产总值均具有正向影响,但作用都很小;海关特殊监管区域物流货物对浙江省国内生产总值的影响不稳定,且作用微弱。

表 7-20　向量误差修正方程的估计结果

变量	D(lnZGDP)	D(lnBlaLgs)	D(lnNBIaTIE)
CointEq1	−0.022 182 (0.013 84) [−1.602 76]	−0.324 186 (0.483 03) [−0.671 14]	−0.467 983 (0.122 12) [−3.832 08]
D[lnZNGDP (−1)]	0.834 238 (0.253 48) [3.291 10]	2.863 977 (8.847 13) [0.323 72]	1.421 189 (2.236 76) [0.635 38]
D[lnZGDP (−2)]	−0.480 301 (0.182 99) [−2.624 73]	−4.606 051 (6.386 79) [−0.721 18]	−3.988 783 (1.614 73) [−2.470 25]
D[lnNBIaLgs (−1)]	−0.007 327 (0.012 60) [−0.581 45]	−0.513 278 (0.439 80) [−1.167 08]	−0.179 243 (0.111 19) [−1.612 04]
D[lnNBIaLgs (−2)]	0.003 091 (0.001 072) [0.288 29]	−0.022 399 (0.374 19) [−0.059 86]	−0.026 665 (0.094 61) [−0.281 86]
D[lnNBIaTIE (−1)]	0.019 552 (0.026 42) [0.740 01]	0.451 010 (0.922 18) [0.489 07]	0.129 533 (0.233 15) [0.555 58]
D[lnNBIaTIE (−2)]	0.005 740 (0.026 35) [0.217 81]	−0.996 328 (0.919 81) [−1.083 19]	−0.559 644 4 (0.232 55) [−2.406 57]
C	−0.082 691 (0.100 73) [−0.820 89]	−0.560 733 (3.515 86) [−0.159 49]	−2.861 324 (0.888 89) [−3.218 98]
LnNBlaP	0.026 440 (0.019 00) [1.391 54]	0.214 939 (0.663 17) [0.324 11]	0.572 793 (0.167 66) [3.416 31]

通过协整分析,保税物流区域对浙江省 GDP 经济增长的影响如下:

①浙江省 GDP 与保税物流区域的海关特殊监管货物、进出口贸易总额、保税加工货值之间存在长期协整关系。浙江省国内生产总值对自身经济增长影响显著。

②保税物流区域的进出口总额与浙江省经济增长。保税物流区域的进

出口总额对浙江省 GDP 增长无论长期和短期都具有正向影响,但影响不大。保税物流区域的进出口总额因受国际市场需求不振、这些年来外汇汇率上升等的影响,发展不稳定,增长速度下降。2014 年、2015 年因宁波梅山保税港区开始产生经济效益、宁波保税区进口跨境电商的增长等,进出口总额恢复增长,外贸发展通过转型升级适应国际市场环境,促进了区域经济增长。

③海关特殊监管区域物流货物与浙江省经济增长。海关特殊监管区域物流货物对浙江省 GDP 影响短期内不稳定,但长期内具有较小的负向影响,且统计结果不显著。原因在于保税物流起步较晚,规模还很小,滞后于开放型经济的发展。随着经济国际化程度不断提高,宁波—舟山港国际物流枢纽地位的确立,国际贸易和跨国公司的发展要求保税物流区域向着由提供工序服务转型发展到能提供一揽子需求功能集成服务,保税物流区域的保税物流业务有待多元化发展,以满足外贸加工制造业和进出口贸易的发展,促进浙江省经济增长。

④保税物流区域的保税加工货值与浙江省经济增长。保税加工货值对浙江省经济增长具有正向影响作用。区内进出口加工制造业发展到一定阶段,通过投资、信息流动、技术外溢、管理外溢和人才流动等要素流动的扩散作用,带动腹地区域上下游关联的出口加工制造业、先进制造业、新兴产业和相关服务业及依存产业的发展,从而带动浙江省 GDP 增长。

结论:浙江省国内生产总值与保税物流区域的海关特殊监管货物、进出口贸易总额、保税加工货值之间存在长期协整关系;浙江省 GDP 对自身增长影响显著;保税物流区域的进出口总额、保税加工货值对浙江省 GDP 增长均有较小的正向影响作用;海关特殊监管区域物流货物长期来说具有较小的负向影响作用。

(2)浙江省第二、三产业生产总值构成与海关特殊监管区域物流货物、进出口总额、保税加工货值的协整关系分析。

协整方程为

$$\ln ZES = -2.394233 \ln NBlaLgs(-1)$$
$$[-1.83629]$$
$$+6.491357 \ln NBlaTIE(-1) - 27.643000 \qquad (7\text{-}5)$$
$$[4.87597]$$

协整方程 7-5 显示：从长期来看，对浙江省第二、三产业生产总值构成的影响，海关特殊监管区域物流货物值为负向抑制作用，系数为 -2.39，统计结果显著，说明海关特殊监管区域物流货物的发展有利于第三产业比重的提升；进出口总额为正向影响作用，系数为 6.49，统计结果显著，说明进出口总额的增加能促进第二产业比重的提升。

进一步估计的结果如表 7-21 所示。

表 7-21　向量误差修正方程的估计结果

变量	D(lnZES)	D(lnNBlaLgs)	D(lnNBlaTIE)
CointEq1	-0.025 247 (0.004 83) [-5.223 67]	-0.037 714 (0.121 38) [-0.310 70]	-0.127 391 (0.039 41) [-3.232 67]
D[lnZES(-1)]	0.250 446 (0.208 60) [1.200 58]	4.424 834 (5.239 05) [0.844 59]	0.750 065 (1.700 86) [0.440 99]
D[lnZES (-2)]	-0.158 732 (0.194 01) [-0.188 18]	0.416 992 (4.872 48) [0.085 58]	-0.526 693 (1.581 85) [-0.332 96]
D[lnNBlaLgs (-1)]	-0.060 891 (0.019 61) [-3.104 83]	-0.243 050 (0.492 54) [-0.493 46]	-0.163 752 (0.159 90) [-1.024 06]
D[lnNBlaLgs (-2)]	-0.048 617 (0.014 31) [-3.397 03]	0.213 194 (0.359 43) [0.593 14]	0.003 029 (0.116 69) [0.025 96]
D[lnNBlaTIE (-1)]	0.057 574 (0.044 66) [1.289 21]	-0.084 029 (1.121 58) [-0.074 92]	0.146 774 (0.364 12) [0.403 09]
D[lnNBlaTIE (-2)]	-0.002 990 (0.037 22) [-0.080 32]	-0.993 369 (0.934 84) [-1.062 61]	-0.405 325 (0.303 49) [-1.335 53]

续表

变量	D(lnZES)	D(lnNBlaLgs)	D(lnNBlaTIE)
C	−0.555 378 (0.100 73) [−5.513 27]	0.976 321 (2.529 94) [0.385 91]	−2.168 870 (0.821 34) [−2.640 63]
lnNBlaP	0.087 416 (0.016 95) [5.155 82]	−0.058 594 (0.425 82) [−0.137 60]	0.395 071 (0.138 24) [2.857 83]

向量误差修正方程 7-6 式,结果表明:

从短期来看,滞后一期、二期的海关特殊监管区域物流货值的影响系数为−0.061、−0.049,具有较小负向作用,统计结果均显著,说明短期内海关特殊监管区域物流货值能促进第三产业结构提升;而滞后一期的进出口总额影响系数为 0.058,即具有正向作用,但统计结果不显著;保税加工货值为正向影响,系数为 0.09,统计结果显著,说明保税加工货值对浙江省第二、三产业生产总值构成中的第二产业构成具有促进作用。

$$D(lnZES) = -0.025247 \times ECM(-1) + 0.250446 \times D[lnZES(-1)]$$
$$[-5.22367] \qquad\qquad [1.20058]$$
$$-0.158732 \times D[lnZES(-2)] - 0.060891 \times D[lnBlaLgs$$
$$[-0.18818] \qquad\qquad [-3.10483]$$
$$(-1)] - 0.048617 \times D[lnBlaLgs(-2)] + 0.057574$$
$$[-3.39703] \qquad\qquad [1.28921]$$
$$\times D[lnNBlaTIE(-1)] - 0.002990 \times D[lnNBlaTIE(-$$
$$[-0.08032]$$
$$2)] - 0.555378 + 0.087416 \times lnNBlaP \qquad\qquad (7\text{-}6)$$
$$[-5.51327] \quad [5.15582]$$

结论:从长期来看,浙江省第二、三产业生产总值构成受进出口总额的正向促进作用最大,其次为保税加工货值,两个变量均能促进浙江省第二产业比重的提升;而海关特殊监管区域物流货值的影响从长期来看为显著的负向影响,有利于第三产业比重的提升。

(3)浙江省港口货物吞吐量与海关特殊监管区域物流货物、进出口总额、保税加工货值的协整关系分析。

协整方程为

lnZPT＝0.675016lnNBlaLgs(－1)－ 2.363057 lnNBlaTIE(－1)
　　　　[3.18841]　　　　　　　　　　 [－9.30778]

　　　－0.003360　　　　　　　　　　　　　　　　　　　　(7-7)

协整方程 7-7 显示：从长期来看，海关特殊监管区域物流货物对浙江省港口货物吞吐量的影响为正向作用，系数为 0.68，且统计结果显著；进出口总额对浙江省港口货物吞吐量的影响为负向作用，系数为－2.36，统计结果显著。

进一步估计得到向量误差修正方程

D(lnZPT)＝0.001983×ECM(－1)＋0.319785×D[lnZPT(－1)]
　　　　　[0.02476]　　　　　　　　　 [0.49838]

　　　＋0.097232×D[lnZPT(－2)]－0.038060×D[lnNBlags(－1)]
　　　　　[0.14928]　　　　　　　　　　 [－0.41800]

　　　＋0.015102×D[lnNBlags(－2)]＋0.055757×D[lnNBlaTIE
　　　　　[0.25578]　　　　　　　　　　 [0.34543]

　　　(－1)]－0.031974×D[lnNBlaTIE(－2)]
　　　　　　　　　　　[－0.28381]

　　　＋0.266137－0.031632×lnNBlaP　　　　　　　　　(7-8)
　　　　　[0.71283][－0.44317]

计量统计结果如表 7-22 所示。

表 7-22　向量误差修正方程的估计结果

变量	D(lnZPT)	D(lnNBlaLgs)	D(lnNBlaTIE)
CointEq1	0.001 983 (0.080 07) [0.024 76]	0.026 949 (0.604 48) [0.044 58]	0.581 376 (0.171 40) [3.391 88]
D[lnZPT(－1)]	0.319 785 (0.641 65) [0.498 38]	－0.410 694 (4.843 92) [－0.084 79]	－1.042 130 (1.373 50) [－0.758 74]
D[lnZPT(－2)]	0.097 232 (0.651 35) [0.149 28]	1.920 377 (4.917 16) [0.390 55]	－1.598 052 (1.394 27) [－1.146 16]
D[lnNBlaLgs(－1)]	－0.038 060 (0.091 05) [－0.418 00]	－0.173 716 (0.687 38) [－0.252 72]	－0.258 554 (0.194 91) [－1.326 55]

续表

变量	D(lnZPT)	D(lnNBlaLgs)	D(lnNBlaTIE)
D[lnNBlaLgs（-2）]	0.015 102 (0.059 04) [0.255 78]	-0.031 434 (0.445 72) [-0.070 52]	0.059 027 (0.126 38) [0.467 05]
D[lnNBlaTIE（-1）]	0.055 757 (0.161 41) [0.345 43]	0.196 955 (1.218 53) [0.161 63]	0.619 109 (0.345 52) [1.791 83]
D[lnNBlaTIE（-2）]	-0.031 974 (0.112 66) [-0.283 81]	-0.810 449 (0.850 48) [-0.952 94]	-0.233 357 (0.241 15) [-0.967 67]
C	0.266 137 (0.373 35) [0.712 83]	1.200 649 (2.818 47) [0.425 99]	-2.497 383 (0.799 18) [-3.124 92]
lnNBlaP	-0.031 632 (0.071 38) [-0.443 17]	-0.156 004 (0.538 83) [-0.289 52]	0.484 434 (0.152 79) [3.170 64]

结果表明：从短期来看，以下统计结果均不显著：对浙江省港口货物吞吐量的影响，滞后一期、二期的海关特殊监管区域物流货物影响分别为微小负向、正向作用，系数为-0.038，0.015，影响不稳定；滞后一期、二期的进出口总额影响为微小正向、负向作用，系数为0.056，-0.032，影响不稳定；保税加工货值影响为微小负向作用，系数为-0.032。说明宁波保税物流区域与港口的区港联动效果不明显，港口货物吞吐量中外贸货物吞吐量部分主要是通过口岸物流进出境的。

结论：从长期来看，海关特殊监管区域物流货值对浙江省港口货物吞吐量具有正向促进作用，系数为0.68；而进出口总额对浙江省港口货物吞吐量的影响为负向作用；保税加工货值的短期影响不显著。保税物流区域与港口的区港联动作用不明显。

（4）浙江省经济开放度与海关特殊监管区域物流货物、进出口总额、保税加工货值的协整关系分析。

协整方程为

$$lnZEO = -0.368908\ lnNBlaLgs(-1) + 0.528879 lnNBlaTIE(-1)$$
$$\qquad\qquad [-8.92227] \qquad\qquad\qquad [10.3797]$$

$$-5.63540989772 \tag{7-9}$$

协整方程 7-9 显示：从长期来看，海关特殊监管区域物流货值对浙江省经济开放度的影响为负向作用，影响系数为 -0.37，统计结果显著；保税物流区域的进出口总额对浙江省经济开放度具有正向影响作用，影响系数为 0.53，统计结果显著。

进一步估计得到向量误差修正方程

$$D(\ln ZEO) = 0.155744 \times ECM(-1) - 0.227036 \times D[\ln ZEO(-1)]$$
$$[0.42015] \qquad\qquad [-0.48928]$$
$$+ 0.694502 \times D[\ln ZEO(-2)] + 0.105886 \times D[\ln NBlaLgs(-1)]$$
$$[1.53330] \qquad\qquad\qquad [0.90383]$$
$$+ 0.020853 \times D[\ln NBlaLgs(-2)] - 0.030999 \times D[\ln NBlaTIE$$
$$[0.30897] \qquad\qquad\qquad [-0.14358]$$
$$(-1)] - 0.313763 \times D[\ln NBlaTIE(-2)] + 0.593254$$
$$[-1.45512] \qquad\qquad\qquad [0.85537]$$
$$- 0.088973 \times \ln NBlaP \tag{7-10}$$
$$[-0.80829]$$

估计结果如表 7-23 所示，结果表明：从短期来看，海关特殊监管区域物流货物、进出口总额对浙江经济开放度的影响不显著。保税加工货值对浙江省经济开放度的影响系数为 -0.09，统计结果不显著。

表 7-23 向量误差修正方程的估计结果

变量	D(lnZEO)	D(lnNBlaLgs)	D[lnNBlaTIE]
CointEq1	0.155 744 (0.370 69) [0.420 15]	5.904 760 (1.271 66) [4.643 33]	0.609 440 (0.889 82) [0.684 90]
D[lnZEO(−1)]	−0.227 036 (0.464 02) [−0.489 28]	−2.487 632 (1.591 85) [−1.562 73]	−0.291 047 (1.113 87) [−0.261 29]
D[lnZEO(−2)]	0.694 502 (0.452 95) [1.533 30]	4.901 455 (1.553 86) [3.154 37]	2.107 446 (1.087 29) [1.938 26]
D[lnNBlaLgs(−1)]	0.105 886 (0.117 12) [0.903 83]	1.303 856 (0.401 80) [3.245 04]	0.248 274 (0.281 15) [0.883 06]

续表

变量	D(lnZEO)	D(lnNBlaLgs)	D[lnNBlaTIE]
D[lnNBlaLgs（−2）]	0.020 853 (0.067 49) [0.308 97]	0.571 812 (0.231 53) [2.469 68]	0.077 902 (0.162 01) [0.480 84]
D[lnNBlaTIE（−1）]	−0.030 999 (0.215 89) [−0.143 58]	−1.844 304 (0.740 63) [−2.490 18]	−0.188 382 (0.518 24) [−0.363 50]
D[lnNBlaTIE（−2）]	−0.313 763 (0.215 63) [−1.455 12]	−3.243 248 (0.739 72) [−4.384 40]	−0.879 915 (0.517 61) [−1.699 96]
C	0.593 254 (0.693 56) [0.855 37]	12.169 69 (2.379 31) [5.114 80]	1.250 389 (1.664 88) [0.751 04]
lnNBlaP	−0.088 973 (0.110 08) [−0.808 29]	−1.866 673 (0.377 62) [−4.943 23]	−0.166 431 (0.264 23) [−0.629 86]

结论：从长期来看，海关特殊监管区域物流货值对浙江省经济开放度的影响为负向抑制作用；保税物流区域的进出口总额对浙江省经济开放度具有正向促进作用，统计结果均显著。

综上所述，协整检验分析总结如下：

①浙江省国内生产总值与保税物流区域的海关特殊监管货物、进出口贸易总额、保税加工货值之间存在长期协整关系。浙江省 GDP 对自身增长影响显著；保税物流区域的进出口总额、保税加工货值对浙江省 GDP 增长均有较小的正向影响作用；海关特殊监管区域物流货物长期来说具有较小的负向影响作用。

②浙江省第二、三产业生产总值构成从长期来看受进出口总额的正向促进作用最大，其次为保税加工货值，两个变量均能促进浙江省第二产业比重的提升；而海关特殊监管区域物流货值从长期来看为负向影响，有利于第三产业比重的提升。

③浙江省港口货物吞吐量从长期来看受海关特殊监管区域物流货值的

正向促进作用;进出口总额对浙江省港口货物吞吐量的影响为负向作用;保税加工货值的影响不显著。说明保税物流区域与港口的区港联动作用不明显。

④浙江省经济开放度从长期来看受保税物流区域的进出口总额的正向促进作用影响显著,海关特殊监管区域物流货值的影响则为负向抑制作用。

7.3.4 脉冲响应分析

脉冲响应函数直观描述误差项受到一个单位标准差冲击后,对内生变量当期值和未来值的影响。各变量受到一个单位标准差冲击后各因变量的响应过程分析结果如图7-19至图7-22所示。横轴表示冲击作用的滞后期间数(单位:年),滞后区间设为10年。结果显示:

①浙江省GDP对海关特殊监管区域物流货物、进出口总额的脉冲响应。图7-19显示,浙江省国内生产总值对自身冲击效应最为强烈,为正向冲击;海关特殊监管区域物流货物对浙江省国内生产总值的冲击效应不稳定,首先表现为负向冲击,滞后五期后开始转为正向冲击,逐步趋于平稳;保税物流区域进出口贸易总额在前三期时对浙江省GDP增长没有什么影响,第四期开始转变为负向冲击,滞后五期逐步趋于稳定。由于保税物流区域进出口总额受国际经济不景气、人民币汇率疲软、国内和区域GDP经济增长整体下行转型、传统市场增长乏力等影响较大,出口受阻,进出口贸易发展不稳定,2011年以来下降明显,对GDP增长起到抑制作用。保税物流区域外贸发展面临结构性减速,迫使保税物流区域的外贸转型发展以适应宏观经济环境。

②浙江港口货物吞吐量对海关特殊监管区域物流货物、进出口总额的脉冲响应。图7-20显示,浙江港口货物吞吐量(lnZPT)对自身的冲击效应最为强烈,滞后五期后趋于稳定;其次为海关特殊监管区域物流货物对浙江港口货物吞吐量的冲击影响效应为负向;而进出口总额对浙江港口货物吞吐量的冲击效应较弱,几乎为零。说明浙江港口货物吞吐量中国际物流主要走的口岸物流通道,区港联动需要加强。

③浙江省第二、三产业生产总值结构对海关特殊监管区域物流货物、进

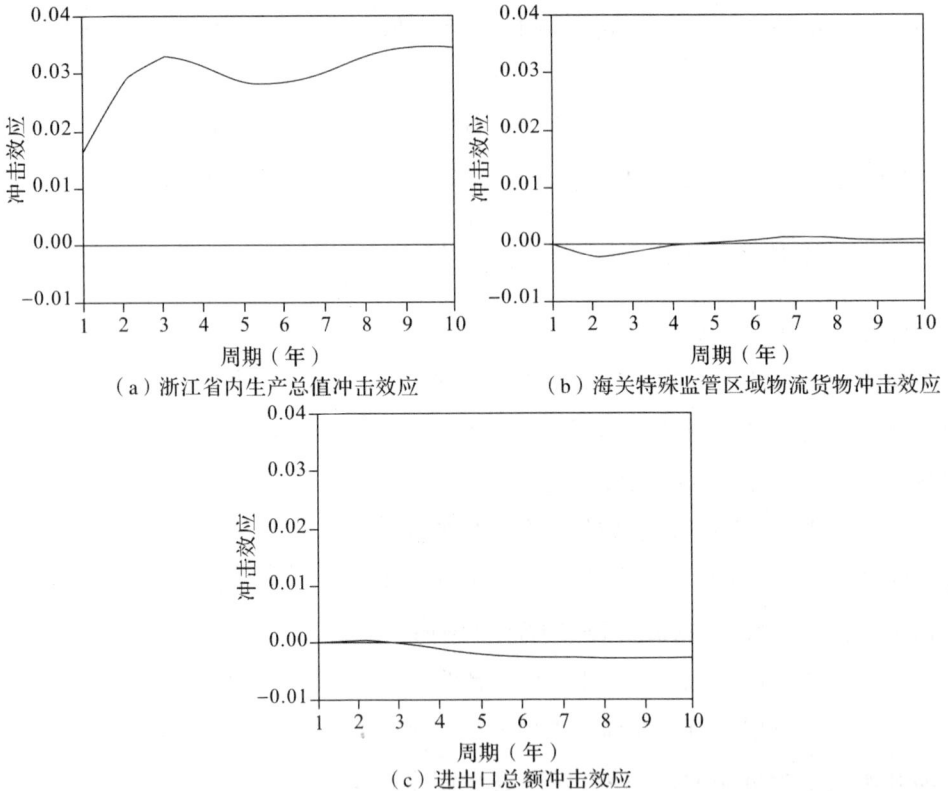

（a）浙江省内生产总值冲击效应

（b）海关特殊监管区域物流货物冲击效应

（c）进出口总额冲击效应

图 7-19　浙江 GDP 对宁波保税物流区域的海关特殊监管区域物流货物（NBlaLgs）和进出口总额（NBlaTIE）的脉冲响应

出口总额的脉冲响应。图 7-21 显示，浙江省第二、三产业生产总值结构（ZES）对自身的正向冲击效应较为强烈，滞后七期趋于稳定。海关特殊监管区域物流货物对浙江省第二、三产业生产总值结构的负向冲击影响效应非常明显，而进出口总额对浙江省第二、三产业生产总值结构的冲击效应同样表现为负向作用。说明海关特殊监管区域物流货物、进出口总额发展有利于第二产业的发展，二者的发展与第二产业增加值相关。

　　④浙江省经济开放度（ZEO）对海关特殊监管区域物流货物、进出口总额的脉冲响应。图 7-22 显示，浙江省经济开放度（ZEO）对自身的冲击效应最为强烈，滞后四期开始趋于稳定；海关特殊监管区域物流货物对浙江省经济开放度的冲击效应在滞后一期和二期表现为正向作用，第三期开始表现

（a）浙江省内生产总值冲击效应

（b）海关特殊监管区域物流货物冲击效应

（c）进出口总额冲击效应

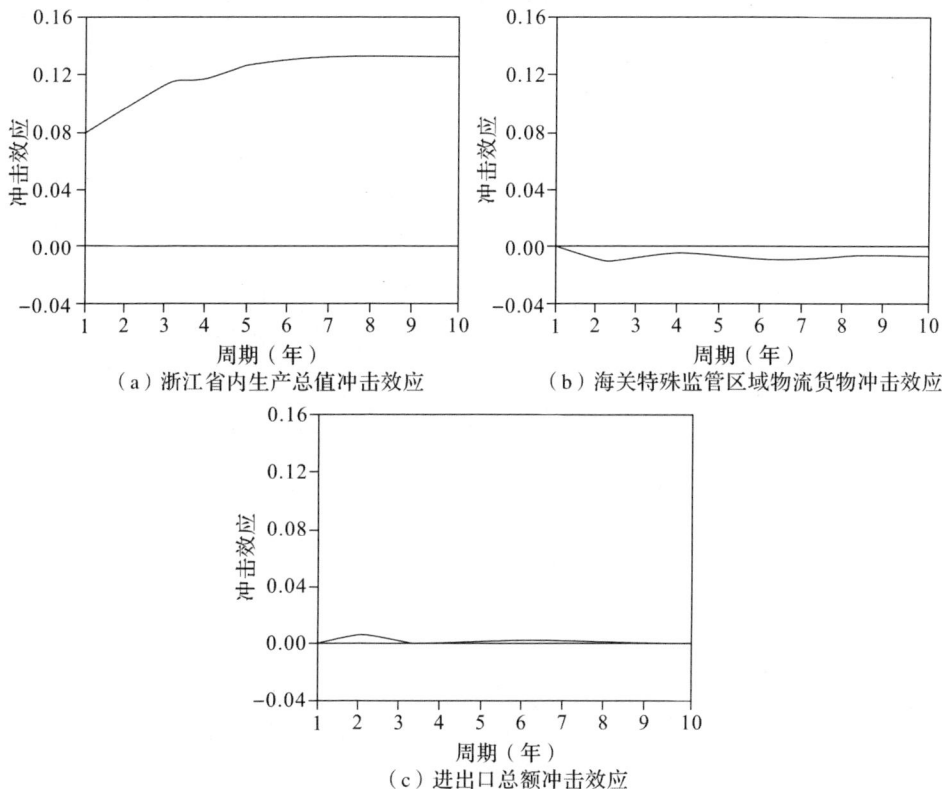

图 7-20 浙江港口货物吞吐量（lnZPT）对宁波保税物流区域的海关特殊监管区域物流货物（NBlaLgs）和进出口总额（NBlaTIE）的脉冲响应

为负向抑制的作用；进出口总额对浙江省经济开放度的冲击效应不稳定，在滞后一期和二期表现为正向作用，第三期开始表现为较弱的负向抑制作用，在滞后六期趋于稳定。受 2009 年国际金融危机影响，浙江省外贸和外资依存度逐年下降，经济开放度由 2008 年的 76.69％下降到 2015 年的 52.75％。外向型经济面临转型升级、多元化优化发展。

综上所述，脉冲分析结果发现：

①浙江省国内生产总值对自身冲击效应最为强烈，为正向冲击；海关特殊监管区域物流货物对浙江省 GDP 的冲击效应不稳定，首先表现为负向冲击，滞后五期后开始转为正向冲击，逐步趋于平稳；保税物流区域进出口贸易总额在前三期时对浙江省 GDP 增长没有什么影响，第四期开始转变为负

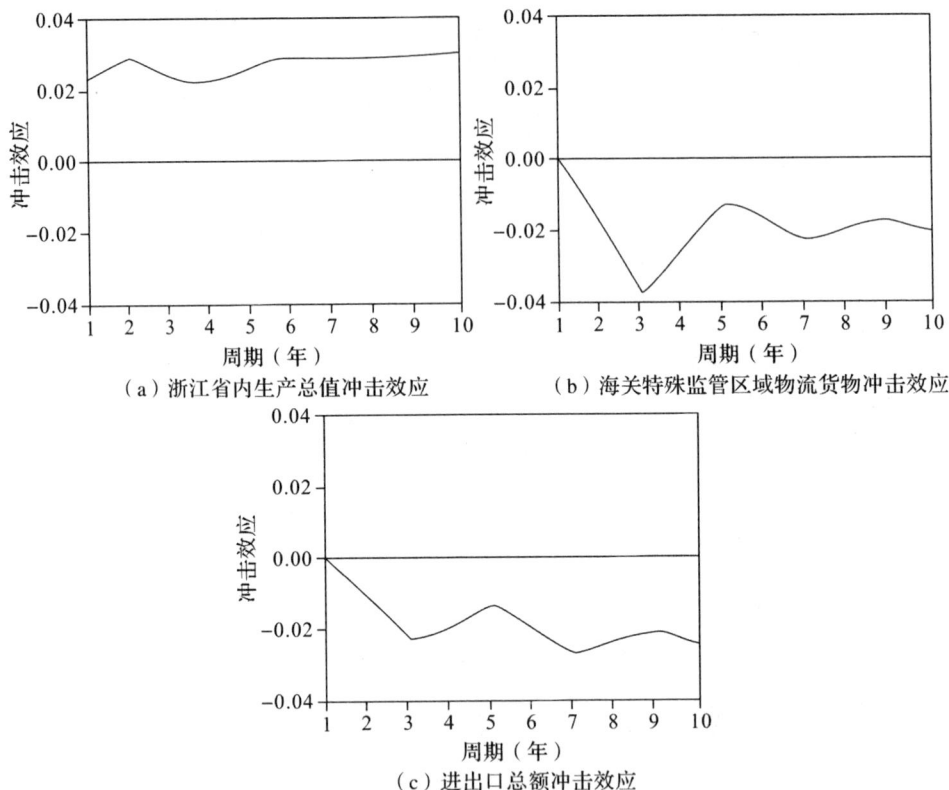

（a）浙江省内生产总值冲击效应

（b）海关特殊监管区域物流货物冲击效应

（c）进出口总额冲击效应

图 7-21　浙江第二、三产业生产总值结构(ZES)对宁波保税物流区域的海关特殊监管区域
物流货物(NBlaLgs)和进出口总额(NBlaTIE)的脉冲响应

向冲击,滞后五期逐步趋于稳定。

　　②浙江港口货物吞吐量对自身的冲击效应最为强烈,其次为海关特殊监管区域物流货物的冲击影响效应,为负向,而进出口总额的冲击效应较弱,几乎为零。

　　③浙江省第二、三产业生产总值结构对自身的正向冲击效应较为强烈;海关特殊监管区域物流货物、进出口总额的冲击影响效应均为显著的负向作用。

　　④浙江省经济开放度对自身的冲击为正向效应;海关特殊监管区域物流货物冲击效应短期为正向作用,长期为负向抑制作用;进出口总额的冲击效应不稳定,短期为正向作用,长期显示为较弱的负向作用。

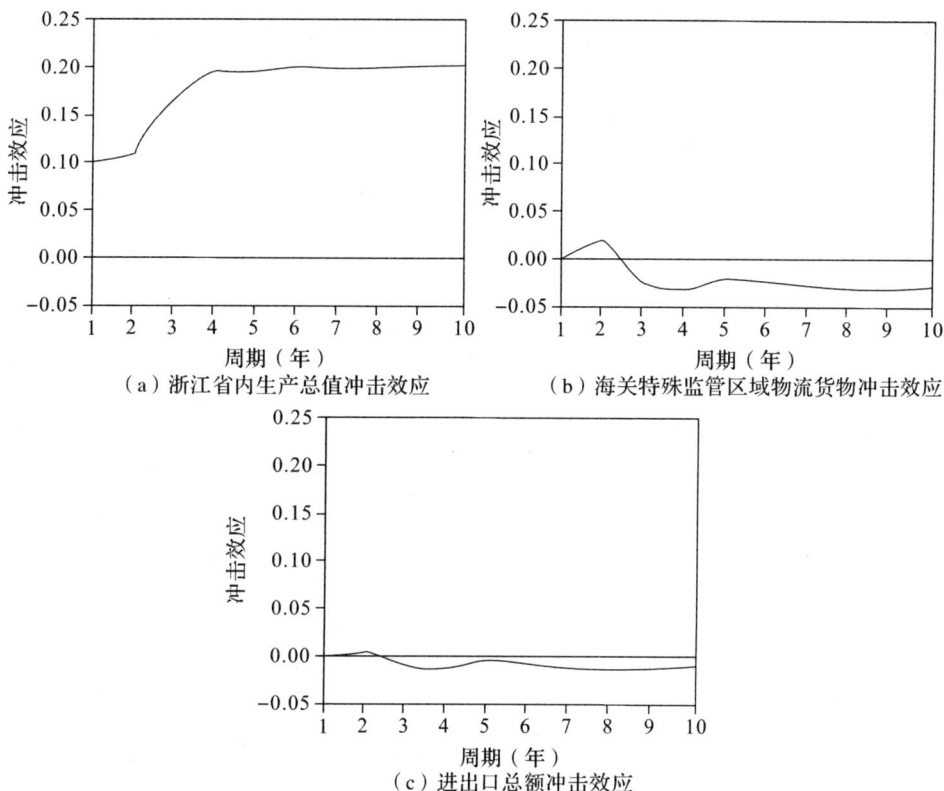

图 7-22 浙江经济开放度（ZEO）对宁波保税物流区域的海关特殊监管区域物流货物
（NBlaLgs）和进出口总额（NBlaTIE）的脉冲响应

7.3.5 方差分解分析

本研究选取 10 个周期（单位：年）作为方差分解的滞后期，基于已建的向量自回归 VAR 模型，分别对宁波保税物流区域的进出口总额、海关监管区域物流货物进行方差分解。

（1）浙江省 GDP 与保税物流区域进出口总额、海关特殊监管区域物流货物

各变量的方差分解结果如表 7-24 所示。浙江省 GDP 影响因素很多，宁波保税物流区域进出口总额对浙江省 GDP 的贡献度随着时间的推移逐渐递增，到滞后六期以后趋于稳步增长，在第十期达到最大，贡献度大约为 0.45%；海关特殊监管区域物流货物对宁波 GDP 的影响贡献率滞后 1 年影

响力度最为突出,之后增长递减,在滞后的 10 年贡献率约为 0.11%。影响较小的原因可能是各保税物流区域正式封关运作产生效益的先后时间不同,如宁波梅山保税港区、舟山综合保税区正在建设完善中,保税物流区域有待进一步发展以产生规模经济效应等。保税物流区域需要拓展多元化业务、进行转型升级发展以提高绩效。

表 7-24　方差分解结果

周期(年)	S. E	lnZGDP	lnNBlaLgs	lnNBlaTIE
1	0.016 825	100.000 0	0.000 000	0.000 000
2	0.034 071	99.558 82	0.441 131	5.01E-05
3	0.048 009	99.665 43	0.323 164	0.011 402
4	0.057 416	99.707 16	0.232 908	0.059 928
5	0.064 253	99.652 58	0.186 403	0.161 018
6	0.070 369	99.565 28	0.166 434	0.268 290
7	0.076 847	99.504 56	0.158 599	0.336 837
8	0.083 884	99.481 71	0.140 410	0.377 884
9	0.090 971	99.463 44	0.122 415	0.414 145
10	0.097 575	99.434 71	0.113 718	0.451 568

Cholesky 排序: lnZGDP　lnBlaTIE　lnBlaLgs

方差分解结果表明:浙江省 GDP 对自身的贡献起主要作用,说明浙江省经济增长属于多种因素共同驱动的复合型增长;海关特殊监管区域物流货物和进出口总额对浙江省 GDP 的贡献率较小,但进一步来看,宁波保税物流区域的进出口总额对浙江省 GDP 的贡献率比海关特殊监管区域物流货物要大些,且逐年不断增长。

(2)浙江省第二、三产业生产总值结构与保税物流区域进出口总额、海关特殊监管区域物流货物

如表 7-25 所示,方差分解结果表明:浙江省第二、三产业生产总值结构对自身的贡献度最大,但随着时间的推移,其自身滞后冲击效应的贡献度下降明显,直到滞后第五期趋于稳定,之后大约稳定在 45%;而海关特殊监管

区域物流货物对浙江省第二、三产业生产总值结构的影响贡献度增长更为明显,滞后第四期就达到了41%,之后趋于下降,大约稳定在29%;进出口总额对浙江省第二、三产业生产总值结构的影响贡献度不断增长,大约稳定于25%。相比而言,保税物流区域的海关特殊监管区域物流货物相比进出口总额对浙江省第二产业生产总值的比重提升贡献大一些。

表 7-25 方差分解结果

周期(年)	S. E	lnZES	lnNBlaLgs	lnNBlaTIE
1	0.023 410	100.000 0	0.000 000	0.000 000
2	0.042 049	76.217 23	16.968 21	6.8145 53
3	0.065 472	43.620 11	41.015 57	15.364 32
4	0.075 761	40.442 53	41.263 88	18.293 59
5	0.082 109	43.956 73	37.622 00	18.421 27
6	0.091 197	45.516 78	34.004 36	20.478 87
7	0.102 012	44.072 59	32.409 65	23.517 76
8	0.110 228	44.326 15	30.882 74	24.791 12
9	0.117 333	45.338 52	29.463 94	25.197 55
10	0.125 143	45.332 33	28.639 10	26.028 57

Cholesky 排序: lnZES lnNBlaTIE lnNBlaLgs

(3)浙江省港口货物吞吐量与保税物流区域进出口总额、海关特殊监管区域物流货物。

如表 7-26 所示,方差分解结果表明:浙江港口货物吞吐量(lnZPT)自身的冲击效应贡献度最大,达到 99%,而海关特殊监管区域物流货物(NBlaLgs)和进出口总额(NBlaTIE)对浙江港口货物吞吐量的贡献度影响较弱,相比较而言,海关特殊监管区域物流货物要比进出口总额对浙江港口货物吞吐量的贡献度略微大一点。这与脉冲响应分析得到的结论一致,也从侧面佐证了脉冲响应分析的结论。

表 7-26 方差分解结果

周期(年)	S. E	lnZPT	lnNBlaLgs	lnNBlaTIE
1	0.081 250	100.000 0	0.000 000	0.000 000
2	0.128 477	99.120 75	0.809 035	0.070 217
3	0.171 977	99.134 16	0.824 268	0.041 570
4	0.208 340	99.333 12	0.634 918	0.031 961
5	0.244 573	99.418 13	0.558 358	0.023 514
6	0.277 594	99.394 91	0.586 818	0.018 274
7	0.307 351	99.398 75	0.586 328	0.014 920
8	0.334 236	99.422 61	0.564 683	0.012 704
9	0.359 246	99.439 21	0.549 536	0.011 251
10	0.382 894	99.446 90	0.543 035	0.010 060

Cholesky 排序：lnZPT lnNBlaLgs lnNBlaTIE

(4)浙江省经济开放度与保税物流区域进出口总额、海关特殊监管区域物流货物。

如表 7-27 所示,方差分解结果表明:浙江省经济开放度(lnZEO)对自身的贡献度最大,从滞后三期开始稳定于 97%;而海关特殊监管区域物流货物(NBlaLgs)对浙江省经济开放度的影响逐步增长,到滞后第四期增大到顶峰,之后出现下降,最后稳定于 2.16% 左右(滞后第九期的数据);进出口总额(NBlaTIE)对浙江省经济开放度的影响始终较弱。这与脉冲响应分析得到的结论较为一致。

表 7-27 方差分解结果

周期(年)	S. E	lnZEO	lnNBlaLgs	lnNBlaTIE
1	0.098 190	100.000 0	0.000 000	0.000 000
2	0.149 058	98.168 53	1.726 408	0.105 062
3	0.226 908	97.637 11	2.090 685	0.272 202
4	0.302 276	97.330 44	2.368 989	0.300 575
5	0.361 454	97.776 46	2.007 725	0.215 817
6	0.413 251	97.825 96	1.963 350	0.210 689

周期(年)	S. E	lnZEO	lnNBlaLgs	lnNBlaTIE
7	0.459 310	97.783 66	1.981 096	0.235 241
8	0.501 782	97.661 65	2.072 353	0.265 999
9	0.542 165	97.555 67	2.164 308	0.280 022
10	0.579 330	97.539 11	2.183 203	0.277 690

Cholesky 排序：lnZEO　lnNBlaLgs　lnNBlaTIE

7.4　本章小结

本章研究构建 VAR 模型,以宁波市保税物流区域经济增长极的发展为案例,选取保税物流区域的进出口贸易总额、海关特殊监管区域物流货物、保税加工货值指标,采用 1995—2015 年的数据,通过协整检验、脉冲响应函数和方差分解分析,对保税物流区域经济增长极的发展对母城、对本省腹地浙江省经济增长的影响进行实证分析。结论归纳总结如下：

(1)保税物流区域发展对母城经济增长的影响

①宁波市 GDP 对自身经济增长的影响最为显著,其影响存在一定的惯性,宁波经济增长属于多种因素共同驱动的复合型增长。

②宁波市保税物流区域的进出口总额、海关特殊监管区域物流货物、保税加工货值与宁波市 GDP 增长存在长期协整关系,三者对宁波市 GDP 增长的影响均为正向促进作用。

③相对而言,宁波保税物流区域保税加工货值对母城 GDP 增长的影响力最大,之后依次为进出口总额、海关特殊监管区域物流货物。

(2)保税物流区域发展对浙江省经济增长及相关经济影响

通过实证研究,主要结论为：浙江省国内生产总值与保税物流区域的海关特殊监管货物、进出口贸易总额、保税加工货值之间存在长期协整关系。从长期来看,保税物流区域的进出口总额、保税加工货值对浙江省 GDP 增长有正向影响作用；保税物流区域的进出口总额、保税加工货值有利于促进浙江省第二产业比重的提升,而海关特殊监管区域物流货值有利于第三产业比重的提升;海关特殊监管区域物流货值对浙江省港口货物吞吐量有正向促进作用,但区港联动作用不明显;进出口总额对浙江省经济开放度的正向影响作用显著。

　　具体分析如下:

　　协整检验结果表明:① 浙江省国内生产总值与保税物流区域的海关特殊监管货物、进出口贸易总额、保税加工货值之间存在长期协整关系。浙江省 GDP 对自身增长影响显著;保税物流区域的进出口总额、保税加工货值对浙江省 GDP 增长均有正向影响作用;海关特殊监管区域物流货物长期来说具有较小的负向影响作用。②浙江省第二、三产业生产总值构成从长期来看受进出口总额的正向促进作用最大,其次为保税加工货值,两个变量均能促进浙江省第二产业比重的提升;而海关特殊监管区域物流货值从长期来看为负向影响,有利于第三产业比重的提升。③浙江省港口货物吞吐量从长期来看受海关特殊监管区域物流货值的正向促进作用;进出口总额对浙江省港口货物吞吐量的影响为负向作用;保税加工货值的影响不显著。说明保税物流区域与港口的区港联动作用不明显。④浙江省经济开放度从长期来看受保税物流区域的进出口总额的正向促进作用影响显著,海关特殊监管区域物流货值的影响则为负向抑制作用。

　　脉冲响应结果表明:①浙江省国内生产总值对自身冲击效应最为强烈,为正向冲击;海关特殊监管区域物流货物对浙江省 GDP 的冲击效应不稳定,逐步趋于较小正向冲击;保税物流区域进出口贸易总额逐步趋于较小负向冲击。②浙江省第二、三产业生产总值结构对自身的正向冲击效应较为强烈;海关特殊监管区域物流货物、进出口总额对浙江省第二、三产业生产总值结构的负向冲击影响效应明显。③海关特殊监管区域物流货物对浙江港口货物吞吐量为负向冲击影响效应;而进出口总额对浙江省 GDP 的冲击效应较弱,几乎为零。④海关特殊监管区域物流货物冲击效应短期为正向作用,长期为负向抑制作用;进出口总额的冲击效应不稳定,短期为正向作用,长期显示为较弱的负向作用。

　　方差分解结果表明:

①浙江省 GDP 对自身的贡献起主要作用,保税物流区域的进出口总额和海关特殊监管区域物流货物对浙江省 GDP 的贡献度相对较小,其中,进出口总额的影响相对大些,且逐年趋于增长。

②海关特殊监管区域物流货物和进出口总额对浙江省第二、三产业生产总值结构的影响贡献度分别稳定在 29% 和 25% 左右,对浙江省第二产业生产总值比重的提升做出了积极贡献。

③浙江港口货物吞吐量对自身的冲击效应贡献度最大,海关特殊监管区域物流货物和进出口总额对浙江港口货物吞吐量的贡献度影响较弱。

④浙江省经济开放度对自身的贡献度最大,从滞后三期开始稳定于97%;而海关特殊监管区域物流货物对浙江省经济开放度的影响在 2.16%左右;进出口总额对浙江省经济开放度的影响始终较弱。这与脉冲响应分析得到的结论较为一致。

本章以宁波市的保税物流区域经济增长极为例,论证了其主体功能对母城宁波市和腹地浙江省的地区经济增长的作用及相关影响,为保税物流区域对地区经济增长效应的评价,以及为保税物流区域的整合、优化发展提供了决策参考。

8 浙江保税物流区域增长极发展的对策建议

浙江省自1992年经国务院批准设立宁波保税区以来,先后相继获批设立了5种模式8个保税物流区域,经过二十多年的发展,对浙江省开放型经济增长起到了增长极的要素集聚与辐射作用。根据国务院、海关总署全面加快海关特殊监管区域整合优化工作的系统部署,本章研究以浙江省为例,分析其保税物流区域发展存在的问题,针对性地提出浙江保税物流区域整合优化发展的基本思路、主要原则、基本策略、对策建议。

8.1　浙江保税物流区域发展存在的问题

8.1.1　布点数量少,平台层次低

浙江省是经济强省,2015年全省 GDP 42 886 亿元,占全国比重为6.3%,列广东、江苏、山东之后连续 20 年居全国省市第 4 位;人均 GDP 为77 644 元(按年均汇率折算为 12 466 美元),为全国(49 351 元)的 1.57 倍,列天津、北京、上海、江苏之后居全国第 5 位,达到中上等发达国家和地区水平。浙江作为"外贸大省",2015 年浙江省货物贸易进出口总值 21 566 亿元,居全国省市第 4 位,占全国进出口总值8.77%,其中出口 17 174 亿元人民币,居全国省市第 2 位,占全国出口总值 12.15%。浙江保税物流区域的

布点数量少、平台层次低,各区经济规模、发展起步及速度、管理模式等方面存在较大差异,与浙江省作为全国经济大省、外贸大省,尤其是与宁波—舟山港作为外贸货物吞吐量全球第一大港的国际物流枢纽地位,以及义乌全球最大国际小商品采购市场地位等发展要求不相匹配。2017 年舟山港综合保税区升格为舟山自由贸易港,4 个出口加工区正在积极筹备升级,温州、金华、台州积极申办综合保税区或保税物流中心,余姚、象山、宁海等地也提出了申报设想。

8.1.2　规划面积有限,发展空间受限制

一方面,发展空间受限。经过二十多年发展,保税物流区域原有空间已趋饱和,制约着区域进一步发展。2014 年、2015 年浙江保税物流区域进出口趋于下降,与前五名上海、广东、江苏、天津、山东等省市相差大。另一方面,产业集聚效应减弱。如杭州出口加工区 2014 年每平方千米工业产值62.03 亿元,而其所在的杭州经济技术开发区工业每平方千米产值高达67.98 亿元;慈溪出口加工区起步不久,区内虽有土地资源,但由于与宁波出口加工区之间的管理部门、政策差异,难以优势互补。加上保税物流区域原有的税收政策优势等日益弱化,产业增长后劲不足,集聚效应和辐射效应减弱。

8.1.3　功能政策不配套,区港联动不明显

我国不同类型保税物流区域的设立、政策制定是基于不同历史时期开放型经济发展的不同考虑,缺乏系统设计和理论依据,存在功能不全、功能重叠、区分不清等问题。笔者在调研中发现以下几个突出问题:

(1)各管理部门对不同类型的保税物流区域认识存在较大差异,不同时期出于不同考虑,政策不统一。如区外入保税区的货物不能退税,入出口加工区则可退税;境外入保税区货物可保税,可在区内企业之间转让、转移,向

海关报备,而境外入出口加工区货物只有经海关批准后才能转移、转让[①]。政策不统一导致执行起来困难。

(2)保税物流区域功能不全。如:出口加工区以出口加工为主,而保税物流功能为辅是之后实行的,由于功能单一,产业多以传统加工制造为主。目前,大部分保税物流中转业务属于深加工结转或加工贸易内销等,包括"一日游"和"国货复进口"模式,深加工结转政策有待完善。保税物流区域的采购中心、分拨中心等功能尚未有效发挥。

(3)"区港"分离、联动效果不明显。园区企业迫切需要港口与园区建立顺畅的监管机制和联动功能,减少环节、降低成本。目前来看,保税区与港区、其他保税物流区域之间的联动效果并不明显。海关监管与港区监管相分离,舱单管理、保税仓储管理和境内外保税运输之间结合有待发展,园区与海空港口码头地理上分离,相互之间没有全部实现直通,各个区域由于监管模式不统一,难以相互自由流动,导致中转保税货物运输成本和时间增加,通关效率无法满足区港联动的要求。

(4)企业对业务多元化、完整性的服务需求日益强烈。保税物流区域的加工贸易产业从单纯的出口加工贸易,发展到保税港区、综合保税区的研发、保税仓储,国际采购、中转、分销和配送,检测和维修,商品展示,加工、制造,以及港口服务等功能[②]多样化和完整性服务。区内企业尤其是跨国公司对非保税业务提出了强烈需求,希望从提供关务、物流等工序服务到要求提供一揽子需求功能集成服务,以及会务、交通、餐饮住宿等商务配套服务。需要政府行政管理和相关监管模式跟进。

(5)物流成本偏高。区内高标准的物流仓储设施虽然有助于标准化、机械化操作、提高作业效率,但也提高了企业的入驻成本和物流经营成本,仓储、配送和集散中心租金高、满载率低及配送距离不经济的缺点,不能满足物流企业个性化需求和保税物流成本优势。

---

① 钟昌元,毛道根.我国海关特殊监管区域的税收问题研究[J].上海海关学院学报,2013(4):102—110.

② 刘恩专.我国保税区发展的历史回顾与绩效评价[M].北京:经济科学出版社,2003:80—85.

8.1.4 "多头分管"体制,影响运行效率

国外多数国家对自由贸易区大多采取单一管理模式[①],即中央政府设立一个专门机构对自由贸易区进行宏观管理和协调,具有权威和体现管理高效。我国保税物流区域管理体制存在的突出问题:

(1)从国家层面来看,我国保税物流区域没有设立全国统一的专门管理机构,仅由海关总署牵头负责协调工作。具体细则由我国海关总署、国家发改委、财政部、国土部、商务部、工商总局、税务总局、外汇局、质检总局等国务院九部委依据法律规章制度政策措施制定,并各自负责管理相关业务[②]。"多头管理"管理体制导致政策措施与管理矛盾,降低了营运效率。保税物流区域的海关常设机构与原属地海关一般是一套人马,事务增加,职数没有增加,人员调剂使用造成监管与服务双重职能,压力增大、工作难以到位,降低了监管效率、削弱了高效便利的自由贸易特殊功能优势。

(2)从省市层面来看,各区域管理分散,缺乏总体规划与协调的保税物流管理机构。目前,浙江省8个保税物流区域,设有6个管委会,一个区域的海关需设立常驻机构,配备相应的监管资源,划区而治。没有建立本省保税物流区域的统筹协调机构。保税物流区域与经济技术开发区、高新技术产业开发区的功能叠加效应相对较弱,产业同质化,不利于产业链的延伸。反观宁波保税区,实行海关统一管理包括出口加工区、保税物流园区的海关业务,保税区管委统一负责行政管理,"三区合一"的管理模式为统一产业布局规划奠定了良好基础。因此,对现有不尽合理的特殊区域按需整合优化,对于节约政府和海关资源,实现特殊区域集约经营、升级发展具有重大意义。

8.1.5 保税物流监管缺乏较高层次统一的立法

我国缺乏立法层次较高、统一的特殊监管区域立法。《海关法》没有明

---

① 李力.世界自由贸易区发展模式比较[M].北京:改革出版社,1996:40-65.

② 陈大钢.海关关税制度[M].上海:上海财经大学出版社,2002:3-169.

确保税物流区域的性质、法律地位;海关总署按照一类特殊区域下发一个乃至几个规章与暂行办法,内容雷同,缺乏对业务活动的明确规定,使得在实际操作中,企业对各类特殊监管区域的功能、政策异同及优惠不甚了了。各地政府与关务监管部门则在实际监管运作中由于对政策功能定位认识存在差异,对相关法规理解不同,导致实施过程和结果不同、各区域间政策不一致、实际操作难衔接等问题。如保税港区目前执行的《中华人民共和国海关保税港区管理的暂行办法》(海关总署 2007 年 9 月公布第 164 号总署令),该办法缺乏对业务活动的明确规定,某保税港区主管部门对"境内关外"的监管方法等同于境外,导致部分涉证原料不允许进区,销往国内的保修产品入区返修难度大,影响企业经营。我国保税物流区域呈现多元化发展格局,市场发生深刻变化,急需突破滞后规定,创新监管方法和保税物流区域自身功能。

8.1.6 海关保税监管模式有待改进和联动发展

(1)监管模式有待转变和规范。海关监管还没有转到对企业的分类监管模式。现行的特殊监管区域实行全封闭物理隔离并采用电子监控,货物采用电子账册管理和定期盘点相结合,"一线放开、二线管住"的原则有利于海关监管。但在监管实践中,"一线放开"管理有名无实,保税区、保税港区现行的通关模式及监管流程大多按照口岸货物业务设置,监管严格,在删改单、查验管理、案件处罚等方面与常规报关没有区别,海关监管更多集中在货物通关的事前环节,注重对单证的监管,账册管理功能模块单一,损耗率规定不明,快递进出区报备、账册及围网双重监管、涉证涉税自用入区物资监管程序繁杂,加工及物流企业不能开展非保税业务等问题,制约了区内企业经济活动和货物流通的自由度,抵消了保税效应带来的开放优势。

(2)海关通关模式有待完善。目前,通关、查验、转关等作业需要等待的时间过长,海关、国检、税务、外汇、保险等部门较为分散,"一次申报、一次审单,一次查验"的通关模式还没有在各保税物流区域全面实施,通关效率低。企业急需高效、快捷、便利的口岸通关环境和"一站式"服务的集成以提高管理效率。

（3）海关全程信息化保税监管手段有待提高。我国海关特殊监管区域均采用计算机联网管理方式，由于统一的计算机网络信息管理系统尚在完善中，企业对联网费用、财务、货物进出等事项公开存在顾虑，海关与企业间信息化联网程度有限。区域之间海关全程统一的计算机监管信息系统尚未完成，一定程度上阻碍了海关有效监管。

（4）不同区域间联动发展机制未能有效建立。由于许多地区都有多种不同类型的监管区域，未能建立起有效的区域联动发展机制。区内企业存在对不同类型保税物流区域之间业务运作的需求，然而因政策有别、功能各异，使得企业在区域间结转货物手续繁杂，企业机构重复设置，增加了运作成本。

8.2 浙江保税物流区域增长极整合优化的对策建议

关于浙江保税物流区域如何优化整合以促进区域经济发展的对策方面，笔者走访调研了杭州海关、杭州和宁波多个保税物流区域，访谈高管，了解监管部门、保税物流区域职能部门以及区内企业的诉求。在理论研究方面，赵光华（2007）对保税物流监管体系进行了研究[①]；朱李鸣（2014）[②]、应妙红（2014）[③]、庄谨（2015）[④]等对浙江、宁波的海关特殊监管区域整合优化发展进行了研究，提出构筑高层次开放平台，推进保税物流区域与城市经济增长和产业结构转型升级发展。根据《国务院办公厅关于印发加快海关特殊监管区域整合优化方案的通知》（国办发〔2015〕66 号），明确要求稳步推进整合优化，逐步将现有的海关特殊监管区域整合为综合保税区，新设的特殊区域原则上均为综合保税区，从功能定位上促进区内产业向研发、物流、销售、维

---

① 赵光华. 海关保税物流监管体系综述[J]. 物流技术与应用, 2007(3):58—61.

② 朱李鸣, 施纪平. 新形势下浙江构筑高层次开放平台的策略选择[J]. 决策咨询, 2014(7):1—5.

③ 应妙红, 许继琴. 浙江省海关特殊监管区域进出口发展的差距及对策探讨[J]. 特区经济, 2014 (6):40—42.

④ 庄谨. 浙江海关特殊监管区域整合优化发展研究[J]. 浙江经济, 2015(6):36—39.

修、再制造等产业链高端发展。浙江作为外贸大省、经济大省,无论从融入经济全球化和长三角、深化体制机制改革、加快转变外经贸发展方式,还是建设港航强省、推进宁波—舟山港作为国际物流枢纽港地位、推进中国(杭州)跨境电商综合试验区和义乌小商品国际贸易试点等,都需要大力推进和整合优化海关特殊监管保税物流区域建设,破解浙江保税物流区域群自身发展瓶颈,实现量质并举的切实要求。

8.2.1　总体思路

(1)基本思路

浙江省保税物流区域的规划发展,应根据国务院有关海关特殊监管区整合发展工作的要求,立足浙江省、市区域经济发展的现实需求和长远规划,建设浙江港航强省、外贸强省的目标,围绕杭州、宁波—舟山、嘉兴、金华—义乌、温州"五个现代物流枢纽",量质并举,推进浙江保税物流区域在空间、功能、体制等方面的整合,逐步实现产业结构优化、业务形态优化、贸易方式优化、政策服务优化,以增强浙江保税物流区域群科学发展内生动力,促进浙江加工贸易转型升级,发挥浙江保税物流区域集约用地、要素集聚和辐射带动作用,推动浙江开放型经济升级发展。

(2)主要原则

问题导向,统筹规划。为实现现有保税物流特殊区域的升级发展,促进加工制造业转型升级、优化贸易投资和发展环境、提升浙江开放型经济发展水平、促进江海联运中心和国际物流枢纽中心的建设,应抓住各地市开放型经济和保税物流区域发展中存在的主要矛盾和突出问题,立足浙江省发展战略规划和实际需求,系统规划、量质并举,综合协调,既要争取原有的保税物流区域整合升级构筑高层次开放平台,根据地区经济发展要求积极申报增加保税物流区域数量,又要合理配置资源,避免各区产业同质、绩效不良等问题,使保税物流区域不断适应新的发展要求。

市场导向,区港联动。培育保税物流区域公平、开放、便利的市场环境,充分发挥市场在资源配置中的决定性作用和保税物流区域统筹国内外市场和资源的作用,为企业营造法制化、市场化、国际化的营运环境,促进企业按照市场规律顺应经济全球化、跨境贸易电子商务和港口经济转型升级的趋势。通过功能创新,使保税物流区域与物流港口之间货畅其流,实现更高程度和更广范围的经济开放。

效能导向,生态发展。明确保税物流区域的法律地位和作用,健全与综合保税区发展方向要求相适应的法律法规;加快政府职能转变,创新海关的监管理念、监管制度和监管手段,建立互联互通的管理机制,降低行政运行成本;建立有利于企业守法、诚信、公平竞争的开放型经济发展的法治环境。

(3)基本策略选择

通过推动浙江保税物流区域的统筹规划协调、整合优化、量质并举,加快舟山自由贸易港区建设,整合宁波保税物流区域升级为宁波综合保税区,申报升级杭州、慈溪出口加工区为综合保税区,优化梅山保税港区,积极推进温州、义乌、金华、台州等申报综合保税区,以及论证余姚、象山、宁海等综合保税区或保税物流中心等的申报项目,推进浙江省保税物流区域高层次开放平台建设。

8.2.2 整合类型,功能升级发展

(1)杭州:一是将杭州出口加工区、杭州空港保税物流中心(B型)和中国(杭州)跨境电子商务综合试验区(出口加工区园区、下城园区、空港园区等)整合申报设立杭州综合保税区,联动设在下沙的杭州经济技术开发区发展。突出跨境电子商务、空港物流和服务贸易主题,培育发展互联网金融、贸易销售、研发中心、检测维修,支持阿里巴巴国际站(Alibaba.com)、Express全球速卖通、全麦等跨境电商商户平台建设,打造全球的跨境电商服务中心、航空快递中心和互联网金融中心。二是逐步推动杭州萧山国际机场联动空港跨境电商园区培育升级为航空自由贸易港。这将大力推进杭州作为我国首个跨境电商综合试验区,对跨境电子商务外贸新模式发展的引领作用。可以借鉴新加坡樟宜机场的自由贸易区,航空物流24小时不间断运作、一站式服务的模式,萧山国际机场空港内设有国际货物代理点和国际货站,货物直接拉到货站,中转货物也可以直接停放在空港内,出港时再办理报关手续。杭州航空自由港设置有利于大力推进本省保税物流、跨境

电商的发展。

(2)宁波:积极推进宁波综合保税区的申报与建设。现有 5 个保税物流区域层次低、各自为战。根据宁波保税物流区域的布局,结合港口经济、空港经济、特色产业带的均衡发展,整合北仑港、大榭港、栎社空港和宁波保税区,以及宁波出口加工区、保税物流园区、栎社保税物流中心(B 型)、慈溪出口加工区,并将范围扩展到宁波港镇海液化储罐区,"三港六区",申报设立大型的"宁波综合保税区",作为浙江复制上海自由贸易区政策的大平台[①]。一是空间与名称整合,按照区域空间位置不同,可分为"宁波综合保税区北仑分区"(原宁波保税区南区和宁波出口加工区)、大榭片分区(东区、西区)、慈溪分区(原慈溪出口加工区)、空港分区(原宁波栎社空港保税物流中心)、镇海分区(原镇海液化储罐区)共五区。可以将宁波保税物流园区保留并纳入综合保税区,或置换到镇海分区。二是功能整合、特色错位发展。整合后的综合保税区主要培育功能包括保税加工、国际航运、国际中转集拼、国际采购与配送、大宗商品贸易、金融服务以及研发、检测、维修等功能,探索期货保税交割、融资租赁业务、外汇管理模式创新。其中,北仑分区加强区港联动,重点为北仑区、鄞州区企业开展保税加工、保税物流及其配套服务;重视保税功能,加强园区与宁波港、舟山港联动发展,辐射浙江区域与周边省份;空港分区依托空港优势发展保税物流、跨境电商,为区域企业配套发展;慈溪分区依托与联动宁波杭州湾新区国家级经济技术开发区,重点服务余姚和慈溪加工制造企业,辐射周边城市;镇海分区重点发展液体化工品的保税物流和保税加工,以成为远东乃至国际重要的液化物流中转口岸、液体化工品集散中心和交易平台,促进宁波临港重化工产业链发展升级。宁波综合保税区促进宁波市作为全国性物流和国际物流节点城市、宁波—舟山港国际物流枢纽港建设。三是管理机构整合,设立"宁波保税区管理局"、宁波综合保税区海关和综保区分区海关派驻机构,确保各口岸执法单位之间协调配合,各分区之间、监管区与港口等物流枢纽的物流进出高效便捷。四是

---

① 殷文伟,牟敦果.宁波—舟山港腹地分析及对发展港口经济的意义[J].经济地理,2011(3):447—452.

卡口及管理平台统一,建设符合标准的监管设施和统一的信息化管理平台,提高大通关效率,通过信息共享形成监管合力。

(3)舟山:大力推进舟山的中国(浙江)自由贸易试验区建设。中国(浙江)自由贸易试验区的实施范围落户在舟山岛,占地119.95平方千米,由陆域和相关海洋锚地组成。按区域布局划分为三个片区:①舟山离岛片区。面积78.98平方千米,含舟山港综合保税区区块二3.02平方千米。鱼山岛重点建设国际一流的绿色石化基地;鼠浪湖岛、黄泽山岛、双子山岛、衢山岛、小衢山岛、马迹山岛重点发展油品等大宗商品储存、中转、贸易产业;海洋锚地重点发展保税燃料油供应服务。②舟山岛北部片区。面积15.62平方千米,含舟山港综合保税区区块一2.83平方千米。重点发展油品等大宗商品贸易、保税燃料油供应、石油石化产业配套装备保税物流、仓储、制造等产业。③舟山岛南部片区。面积25.35平方千米。重点发展大宗商品交易、航空制造、零部件物流、研发设计相关配套产业;建设舟山航空产业园,着力发展水产品贸易、海洋旅游、海水利用、现代商贸、金融服务、航运、信息咨询、高新技术等产业。

浙江省成立了中国(浙江)自由贸易试验区建设领导小组及办公室,组建了中国(浙江)自由贸易试验区管理委员会,重点提出了自由贸易区五大主要建设任务①:切实转变政府职能;推动油品全产业链投资便利化和贸易自由化;拓展新型贸易投资方式;推动金融管理领域体制机制创新;推动通关监管领域体制机制创新。舟山自由贸易港立足舟山自由贸易港区成为东部地区重要的海上开放门户示范区、国际大宗商品尤其是油品贸易自由化先导区和作为具有国际影响力的资源配置基地的战略定位,对接国际标准,经过三年左右的有特色的改革探索,初步建成自由贸易港区先行区,基本实现投资贸易便利、高端产业集聚、法治环境规范、金融服务完善、监管高效便捷、辐射带动作用突出,以油品为核心的大宗商品交易和全球配置能力显著提升。按海关监管方式划分,自贸试验区内的海关特殊监管区域重点探索

---

① 国务院办公厅.国务院关于印发中国(浙江)自由贸易试验区总体方案的通知(国发〔2017〕16号),2017-3-15.

以贸易便利化为主要内容的制度创新,重点开展国际贸易和保税加工、保税物流、保税服务等业务;非海关特殊监管区域重点探索投资制度、金融制度等体制机制创新,积极发展以油品为核心的大宗商品中转、加工贸易、保税燃料油供应、装备制造、航空制造、国际海事服务等业务。

舟山自由贸易港区联动宁波港,带动浙江省作为海洋经济发展示范区、江海联运中心等战略发展,积极融入"长三角",辐射长江经济带,重点建成国际一流的大宗散货国际物流枢纽与配送中心,推动大宗商品贸易自由化、大宗商品中转储运、国际转口贸易,发展航运金融、船舶经济、海事保险,新型现代物流产业、加工、海洋工程装备制造等产业,形成发达的航运服务产业链。加快宁波—舟山港口一体化建设,完善临港之间的陆海交通体系、集疏运体系,构筑辐射长江中上游地区的陆海交通通道、海铁联运通道,建设"江海联运物流中心"。舟山自由贸易港区注意和宁波综合保税区、上海自由贸易试验区错位、配套联动发展,建设"海上丝绸之路"。

(4)嘉兴综合保税区:主动承接好上海自贸区的辐射和溢出,争取复制上海自贸区的国际资金结算、离岸贸易与金融、服务贸易等方面的创新政策。加大与长江经济带内陆省份及保税物流区域的联动发展。争取出口导向型高新技术企业、服务外包企业和部分企业总部集聚,建设高新技术产业出口基地和国际金融服务外包基地。A区依托港口和区位优势,加大临港项目的招商引资力度,形成服务于腹地和港口经济的以保税物流为主、兼顾加工制造的产业群;B区进一步重点打造长三角出口导向型新兴电子信息产业高地,拓展新型现代物流产业,成为上海自贸区保税物流配套基地。

(5)金华、义乌:加快内陆综合港建设和航空口岸开放,积极申报设立金义综合保税区。围绕义乌国际贸易综合配套改革的内容,充分发挥小商品国际贸易中心的优势和"义新欧"专线通道,重点建设国际商品采购基地、交易展示基地、跨境电子商务综合服务基地,争取国际资金结算、离岸贸易与金融、人民币国际化方面的政策试点,打造综合性的国际贸易综合试点创新平台。推进金义综合保税区与宁波舟山港之间的物流对接,建成服务于"义新欧"沿线"一带一路"丝绸之路、浙闽赣皖四省九市经济协作区开放型经济的战略节点。

(6)温州、台州：温州发挥金融综合改革试验区的优势，依托温州永强国际空港和状元岙港区建设，加大温州综合保税区的申报和建设力度。围绕金融配套改革，充分发挥民营经济、高端消费品市场需求旺盛、合资和有限牌照银行、境外投资的先发优势，重点打造区域性的线上线下高端消费品销售和交易结算中心、民营金融开放创新示范区，为浙南区域产业集群的保税物流业务发展和特色产业发展提供高层次开放型经济发展平台。加快台州保税物流中心的申报建设，服务于本地实体经济、加工贸易转型升级发展需求，助推加工贸易、仓储物流业发展，为当地特色产业集群做好配套服务。

(7)余姚、象山、宁海：按需设立，加快宁波机场、余姚、象山和宁海的综合保税区、保税物流中心等项目申报方案的可行性论证与推进力度，推动当地及周围区域开放型经济的发展。

8.2.3　优化产业结构，促进转型升级

推动保税物流区内制造企业实现技术创新和产业转型升级。鼓励沿海保税物流区域发展临港产业集群、特色优势产业集群和航运物流高端服务产业集群，鼓励加工贸易企业向区内集中，大力发展优势特色的第二产业实体加工制造业，实现技术创新和产业转型；推动区内产业向与制造业相关联的技术研发、集成物流、对外销售、技术检测、售后维修等服务业产业链高端有序延伸；促进新技术、新产品、新业态、新商业模式发展；推动东部保税物流区域的加工制造业、服务业积极向长江经济带、中西部转移，充分发挥区域增长极的辐射带动作用。

8.2.4　优化业务模式，实现多元发展

鼓励区内企业积极拓展国内外两个市场，利用两种资源，提升企业创新能力，形成中国制造品牌、国际物流企业的核心竞争力。支持企业在保税物流实际运作中实现业务运作转变：一是能提供"一站式"集成服务，提供高效、快捷、便利的口岸通关服务；二是支持物流企业整合资源，实现由提供仓储、加工、运输、关务等工序服务转型发展到能提供一揽子需求功能集成服务。强化出口退税、分拆集拼、国际国内中转、增值加工服务、仓储运输、分

拨配送等业务运作功能,能提供包括公共信息、物流仓储、展示展销、检验检测、金融保险、评估咨询、海事海商等非保税业务服务集成,能提供海路、空路、公路、铁路、内河运输等多种联运方式的集成,满足产业多元化需求,实现自身向具有集成功能的国际物流企业转型发展。区内企业应积极拓展保税业务、非保税业务及配套服务等多元化业务模式;积极承接境内区外具有高技术含量、高附加值的委托加工、再制造、维修保修业务。三是推动"一个企业、两个市场"运作模式。由于区内企业运作既有对保税货物的需求,又有对非保税货物的需求,非保货物能否进入保税区,如何管理,如何降低企业运作成本等,这是保税物流区域需要帮助企业解决保税区与非保税区两个市场的运作问题,用以进一步提升自身发展功能。在我国法律、政策体系内,浙江省保税物流区域应通过探索其管理和运作,逐步接轨国际惯例,进一步用好用活特定区域优惠政策,并通过优化自身功能实现转型升级发展。

8.2.5　优化贸易方式,形成新的增长点

一是促进"互联网+"的跨境贸易、跨境物流的新业态发展。支持区内企业通过 B2B、B2C、M2C 等多种跨境电商出口业务新模式拓展国际市场,推动中国制造品牌化、国际化发展;支持保税区内企业开展跨境电子商务进口业务的保税模式发展,打造区内进口商品电子商务发展高地。二是开展物流金融服务创新试点,支持区内企业开展保税物流与期货保税交割业务的结合,丰富区内的仓储和物流功能;支持区内企业开展仓单质押融资业务,能适应交易金额大、金融属性强的大宗商品产业,提高企业资金利用率,吸引大宗商品龙头企业落户,在此基础上发展运输配送、物流信息服务等相关业务,通过期货和现货两个市场推进保税物流金融功能的不断完善;探索与推动舟山自由贸易港的发展,在期货保税交割的允许区内设立保税展示交易平台,支持融资租赁业务,区内融资租赁企业的大型机械设备、设施,允许实行海关异地委托监管。三是增强保税物流区域的商品展示功能,以区内进口商品展示交易中心为依托,建设内外贸一体化的综合基地,通过制定具有吸引力的政策举措,吸引国内外贸易机构和国际物流、外贸企业集聚,形成国际贸易和国际物流中心枢纽功能。

8.2.6　健全法制建设，复制自贸区试点经验

在立法、企业监管方面积极与国际惯例接轨，规范、健全保税物流法规体系，积极复制试点上海自由贸易试验区经验，推动与配合国家《海关综合保税区管理条例》的制定。落实与保税物流区域发展要求相配套的国土、财政、金融、税收、关、检、外汇管理等政策措施，为区内企业参与国内外市场竞争创造公平的政策环境，提升区内企业参与国际市场的竞争力。

8.2.7　改革监管模式，提高通关监管效能

创新海关保税物流监管模式，包括：

(1)建立全国统一的海关特殊监管区域专门管理机构，及其省、市一级的海关特殊监管区域专门管理机构，改善多头管理、各政府部门间沟通协调不畅问题。

(2)改革通关管理体制与监管模式。构建海关主管、企业自管、政府协管的管理机制；通关监管逐步与国际惯例接轨，探索由对单单相符的管理转为单货相符的实际管理，由对每票货物的监管转为对企业的有效监管模式，为保税物流区域企业营造诚信、便利的开放型运作环境。

(3)推动"一处注册，多地运作"模式。区内企业有在不同监管区运作的业务需求，为降低企业机构重复设置的运作成本，区内可探索企业工商登记"一处注册，多地运作"模式。

(4)推动"大通关"便捷物流体系建设。借鉴与复制上海自由贸易试验区的保税物流海关监管服务模式创新经验，推动浙江保税物流区域及主要口岸建立与上海自由贸易试验区、长三角之间的"大通关"体系，推动跨关区便捷的流转机制发展，争取浙江与上海及长三角口岸之间试点"一次申报、一次查验、一次放行"贸易便利化通关的改革；将保税物流区域纳入通关一体化格局，推动口岸与保税物流区域以及区域间联动发展，简化手续，实现有效监管，推进货物快速流动、关检税商及外汇金融等方面的自由度提升。

(5)加快信息化系统建设步伐，探索部门之间信息互换、监管互认、执法

互助的"三互"合作机制①,加强事中事后监管。

8.2.8 构筑共享信息平台,提升智慧物流水平

为适应企业全球竞争态势,监管部门急需改变监管思路,运用信息化手段和建设共享型物流公共信息平台提高物流通关速度,实现从对货物的监管转为对企业的监管。主要以保税物流监控智能化、数据采集自动化、数据传输电子化、业务审批网络化等信息化技术为手段,大力推进区内信息化建设,提升电子监管水平,建立企业诚信体系,推行风险式管理和企业分类管理,利用信息和围网等手段,实现海关与国际贸易和国际物流企业、园区和港区、检验检疫等相关部门的互联互通。以通关便利、管理规范、成本低廉、配套服务完善的共享型智慧型国际物流公共信息平台建设为目标,建好涵盖以下七个方面的集成服务型智慧平台。

(1)电子口岸服务平台。利用"电子口岸"功能,把海、空港功能移到保税区域,货物可在"电子口岸"通关后,在港口和机场直接放行。

(2)关检服务平台。将国家报关、质检功能移到保税物流区域,引入大型的报关报检、服务代理企业,建设商品检测中心、实验室、培训中心,便利企业区内完成报关、检验检疫业务。

(3)跨境电子商务服务平台。保税物流区域抢抓跨境电子商务发展机遇,建设跨境电子商务服务平台,加大跨境 B2B 电子商务联盟系统与平台建设,引进大型的跨境电子商务、国际快递、现代物流、互联网金融等企业入驻,打造进出口商品网易平台,大力推进实体经济和虚拟经济融合发展。

(4)国际物流服务平台。积极推进"国际物流平台"建设。为满足企业保税仓储物流需求,浙江应着力于加大国际物流、冷链物流、物流配送、海外仓、电子商务平台服务建设力度,完善保税仓库、冷冻库、恒温库、常温库等保税仓库和查验场站建设,引进大型物流企业和中介企业,着力建设一批海外仓,为外向型企业提供系列化进出口服务,打造进出口物流分拨与配送集散地。

---

① 国务院办公厅.国务院办公厅关于印发加快海关特殊监管区域整合优化方案的通知(国办发〔2015〕66 号),2015-8-28.

（5）高端制造服务平台。提高引进跨国公司和外向型大企业的高端制造项目的聚集发展力度，支持在全球范围内开展研发检测维修业务。

（6）产业配套服务平台。建设好保税物流区域内的产业配套区和服务配套区。强化龙头招商力度，加大跨国公司的区域总部、采购、配送及营运中心在区内的集聚度，配套发展国际金融、国际商务、生活服务等现代服务业，打造与国际接轨的高端商务服务和生活区。

（7）"一站式"政务服务平台。为让企业享受到优惠政策，全面推行通关报检一站式综合服务，提高工作效率。同时，加强政策和业务创新，争取跨境电子商务、总部经济、贸易结算、融资租赁、离岸金融、仓单质押融资、期货保税交割、跨关区直通关、保税区联动等业务试点，让企业享受到"境内关外"的特色政策，促进区内服务外向型经济的工作水平提升。

8.2.9　构建发展评估体系，规范统计工作

科学可行的保税物流区域建设发展水平评估体系，能引导各保税物流特殊区域科学发展。宁波保税区（含出口加工区、保税物流园区）近两年在建立保税物流区域发展的绩效评估指标体系、统计工作方面逐步完善，走在全国统计工作前列。在我国商务部的加工贸易及保税监管司指导下，浙江保税物流区域积极研究《海关特殊监管区域建设发展水平评估体系》的指标修订工作，并按照指标体系层层抓实各区域的数据统计工作和数据挖掘工作，引导保税物流区域提质增效，科学发展。

8.3　本章小结

本章在分析浙江省保税物流区域发展所存在问题的基础上，针对性地提出了浙江保税物流区域整合优化发展的基本思路、主要原则、基本策略，并就浙江保税物流区域进一步发展，从整合功能类型、优化产业结构、优化业务模式、优化贸易方式、健全法制建设、改革监管模式、构筑共享型信息平台、构建发展水平评估体系等8个方面提出了对策建议。

9 结论与展望

9.1 结　　论

保税物流区域作为我国开放型经济发展的先行区,肩负着科学发展增强内生动力,更好地服务于外向型经济发展和改革开放,促进加工贸易转型升级和承接国际产业梯度转移,发挥要素集聚和辐射带动作用,服务于"一带一路"、京津冀协同发展、长江经济带等重大国家战略实施,促进区域经济协调发展等新的历史使命。构筑综合保税区高水平保税物流区域对外开放平台,是我国外向型经济发展的战略性选择。各省(市)的保税物流区域面临整合优化升级发展,开展保税物流区域与省市经济发展效应研究对我国开放型经济转型升级发展具有重要的理论支撑和现实指导意义。

本研究的主要研究成果如下:

(1)系统总结了我国保税物流区域的发展历程与特征。梳理了我国保税物流区域发展的 3 个阶段及其特征;总结了我国保税物流运营体系及其特征;深入分析了我国保税物流业务运作的 6 种主要模式和保税物流区域的 8 种服务功能;总结了我国保税物流区域发展现状及其区域经济地位。

(2)深入分析了保税物流区域发展的条件。重点以浙江省为案例,具体地分析了浙江省保税物流区域发展的自然区位、开放政策环境、腹地经济基础、集疏运网络体系和物流节点网络体系;简要分析了影响保税物流区域发展的 4 大因素,即腹地物流需求、物流发展水平、区内优惠政策和区内通关效率。

(3)研究了保税物流区域经济增长极作用机理。根据增长极理论的极化效应和扩散效应,研究了保税物流区域经济增长极的形成途径、形成过程、形成机理,分析了保税物流区域对腹地经济增长的扩散作用、传导机制、扩散方式,并提出保税物流区域对腹地的经济效应包括投资与产业集聚效应、腹地扩散效应、产业结构优化效应和制度创新效应。

(4)构建了保税物流区域经济绩效评价指标体系和对腹地经济增长影响的测度模型。按照科学性、全面性、代表性、可操作性原则,在对浙江省及发达省份保税物流区域统计评价指标进行调研分析的基础上,主要从保税物流区域的保税加工、保税物流、国际贸易三大主体功能发挥作用的角度,构建了主要包括综合经济指标、基础设施指标、开放经济活力指标、外贸发展指标、保税物流指标、保税加工指标、创新能力指标、区域贡献力指标等 8 个一级指标、19 个二级指标、39 个三级指标的分层经济绩效评价指标体系,对规范我国保税物流区域发展评价体系及其统计工作、引导保税物流区域的发展具有现实指导意义。并在此基础上构建了保税物流区域对腹地经济增长影响的 VAR 测度模型。

(5)实证研究保税物流区域群发展对母城与本省腹地经济增长的动态影响作用。以宁波市的保税物流区域群的发展为例,对保税物流区域经济效益进行了时空比较的描述性分析;借助 VAR 模型,通过协整检验、脉冲响应分析、方差分解分析的方法,实证分析了保税物流区域群发展对母城宁波市经济增长的影响、对本省腹地浙江省经济增长及相关影响作用,得到如下结论:①保税物流区域的海关特殊监管区域物流货物、进出口总额、保税加工货值对母城宁波市 GDP 经济增长具有较显著的长期的正向积极作用,其中,保税加工货值对母城 GDP 贡献率最大,之后依次为进出口总额、海关特殊监管区域物流货物。②保税物流区域的保税加工货值、进出口总额从长期来看对浙江省 GDP 增长具有正向推动作用;进出口总额、保税加工货值有利于促进浙江省第二产业比重的提升,而海关特殊监管区域物流货值有利于促进第三产业比重的提升;保税物流区域的海关特殊监管区域物流货值对浙江省港口货物吞吐量有正向促进作用,但区港联动作用不明显;进出口总额对浙江省经济开放度的正向影响作用显著。

(6)以浙江省为例,研究了省域保税物流区域发展存在的问题,基于问题导向和学术研究,针对性地提出了浙江保税物流区域整合优化发展的基本思路、主要原则、基本策略,并就浙江保税物流区域进一步发展,从整合功能类型、优化产业结构、优化业务模式、优化贸易方式、健全法制建设、改革监管模式、强化共享型信息平台建设、构建发展水平评估体系等 8 个方面提出了对策建议。

本研究的主要创新点在于:

(1)以增长极理论为指导,通过调研,提出保税物流区域增长极的主导产业、依存产业和关联产业群的外向型产业集群结构;研究保税物流经济增长极的作用机制,在经济意义上提出保税物流区域通过外向型产业集群产生的地区经济效应,在地理意义上提出其对载体城市空间结构产生影响。体现了研究内容和理论上的创新性。

(2)对保税物流区域发展状况的调研,构建了保税物流区域发展绩效评价指标体系,包括 8 个一级指标、19 个二级指标、39 个三级指标,为保税物流区域发展绩效评价指标体系的制定,引导园区发展和统计工作,具有理论和实践指导意义。

(3)基于保税物流区域的保税物流、国际贸易、保税加工三大功能的视角,建立 VAR 模型,运用协整检验、脉冲响应分析、方差分解分析的方法,实证分析海关特殊监管区域物流货物、进出口总额、保税加工货值对地区经济增长及相关经济影响。本研究力图通过一域之多种类型的保税物流区域探析研究,透视其全局的区域运行绩效,为其他省市的保税物流区域(群)的地区经济增长效应以及保税物流区域的进一步发展提供研究方法的参考。这体现了研究视角、研究方法上的创新性。

(4)通过时空比较分析,研究了保税物流区域发展存在的问题,针对性提出了一省保税物流区域整合优化发展的基本思路、主要原则、基本策略和发展举措,并就保税物流区域优化发展,从整合功能类型、优化产业结构、优化业务模式、优化贸易方式、健全法制建设、改革监管模式、强化共享型信息平台建设、构建发展水平评估体系等 8 个方面提出了对策建议。对省市保税物流区域整合优化发展具有积极的决策参考作用。这体现了决策应用研究的创新性。

9.2 研究展望

本研究因受资料可获得性、论文研究方向及自身理论水平的局限，在研究中存在一定的问题与不足，希望今后在以下三个方面进一步研究和探讨：

（1）保税物流区域与自由贸易区（港）政策与功能的比较研究。综合保税区发展的方向是自由贸易区，我国保税物流区域深化改革、创新发展，需要在法定范围内复制推广自由贸易区试点经验，并接轨国际上自由贸易区发展的国际惯例。限于研究重点，论文涉及不多，论述不够深刻。今后应进一步深入研究与探索。

（2）保税物流区域对间接腹地经济增长的影响。本研究选题与研究方向目的旨在通过一域之分析研究，探析一个省如何规划、整合优化本省的保税物流区域发展，建立高层次保税物流区域开放型经济发展平台。因此，将腹地范围界定在母城与本省直接腹地。在今后的研究中，应关注和实证研究保税物流区域经济增长极对间接腹地经济发展的影响作用。

（3）保税物流区域对间接腹地经济的互动效应研究。受限于我国尚无统一的保税物流区域发展绩效评价指标体系，各省市保税物流区域统计工作标准不一、数据不全且许多数据不公开，本研究主要基于保税物流区域的保税加工、进出口贸易、保税物流三大功能指标对腹地经济增长的影响，通过 VAR 模型进行测度，并不全面。今后希望更加全面深入地研究保税物流区域与间接腹地经济的互动效应。

对于以上问题，本人将加强跟踪调研，深耕本领域研究，以期为我国区域开放型经济发展做出自己的研究贡献。

参考文献

一、中文文献

[1]艾伯特·赫希曼,1991.经济发展战略(中译)[M].北京:经济科学出版社.

[2]陈大钢,2002.海关关税制度[M].上海:上海财经大学出版社,3—169.

[3]陈永山,1988.世界各地的自由港和自由贸易区[M].厦门:厦门大学出版社.

[4]陈章喜,2002.中国入世后保税区的功能调整与体制转换[J].国际贸易问题(4).

[5]陈自芳,2011.区域经济学新论[M].北京:中国财政经济出版社.

[6]成思危,2003.从保税区到自由贸易区:中国保税区的改革和发展[M].北京:经济科学出版社.

[7]戴志敏,郭露,何宜庆,2013.中部地区物流产业集聚及演进分析[J].经济经纬(6).

[8]邓汝春,陈广仁,2014.珠三角地区敏捷保税物流通关模式及其应用研究[J].物流技术(11):34—36.

[9]段伟常,2008.保税物流的特点及发展策略[J].中国储运(3).

[10]弗朗索瓦·佩鲁,1988.略论增长极概念[M].北京:中国人民大学出版社:20—45.

[11]傅佳,2011.我国海关保税物流监管现状研究[J].现代商业(12):8－10.

[12]高海乡,2006.中国保税区转型的模式[M].上海:上海财经大学出版社:47.

[13]顾六宝,刘渊渊,2010.我国保税区运行效率实证分析[J].中国软科学(52):363－369.

[14]郭成,2006.试析我国保税物流的发展及趋势[J].港口经济(4).

[15]郭剑彪,2011.港航物流发展研究:浙江"三位一体"港航物流服务体系建设的探索与实践[M].北京:人民交通出版社:240－242.

[16]国家发改委,2010.长江三角洲地区区域规划,6.

[17]国家统计局贸易外经统计司,2013.中国贸易外经统计年鉴(2013)[M].北京:中国统计出版社:519.

[18]韩景,2008.保税区发展、空间演化及其区域效应研究[D].辽宁:辽宁师范大学:68－79.

[19]胡燕京,郭瑞佳,2014.保税港区对区域经济影响效应的实证研究——以青岛前湾保税港区为例[J].东方论坛:青岛大学学报(1):50－53.

[20]黄继忠,2001.区域内经济不平衡增长论[M].北京:经济管理出版社:45－50.

[21]黄志勇,2012.我国保税港区管理体制机制创新研究[J].宏观经济研究(4):72－76.

[22]江育春,2008.基于加工贸易产业集群的保税物流体系的整合与创新[J],物流科技(4):63－65.

[23]姜鑫,罗佳,2009.从区位理论到增长极和产业集群理论的演进研究[J].经济与管理评论(1):19－25.

[24]况伟大,2009.开发区与中国区域经济增长[J].财贸经济(10):71－76.

[25]拉苏恩(J.R.Lasuen),1971.增长极概念概括[C].国际地理学会论文:2－9.

[26]李力,1996.世界自由贸易区研究[M].北京:改革出版社:40－65.

[27]李铭典,张仁颐,2007.海关保税物流中各特殊监管区域之间的关系[J].物流科技(1):95－98.

[28]李巍巍,2013.保税物流战略联盟博弈与实现途径研究[D].广州:华南理工大学:115—136.

[29]李友华,2006.我国保税区管理体制改革目标模式分析——兼及我国保税区与国外自由贸易区比较[J].烟台大学学报(哲学社会科学版)(1):56—66.

[30]李子奈,叶阿忠,2012.高级应用计量经济学[M].北京:清华大学出版社:107—200.

[31]厉以宁,秦宛顺,1983.现代西方经济学概论[M].北京:北京大学出版社:258—260.

[32]刘秉镰,章彰,1997.港口与保税区一体化的经济效益分析[J].南开经济研究(3):56—62.

[33]刘恩专,1999.天津港保税区区域经济发展效应的分析与评价[J].现代财经一天津财经学院学报(2):16—23.

[34]刘恩专,2003.我国保税区发展的历史回顾与绩效评价[M].北京:经济科学出版社:80—85.

[35]刘辉群,刘恩专,2008.中国保税港区发展及其绩效评价[J].商业研究(11):203—206.

[36]卢焱群,2005.高新技术产业增长极机理研究[D].武汉:武汉理工大学(2):100—167.

[37]吕伟红,2008.构建海关保税物流监管体系[J].大陆桥视野(7):13—19.

[38]罗丙志,2001.对我国保税区政府管理的一些思考[J].国际经贸探索(2):2—6.

[39]马歇尔,2005.经济学原理[M].北京:华夏出版社:225—226.

[40]诺斯,1994.经济史中的结构与变迁[M],上海:上海人民出版社:225—226.

[41]全国人大常委会,2000-7-8.中华人民共和国海关法(主席令第35号).

[42]上海报业集团,2002-11-7.上海历史——虹口区志大事记[N].文汇报.

[43]施祖麟,2007.区域经济发展:理论与实证[M].北京:社会科学文献出版社:123—124.

[44]孙琦.海关风险管理的系统化方法及其应用研究[D].西安:西安交通大学:92—95.

[45]孙前进,2003.海关监管与保税物流体系建设[M].北京:中国物资出版社,2012:4.

[46]谭崇台,2001.发展经济学[M].山西:山西经济出版社:350..

[47]汤竹庭,王政武,巫文强,2011.广西保税物流体系建设存在问题及对策研究[J].改革与战略(4):1—6.

[48]田雅娟,甄力,2013.物流视角下保税区拉动腹地经济增长的实证分析[J].统计与管理(2):29—30.

[49]王鹏,2007.广东省经济开放度与经济增长关系的实证研究[J].国际经贸探索(5):33—39.

[50]王任祥,邵万清,2010.保税港区建设与发展探索——宁波梅山保税港区建设与发展专题研究[M].北京:经济管理出版社:158—170.

[51]王盛,徐优丽,2009.我国航空保税物流发展模式研究[J].经济论坛(23):45—50.

[52]王小叶,洪国彬,2007.物流和经济增长的协整关系分析[J].价值工程(6):67—69.

[53]王雅璨,汝宜红,蒋培,姚常成,2007.我国保税区基于区域优势的功能定位和国际物流运作模式研究——以天津港保税区为例[J].价值工程(2):61—66.

[54]吴金椿,2008.珠三角保税物流发展策略探讨[J].暨南学报(哲学社会科学版)(3):59—63.

[55]奚翠平,2010.保税物流园区发展水平评价研究[D].大连:大连海事大学:17—34.

[56]熊义杰,2011.区域经济学[M].北京:对外经济贸易大学出版社.

[57]许继琴,翟因芳,2012.基于层次分析法的保税物流发展影响因素评价[J].宁波大学学报(人文科学版)(6):90—95.

[58]颜鹏飞,马瑞,2003.经济增长极理论的演变和最新进展[J].福建论坛(人文社会科学版)(1):71—75.

[59]颜鹏飞,邵秋芬,2001.经济增长极理论研究[J].财经理论与实践:(2) 20—25.

[60]杨少文,熊启泉,2014.1994—2011年的中国经济开放度——基于GDP 份额法的测算[J].国际贸易问题(3):13—24.

[61]姚士谋等,2004.区域与城市发展论[M].北京:中国科技大学出版社: 51—53.

[62]叶世杰,安小风,2014.保税物流[M].重庆:重庆大学出版社:148—165.

[63]殷文伟,牟敦果,2011.宁波—舟山港腹地分析及对发展港口经济的意 义[J].经济地理(3):447—452.

[64]应妙红,许继琴,2014.浙江省海关特殊监管区域进出口发展的差距及 对策探讨[J].特区经济(6):40—42.

[65]于晓军,赵绍全,2008.保税物流发展与加工贸易转型升级的关系研究 [J].现代商业(33):108.

[66]俞雅乖,2012.现代物流与对外贸易关系的实证研究——基于浙江省 1986—2009年的数据[J].国际贸易问题(1):99—107.

[67]约翰·弗里德曼(John Friedman),2004.规划全球城市:内生式发展模 式[J].城市规划汇刊(4):3—7..

[68]张凤清,1999.论新形势下我国保税区的功能选择[J].外国经济与管理 (6):3—8.

[69]张凤清,2003.完善我国保税区政策管理模式的若干思考[J].特区经济 (5):27—30..

[70]赵光华,2007.海关保税物流监管体系综述[J].物流技术与应用(3):58 —61.

[71]赵立波,2012.物流产业的发展与经济增长关系实证分析[J].中国流通 经济(10):41—45.

[72]赵韬,2011.我国保税区功能整合及创新机制[J].合作经济与科技 (20):70—71.

[73]赵永勃,2012.自由贸易区的布局及空间效应研究[D].辽宁:辽宁师范 大学:23—45.

[74]郑国,2006.经济技术开发区对城市经济空间结构的影响效应研究——以北京为例[J].经济问题探索(8):50—55.

[75]郑国,2007.经济技术开发区区域带动效应研究[J].地域研究与开发(2):20—25.

[76]中国(上海)自由贸易试验区指引编委会,2014.中国(上海)自由贸易试验区指引[M].上海:上海交通大学出版社:3—152.

[77]中华人民共和国海关总署,1997-8-1.保税区监管办法(中华人民共和国海关总署令第65号).

[78]中华人民共和国海关总署,2010-3-15.中华人民共和国海关保税港区管理暂行办法》的决定(中华人民共和国海关总署令第191号).

[79]中华人民共和国海关总署,2003-12-5.中华人民共和国海关对保税仓库及所存货物的管理规定(中华人民共和国海关总署令第105号).

[80]中华人民共和国海关总署,2005-11-28.中华人民共和国海关对保税物流园区的管理办法(中华人民共和国海关总署令第134号).

[81]中华人民共和国海关总署,2005-6-23.中华人民共和国海关对保税物流中心(B型)的暂行管理办法(海关总署令第130号).

[82]中华人民共和国海关总署,2003-5-24.中华人民共和国海关对出口加工区监管的暂行办法(中华人民共和国海关总署令第81号).

[83]钟昌元,毛道根,2013.我国海关特殊监管区域的税收问题研究[J].上海海关学院学报(4):102—110.

[84]周广肃等.Stata统计分析与应用[M].北京:机械工业出版社,2015:220—249.

[85]周君.区域物流业对地区经济增长的影响分析[J].统计与决策,2006(4):109—112.

[86]朱李鸣,施纪平,2014.新形势下浙江构筑高层次开放平台的策略选择[J].决策咨询(7):1—5.

[87]庄谨,2015.浙江海关特殊监管区域整合优化发展研究[J].浙江经济(6):36—39.

二、英文文献

[1] Boudeville，J，1966. Problems of Regional Economic Planning[M]，Edinburgh：Edinburgh University Press：11-12.

[2] Carikci，Emin，1989. A Critical Survey of the Economic Impact of Export Processing Zones. UNCTAD's analysis framework：46-47.

[3] Hamada，Koichi，1974. An Economic Analysis of the Duty Free Zone[J]. Journal of International Economic(4)：230-239.

[4] Johansson，Helena，1994. The Economics of the Export Processing Zones Revisited[J]. Development Policy Review，12(4)：388-402.

[5] Johnson H. G，1965. An Economic Theory of Protectionism，Tariff Bargaining and the Formation of Customs Unions[J]，Journal of Political Economy(73).

[6] Kankesu Jayanthakumaran，2002. An Overview of Export Processing Zones：Selected Asian Countries[J]. University of Wollongong Department of Economics Working Paper Series：6-11.

[7] Madani，D，1999. A Review of the Role and Impact of Export Processing Zones[J]. Policy Research Working Papers 17(2)：33-37.

[8] Miyagiwa，Kaz F，1986. A Reconsideration of the Welfare Economics of a Free-Trade Zone[J]. Journal of International Economics，21(4)：338-349.

[9] Myrdal，G，1957. Economic theory and underdeveloped regions[M]. London：Duckworth：15-40，6-10.

[10] Robertson，D. H，1938. The Future of International Trade[J]. The Economic Journal(48)：1-4.

[11] Roy，Mahyra，2005. Free Trade Zone Eliminates Customs Duty on Intra-Arab trade. International Tax Review，16(2).

[12] Warr，P. G，1989. Export Processing Zones：The Economics of Enclave Manufacturing[J]. The World Bank Research Observer，4(1)：

65-88.

[13]Wilson,1967. A G. A statistical theory of spatial distribution models [J]. Transportation Research (1): 253-269.

索引

致谢

我想感谢我的博士生导师、中南大学商学院胡振华教授,他对我的多年学术指导以及使我保持积极态度的能力,还有他的宏观经济学、微观经济学和计量经济学教学讲座及学术沙龙让我受益良多,导师以严谨的治学之道、积极乐观的生活态度、体恤与成就学生的大爱之心,为我树立了人生良师典范。

我想感谢中国高等职业技术教育研究会会长、浙江金融职业学院党委书记周建松教授,他自身的勤奋耕耘和对我不断的支持、鼓励与督促,使得本书得以如期完成。

我想感谢《商业经济与管理》杂志主编、浙江工商大学计量经济学教授孙敬水先生对我的学术支持与指导,他对学术的严谨、作为学者的独立人格,令我深深感动。还得感谢广东外语外贸大学的肖鹞飞教授给予我的学术支持与热心帮助。

我还得感谢浙江省商务厅张钱江副厅长、杭州海关孙华伟处长和蒋亦翔科长等的支持。还要感谢浙江省服务贸易协会、浙江省国际货代物流协会徐林军会长,以及浙江省国际货代物流协会副会长、杭州缔联客跨境科技有限公司的王薇董事长和大田国际杭州分公司的杨莹总经理等,2013—2016年多次组织去宁波北仑港、宁波保税区、宁波出口加工区、梅山保税港区、舟山港综合保税区、杭州出口加工区、中国(杭州)跨境电商综合试验区等进行调研、座谈,取得原始调研资料与数据,为我开展保税物流区域及企业调研提供帮助。

　　我要将感激之情赠予我在浙江金融职业学院的同事们。他们在我分心于管理之外的一年左右时间里,给予我的支持,潘锡泉博士、华红娟博士、王婧副教授、吕希老师、吴爽老师等,他们为我整理资料提供了卓越的协助。还要特别向学校图书馆的馆长章洪教授、王金森老师、卿毅老师致以谢意,他们为我提供及时快速协助查找资料的帮助。感谢张海燕、洪伟、肖旭、蔡颖华、刘婷婷等同事分担许多日常行政管理事务,让我得以集中精力在手稿上。感恩在心。

　　最后,我想要感谢我挚爱的母亲、儿子和家人,在我夜以继日的那段时间里,对我的贴心关爱、默默支持和耐心。谨以此书献给我的母亲和父亲。